E   N   S   I   N   O

I
IMPRENSA DA UNIVERSIDADE DE COIMBRA
COIMBRA UNIVERSITY PRESS
U

EDIÇÃO

Imprensa da Universidade de Coimbra
Email: imprensa@uc.pt
URL: http//www.uc.pt/imprensa_uc
Vendas online: http://livrariadaimprensa.uc.pt

COORDENAÇÃO EDITORIAL

Imprensa da Universidade de Coimbra

CONCEÇÃO GRÁFICA

Imprensa da Universidade de Coimbra

INFOGRAFIA

Jorge Neves

INFOGRAFIA DA CAPA

Mickael Silva

PRINT BY

KDP

ISBN

978-989-26-1929-3

ISBN DIGITAL

978-989-26-1930-9

DOI

https://doi.org/10.14195/978-989-26-1930-9

O PSS

E A COORDENAÇÃO DE SEGURANÇA NA CONSTRUÇÃO

TELMO DIAS PEREIRA

IMPRENSA DA
UNIVERSIDADE
DE COIMBRA

COIMBRA
UNIVERSITY
PRESS

ÍNDICE

À minha Mãe que nas minhas brincadeiras de infância me alertou sempre para a necessidade de "medir o perigo". Não me recordo de então o ter feito mas lembro-me bem das consequências.

CAPÍTULO 1

INTRODUÇÃO

Os estaleiros da indústria da construção, referidos em diretivas comunitárias e na legislação portuguesa como estaleiros temporários ou móveis[1], são os locais onde se efetuam trabalhos para a execução de edifícios, pontes, barragens ou outros, bem como os locais onde, durante a obra, se desenvolvem atividades de apoio direto a esses trabalhos.

A segurança e saúde dos trabalhadores é hoje em dia um ponto importante a ter em conta por todos os intervenientes no processo de consecução de um empreendimento. Essa importância decorre sobretudo do facto de em anos recentes, em Portugal, cerca de metade das mortes por acidente de trabalho ocorrerem num estaleiro de construção. De facto, nos anos 90 do século passado bem como no início da década seguinte, a cifra excedia as duas centenas de mortos por ano[2], aos quais se somavam uns milhares de (temporária ou permanentemente) incapacitados, como resultado de cerca de 50.000 acidentes.

Para as famílias trata-se de um drama pungente. Em muitos casos veem os seus entes queridos amarrados a uma cama ou a uma cadeira de rodas, por vezes durante décadas. Milhares de trabalhadores, com incapacidade

---

[1] Certamente por oposição aos estaleiros fixos de indústrias como a construção naval.

[2] As estatísticas dessa época pecarão por defeito (Veja-se SOEIRO 2005) pelo facto de considerarem apenas como acidente mortal o ocorrido no local de trabalho, não contabilizando o falecimento a caminho do Hospital ou a posteriori, bem como acidentes no percurso de casa para o trabalho ou no regresso. Em acréscimo, apenas são considerados os acidentes com trabalhadores não precários. Não serão também de negligenciar os acidentes de trabalho então ocorridos e disfarçados de acidentes com outras origens.

laboral em maior ou menor grau, ficam com meios de subsistência severamente diminuídos ou nulos.

Para a sociedade em geral a questão financeira também não é menosprezável. Os acidentes resultantes da falta de condições de segurança e saúde no trabalho sobrecarregam o sistema nacional de saúde, assim como representam um peso considerável na segurança social e na compensação das seguradoras.

O problema da segurança da construção não é novo pois o Homem constrói há milhares de anos e a insegurança é intrínseca ao ato de construir. As exigências de organização e evolução das sociedades leva-as à produção de regras ou leis que visam a resolução dos problemas mais prementes, verificando-se a existência de leis específicas relativamente a estas matérias no Código de Hammurabi elaborado há cerca de 3.700 anos.

Entre nós[3], a regulamentação e legislação neste domínio surge na sequência de eventos como a introdução do caminho-de-ferro e de alguma industrialização, em reflexo tardio da Revolução Industrial europeia. Se no primeiro caso é de salientar a influência da dureza do trabalho e da perigosidade na execução das suas «obras de arte», o segundo encetou um (lento) desenvolvimento dos ideais de proteção social dos trabalhadores e do papel de regulação social que cabe ao Estado, nos alvores do capitalismo liberal e do Estado moderno. Neste contexto foi publicado, em 6 de junho de 1895, um Decreto Real abordando especificamente a higiene e segurança do trabalho na construção. De facto, através desse Decreto procurava-se «garantir proteção aos operários ocupados nos trabalhos, públicos ou privados, de construção e reparação de estradas, caminhos de ferro, aquedutos, terraplanagens, novas edificações, ampliações, transformações ou grandes reparações e, bem assim, em quaisquer obras de demolição».

---

[3] Para um completo enquadramento histórico da produção legislativa no domínio da Segurança, Higiene e Saúde no Trabalho em Portugal até ao final do século passado deve consultar-se GRAÇA 1999.

Já no século XX, a difusão dos ideais marxistas e republicanos fomentaram recorrentemente a luta dos trabalhadores pela melhoria das condições de vida e de trabalho, não se podendo dissociar estas questões dos diferentes períodos político-sociais vividos no país como a 1.ª República (1910 – 1926), o Estado Novo e a ditadura (1926 – 1974). O surgimento de organizações internacionais a que Portugal aderiu, também forçou a adoção de um corpo de legislação neste domínio. Salienta-se a criação da OIT Organização Internacional do Trabalho (Internacional Labour Organization ILO) em 1919 e da qual Portugal foi membro fundador, a OMS Organização Mundial da Saúde criada no seio da ONU em 1948 e a que Portugal aderiu em 1955, bem como a Associação Europeia do Comércio Livre (European Free Trade Association EFTA) da qual Portugal foi membro fundador em 1959. Destacamos de seguida alguma legislação dessas décadas traduzindo a evolução da sociedade portuguesa no domínio da segurança no trabalho em geral e na construção em particular.

1913 – A Lei n.º 83, de 24 de julho, concretizou uma noção alargada de acidente de trabalho, estabelecendo o princípio da responsabilidade patronal (embora apenas em certas atividades industriais), podendo essa responsabilidade ser transferida para as seguradoras.

1919 – O Decreto n.º 5616 fixou o período de trabalho num máximo de 8 horas diárias e 48 horas semanais (para a função pública, o comércio e a indústria).

1919 – O Decreto n.º 5637 instituiu o seguro social obrigatório contra desastres no trabalho abrangendo os riscos profissionais por conta de outrem e, por outro lado, o Decreto n.º 5640 cria o Instituto de Seguros Sociais Obrigatórios e de Previdência Geral.

1922 – O Decreto n.º 8634 publicou o Regulamento de Higiene, Salubridade e Segurança nos Estabelecimentos Industriais e o Regulamento das Indústrias Insalubres, Incómodas, Perigosas ou Tóxicas, tendo-se mantido em vigor até 1966.

Entre 1940 e 1950 – Os principais grupos económicos iniciam, por influência francesa e inglesa, serviços médicos nas empresas.

1958 – O Decreto 41820, de 11 de agosto, veio substituir o Decreto Real de 6 de junho de 1895. Previa a organização de uma campanha nacional de prevenção de acidentes de trabalho e doenças profissionais, bem como o estudo de alguns problemas respeitantes não só à prevenção de acidentes, mas também à indemnização e à recuperação e ocupação dos sinistrados no trabalho. Promulgou na mesma data o Decreto 41821, publicando o Regulamento de Segurança no Trabalho da Construção Civil que ainda se mantém em vigor na atualidade.

1959 a 1962 – Decorreu a Campanha Nacional de Prevenção de Acidentes de Trabalho e Doenças Profissionais instituída pela Portaria n.º 17118, de 11 de abril.

1960 – O Decreto n.º 43189, de 23 de setembro, aprovou a Tabela Nacional de Incapacidades.

1961 – Criou-se o Gabinete de Higiene e Segurança no Trabalho que irá realizar anualmente, de 1961 a 1964, os colóquios nacionais do trabalho, da organização corporativa e da previdência social.

1965 – O Decreto n.º 46427, de 10 de julho, aprovou e publicou o Regulamento das Instalações Provisórias destinadas ao Pessoal Empregado nas Obras que ainda se encontra em vigor.

1965 – A Lei n.º 2127, de 3 de agosto, criou o Regime Jurídico dos Acidentes de Trabalho e das Doenças Profissionais.

1973 – O Decreto n.º 434/73, de 25 agosto, publicou a Lista das Doenças Profissionais.

A supracitada legislação constitui uma ampla cobertura das diversas vertentes da segurança no trabalho contudo, nas duas décadas finais do século passado, surgiu um enquadramento legal completamente diferente. De facto, com a democratização do país e sobretudo com a integração na Comunidade Económica Europeia, fomos obrigados a verter para o Direito interno diversas diretivas comunitárias, originando um vastíssimo (e deveras prolixo) conjunto de Leis, Decretos-Lei e Portarias. Para a indústria da construção relevamos duas vertentes fundamentais que ainda hoje se mantêm e que referimos nos dois parágrafos seguintes.

Em primeiro lugar surgiu a Diretiva 89/391/CEE, de 12 de junho de 1989, relativa à aplicação de medidas destinadas a promover a melhoria da segurança e da saúde dos trabalhadores no trabalho. Como procede ao enquadramento geral das questões de segurança laboral ficou então conhecida como sendo a Diretiva Quadro. Inicialmente foi vertida para o Direito interno através do Decreto-Lei n.º 441/91, de 14 de novembro, que estabelecia o então Regime Jurídico do Enquadramento da Segurança, Higiene e Saúde no Trabalho. Este diploma legal já não se encontra em vigor contudo, os princípios da Diretiva Quadro (entretanto alterada pela Diretiva n.º 2007/30/CE, do Conselho, de 20 de junho) continuam a consubstanciar-se no atual Regime Jurídico da Promoção da Segurança e Saúde no Trabalho prescrito na Lei n.º 102/2009, de 10 de setembro.

Por outro lado, para a indústria da construção, tendo em conta a especificidade do ambiente de trabalho e das suas condições materiais de execução, cedo surgiu a necessidade de estabelecer prescrições mínimas de segurança e saúde no trabalho a aplicar em estaleiros temporários ou móveis. Tal foi feito através da Diretiva 92/57/CEE, do Conselho, de 24 de junho, conhecida como Diretiva Estaleiros. Esta ainda hoje não foi substituída afetando inelutavelmente a conceção desses locais de trabalho. Inicialmente foi transposta para a ordem jurídica interna por intermédio do Decreto-Lei n.º 155/95, de 1 de julho, contendo as Prescrições Mínimas de Segurança e de Saúde a Aplicar nos Estaleiros Temporários ou Móveis, entretanto revogado pelo Decreto-Lei n.º 273/2003, de 29 de outubro. Este procedeu à revisão da regulamentação das Condições de Segurança e de Saúde no Trabalho em Estaleiros Temporários ou Móveis, transpondo igualmente as referidas prescrições mínimas.

Outros aspetos, de alguma forma relacionados com a segurança e saúde no trabalho (promoção da melhoria da segurança e da saúde das trabalhadoras grávidas, puérperas ou lactantes no trabalho, proteção dos jovens no trabalho, igualdade de tratamento entre as pessoas, sem distinção de origem racial ou étnica, etc.) e constantes de outras diretivas comunitárias, são transpostos para a ordem jurídica interna portuguesa através de legislação como o Código do Trabalho, plasmado na Lei n.º 7/2009, de 12 de fevereiro.

A legislação conexa com os enquadramentos legais que acima referimos é bastante complexa e dispersa. A inexistência de um léxico comum a par de uma sistemática alteração ou revisão, constituem um autêntico labirinto para os iniciados no meio técnico das obras, sendo um obstáculo à sua compreensão e aplicação efetiva no domínio do planeamento e gestão. Para ultrapassar estes problemas, os principais objetivos deste livro são então:

- apresentar um enquadramento teórico sólido que permita compreender os aspetos fundamentais da segurança na construção;
- unificar a informação dispersa por dezenas de documentos e em particular na legislação vigente;
- analisar as regras fundamentais de segurança previstas na chamada Diretiva Estaleiros, documento fundamental no âmbito da segurança dos trabalhos de construção;
- detalhar os princípios de elaboração da vertente documental da segurança nas obras, desde a fase de projeto até à finalização dos trabalhos, através dos planos de segurança e saúde (muitas vezes referidos abreviadamente como PSS);
- definir as formas de atuação dos chamados coordenadores de segurança (CS), cujas obrigações consistem essencialmente no acompanhamento e fiscalização da conceção dos projetos e da posterior implementação de medidas concretas em obra, no domínio específico da segurança no trabalho da construção;
- apresentar aspetos em desenvolvimento com alguma relevância no meio técnico.

O texto subsequente encontra-se organizado em seis capítulos com o conteúdo seguinte:

- no capítulo 2 apresentam-se aspetos relevantes dos estaleiros de construção, pretendendo-se familiarizar o leitor com o local de produção desta indústria, bem como com os seus intervenientes;
- o capítulo 3 debruça-se sobre a gestão do risco, questão central para a realização de trabalho isento de riscos inaceitáveis;

- o capítulo 4 é dedicado ao atual enquadramento legal da segurança e saúde no trabalho em geral e da indústria da construção em particular;

- o capítulo 5 analisa a Diretiva Estaleiros e a sua transposição para o direito interno português com menção à comunicação prévia, a elaboração dos planos de segurança e saúde (PSS), a atuação da coordenação de segurança (CS), a compilação técnica, etc.;

- o capítulo 6 detalha a elaboração dos planos de segurança e saúde e a sua contribuição para a consecução das obras dos empreendimentos com condições de segurança e saúde no trabalho;

- o capítulo 7 apresenta os objetivos e funções dos técnicos que procedem à coordenação de segurança no âmbito da elaboração dos projetos e durante a execução das obras.

Em anexo apresenta-se uma compilação de leis portuguesas que julgamos importantes para o domínio da segurança na construção.

Noutro anexo apresenta-se um conjunto de Normas Portuguesas, Europeias e outras que julgamos de importância no domínio da segurança.

CAPÍTULO 2

OS ESTALEIROS E OS SEUS PERIGOS

Quien busca el peligro perece em él.

Miguel de Cervantes,

Don Quijote de la Mancha.

Algumas das questões ligadas à segurança no trabalho da indústria da construção devem ser enquadradas numa visão global da sua cadeia produtiva. Assim, neste capítulo abordamos em primeiro lugar os principais eventos ligados à génese das obras de um dado empreendimento e os respetivos intervenientes. Posteriormente, analisamos o ambiente de produção num estaleiro e as principais causas dos acidentes que nele ocorrem.

Veremos que no cerne da problemática dos acidentes se encontram conceitos, tais como os de perigo e de risco, geralmente referidos no âmbito de normas e legislação no domínio da segurança laboral. Analisaremos a sua definição e enquadramento bem como outros aspetos relativos aos acidentes e às doenças profissionais.

O capítulo conclui-se com a análise de dados da sinistralidade e respetivos custos que se verificam neste setor de atividade.

1. A Cadeia de Produção na Construção

Neste ponto analisaremos a cronologia de eventos de um empreendimento bem como os principais intervenientes no processo. Esta análise é feita na perspetiva da cadeia de produção da indústria da construção.

1.1. Cronologia de eventos

Na generalidade dos casos, um empreendimento de construção é um processo complexo. Desde a sua conceção até à fase de utilização existe uma grande quantidade de passos a dar. Alguns deles podem ser demorados levando a que, na sua totalidade, o processo se arraste por vários anos.

Cada empreendimento tem uma cronologia própria mas no essencial não diferirá daquela que se apresenta na figura 2.1 dizendo respeito à situação mais comum em que existe um dono de obra que, numa primeira fase, contrata uma equipa projetista para elaborar um projeto, contratando posteriormente um empreiteiro que irá executar os trabalhos de construção. Na esmagadora maioria das situações será esta a melhor forma de realizar um empreendimento com economia e qualidade[1]. Na prática, entre nós, as exceções mais significativas à adoção desta metodologia verificam-se nos empreendimentos em que o dono da obra é simultaneamente a entidade executante (como é o caso de empresas de construção que se dedicam à promoção de edifícios habitacionais para venda), ou os empreendimentos do tipo conceção-construção em que o empreiteiro é contratado para elaborar o projeto e executar a obra.

Na génese das obras dos empreendimentos verifica-se então a existência de um processo de conceção e projeto que em regra é fortemente iterativo, compreendendo as fases da elaboração de um «programa base»,

---

[1] Entenda-se o conceito de "qualidade" na perspetiva da norma ISO 9001:2015 como sendo a satisfação dos requisitos do cliente.

«estudo prévio» e «anteprojeto» (ou "projeto base"), culminando com um designado «projeto de execução»[2].

Paralelamente a essas fases, o dono de obra assessorado pelo projetista deve desencadear um processo de consulta e licenciamento em entidades como a Câmara Municipal local, podendo também envolver outras como a Comissão de Coordenação da zona, o Ministério da Economia, a Infraestruturas de Portugal, S. A., a Direção Regional de Cultura, a EDP – Energias de Portugal, S. A., etc. Por vezes este processo tem grande importância pelas condicionantes que introduzirá no empreendimento, sobretudo em termos urbanísticos e ambientais. Impõe-se então que a consulta decorra desde as fases iniciais de projeto, confrontando os objetivos do programa base com as supracitadas entidades.

Para a realização da maioria das obras particulares será necessário obter uma licença de construção[3] mediante a apresentação prévia de um, correntemente designado, "projeto de licenciamento". O grau de desenvolvimento deste projeto corresponderá às anteriormente referidas fases de estudo prévio ou de anteprojeto, não constituindo portanto um adequado projeto de execução.

Uma vez concluída a fase de projeto o dono da obra poderá lançar um concurso para a realização dos trabalhos de construção. O prazo concedido às empresas construtoras interessadas nesse concurso deverá ser o necessário para que estas analisem o projeto de execução e possam elaborar uma proposta financeira, conjuntamente com uma proposta do prazo de conclusão ou de outros aspetos considerados relevantes pelo dono da obra.

---

[2] No caso das obras públicas o processo de desenvolvimento de um projeto, bem como a documentação que deverá ser produzida até se obter um projeto de execução, encontram-se definidos de uma forma bastante detalhada na Portaria n.º 701-H/2008, de 29 de julho, contendo as Instruções para a Elaboração de Projetos de Obras.

[3] O licenciamento de obras encontra-se atualmente previsto no Decreto-Lei 555/99, de 16 de dezembro que estabelece o RJUE – Regime Jurídico da Urbanização e Edificação. Revogou o Decreto-Lei 445/91, de 20 de novembro, Decreto-Lei 448/91, de 29 de novembro, o Decreto-Lei 83/94, de 14 de março, e o Decreto-Lei 92/95 de 9 de maio, bem como os artigos 9.º, 10.º e 165.º a 168.º do Regulamento Geral das Edificações Urbanas, aprovado pelo Decreto-Lei 38 382, de 7 de agosto de 1951. Neste domínio existe muita legislação conexa (veja-se [Pereira 2015]) e mais de uma dezena de alterações ao texto original.

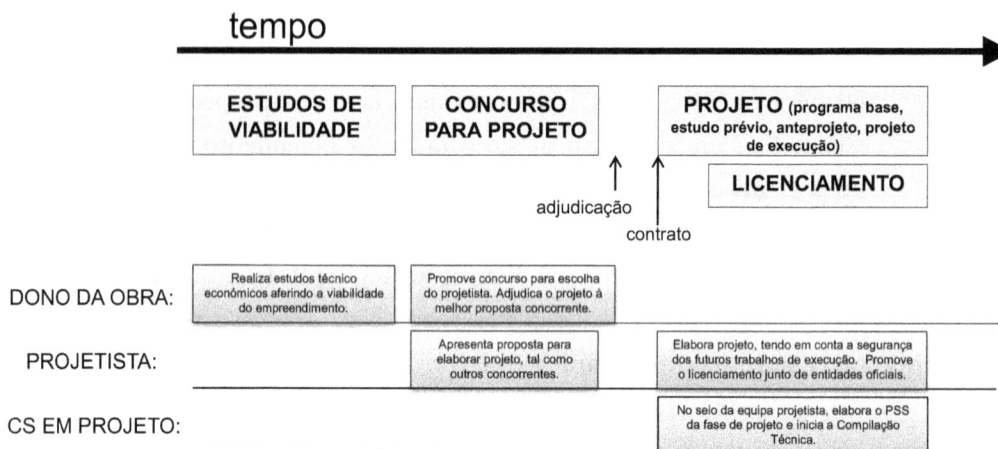

tempo →

| ESTUDOS DE VIABILIDADE | CONCURSO PARA PROJETO | PROJETO (programa base, estudo prévio, anteprojeto, projeto de execução) |

LICENCIAMENTO

adjudicação

contrato

DONO DA OBRA:	Realiza estudos técnico económicos aferindo a viabilidade do empreendimento.	Promove concurso para escolha do projetista. Adjudica o projeto à melhor proposta concorrente.	
PROJETISTA:		Apresenta proposta para elaborar projeto, tal como outros concorrentes.	Elabora projeto, tendo em conta a segurança dos futuros trabalhos de execução. Promove o licenciamento junto de entidades oficiais.
CS EM PROJETO:			No seio da equipa projetista, elabora o PSS da fase de projeto e inicia a Compilação Técnica.

Figura 2.1. Principais eventos e intervenientes nos empreendimentos. Incluem-se desde já alguns aspetos relacionados com a segurança das obras a detalhar mais adiante neste livro.

Seguir-se-á uma fase de apreciação das propostas dos empreiteiros, na qual o dono da obra escolherá a empresa que realizará os trabalhos. Essa decisão consubstancia-se num ato designado de "adjudicação". Seguir-se-á a assinatura de um contrato entre as partes.

Os trabalhos de execução só deverão iniciar-se após a ocorrência de uma diligência (formal nas obras públicas) designada como "consignação" e que consiste em facultar ao empreiteiro a posse dos terrenos ou instalações onde decorrerá a obra.

É na fase de execução dos trabalhos, num estaleiro temporário ou móvel típico desta indústria da construção, que se colocam as questões de segurança laboral que constituem o cerne deste livro.

Depois desta decorrerá a utilização do empreendimento prevendo-se, ao longo da sua vida útil, sucessivas operações de manutenção e reabilitação.

Na prática verificamos que a duração total das fases de conceção, projeto e execução do empreendimento é ditada por aspetos que não dependem do promotor. No nosso país a referida duração total é fortemente condicionada pala fase de licenciamento do projeto, situação que

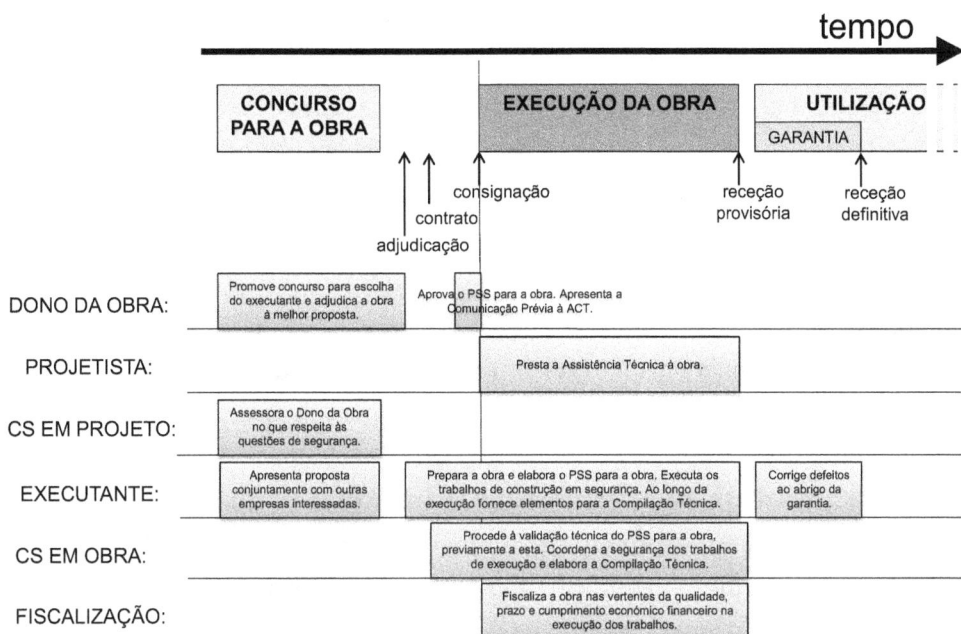

tempo

CONCURSO PARA A OBRA	EXECUÇÃO DA OBRA	UTILIZAÇÃO

consignação
contrato
adjudicação

receção provisória

receção definitiva

DONO DA OBRA: Promove concurso para escolha do executante e adjudica a obra à melhor proposta. | Aprova o PSS para a obra. Apresenta a Comunicação Prévia à ACT.

PROJETISTA: Presta a Assistência Técnica à obra.

CS EM PROJETO: Assessora o Dono da Obra no que respeita às questões de segurança.

EXECUTANTE: Apresenta proposta conjuntamente com outras empresas interessadas. | Prepara a obra e elabora o PSS para a obra. Executa os trabalhos de construção em segurança. Ao longo da execução fornece elementos para a Compilação Técnica. | Corrige defeitos ao abrigo da garantia.

CS EM OBRA: Procede à validação técnica do PSS para a obra, previamente a esta. Coordena a segurança dos trabalhos de execução e elabora a Compilação Técnica.

FISCALIZAÇÃO: Fiscaliza a obra nas vertentes da qualidade, prazo e cumprimento económico financeiro na execução dos trabalhos.

se agrava nos empreendimentos que, devido à sua localização, envolvem condicionantes de vários tipos como a capacidade construtiva do terreno, as acessibilidades e a necessidade de estudos de tráfego, estudos de impacte ambiental e implementação de medidas de minimização, zonas de proteção na proximidade de monumentos, necessidade de escavações arqueológicas prévias, etc. Na verdade, na realização de um empreendimento, a fase de execução dos trabalhos em obra chega a ter uma duração menor que as fases que a antecedem.

De tudo o que foi atrás referido conclui-se que há muito tempo para antecipadamente, nomeadamente na fase de projeto, se ponderarem questões relativas à segurança na futura execução dos trabalhos de construção.

1.2. Intervenientes

A consecução dos empreendimentos envolve bastantes intervenientes com um papel importante. Esta multiplicidade presta-se a equívocos frequentes e, mesmo em diplomas legais recentes, há discrepâncias na correspondência de uma dada designação às funções efetivamente desempenhadas. É também por vezes difusa a fronteira das responsabilidades inerentes a cada um resultando no entanto dos fundamentos das leis em vigor que, por princípio, a segurança diz respeito a todos os intervenientes.

Em qualquer dos casos, num empreendimento encontramos sempre a figura do dono da obra. Sem nos determos em peculiaridades inerentes às diversas formas de realizar um investimento pode dizer-se que este é a pessoa singular ou coletiva por conta de quem decorrerão os trabalhos de construção.

Um aspecto a salientar consiste no facto de praticamente todas as obras necessitarem de um projeto, preferencialmente o atrás referido projeto de execução. Este é essencial não só para a completa definição do que se pretende realizar, mas também para minimizar problemas de derrapagem financeira ou de execução demorada e defeituosa[4]. De facto, grande parte das obras caracteriza-se por uma certa complexidade o que obriga à intervenção de diversas vertentes de conceção e dimensionamento, com a contribuição de técnicos e projetistas de áreas como a arquitetura, engenharia civil, mecânica, eletrotécnica, arquitetura paisagista, ambiente, segurança, etc. Mesmo que na génese do projeto exista uma conceção arquitetónica ou de engenharia relevante, não se deve ignorar que em regra se trata do trabalho conjunto de toda uma equipa multidisciplinar.

Para a execução dos trabalhos de construção é necessária uma designada «entidade executante». Trata-se de uma pessoa singular ou coletiva (empreiteiro, empresa construtora) que deverá executar a totalidade ou

---

[4] Em anos recentes, a tentativa de tornar os empreendimentos mais céleres levou a que os processos de licenciamento de algumas obras fosse consideravelmente aligeirado não sendo mesmo necessária a apresentação de qualquer projeto às entidades licenciadoras (no âmbito do Regime Jurídico da Urbanização e Edificação). Tal tem levado à realização de muitas obras (salientando-se as de reabilitação) sem qualquer base técnica (mesmo de um simples projeto de licenciamento) e sem a intervenção de técnicos habilitados, gerando obras com múltiplos problemas de insegurança (laboral e estrutural) e má qualidade final (nomeadamente nas suas redes técnicas e equipamentos).

parte da obra, de acordo com o projeto aprovado e as disposições legais ou regulamentares em vigor.

Essa atividade de construção pode ser exercida mediante a posse de um título habilitante, o alvará[5], concedido pelo Instituto dos Mercados Públicos, do Imobiliário e da Construção, I. P.[6]. Em regra, a entidade executante encontra-se obrigada perante o dono da obra mediante a celebração do contrato de empreitada. Contudo, e como acontece correntemente na construção de edifícios de habitação para venda, o promotor de um dado empreendimento pode ser igualmente dono da obra e entidade executante.

Frequentemente, a entidade executante de uma obra subcontrata alguns dos trabalhos previstos a outras empresas, ou porque se trata de trabalhos com algum grau de especialização, como é o caso dos eletricistas, canalizadores, estucadores, etc.[7], ou simplesmente porque não dispõe de meios humanos em quantidade suficiente para a sua realização. Esses executantes designam-se de «subempreiteiros».

À luz da legislação laboral é igualmente importante definir o termo «empregador» como sendo a pessoa singular ou coletiva que, no local de execução dos trabalhos, tem trabalhadores ao seu serviço. Na prática esta entidade pode coincidir com a figura do dono da obra (caso se trate de uma empresa construtora), com a entidade executante (caso se trate de um empreiteiro a trabalhar para um dono de obra) ou um subempreiteiro.

---

[5] Veja-se a Lei 41/2015, de 3 de junho, estabelecendo o regime jurídico aplicável ao exercício da atividade da construção, em conformidade com o estabelecido no Decreto-Lei 92/2010, de 26 de julho, que transpôs a Diretiva n.º 2006/123/CE, do Parlamento Europeu e do Conselho, de 12 de dezembro de 2006, relativa aos serviços no mercado interno. Revogou o Decreto-Lei 12/2004, de 9 de janeiro que anteriormente enquadrava estas questões dos alvarás dos empreiteiros.

[6] O Decreto-Lei 232/2015, de 13 de outubro, veio aprovar a orgânica deste Instituto dos Mercados Públicos, do Imobiliário e da Construção, I. P (IMPIC, I. P.). Alargou as competências e procedeu à reestruturação e substituição do anteriormente existente Instituto da Construção e do Imobiliário, I. P. (InCI, I. P.)

[7] A definição da hierarquia e qualificação dos trabalhadores da construção (operários, técnicos) pode ser vista em documentação de cariz laboral como a contratação coletiva de trabalho, veja-se por exemplo o Boletim do Trabalho e Emprego n.º 26, 1.ª série, de 15 de julho de 2017.

No caso do pessoal que não se encontra vinculado por contrato de trabalho à empresa construtora, mas que se obriga individualmente a realizar uma parte da obra utiliza-se o termo de «trabalhador independente». Para o estaleiro as empresas construtoras nomeiam um técnico que assegura a sua direção efetiva, designando-se este como «diretor de obra»[8]. As suas funções consistem em assegurar a execução da obra de acordo com o projeto e contrato, estabelecendo as metodologias e processos construtivos, a programação e o planeamento dos trabalhos, gerindo os recursos necessários em termos de mão-de-obra, materiais e equipamento. Durante a realização dos trabalhos, no estaleiro, este técnico assume normalmente a função de representante do empreiteiro.

No caso mais corrente, o dono da obra não é a entidade executante (o empreiteiro) e assim sendo poderá contratar uma fiscalização. As suas funções prendem-se com a defesa dos interesses do dono da obra, controlando a vertente financeira, a qualidade da execução bem como o cumprimento dos prazos, aspetos que deverão ser previamente contratualizados com o empreiteiro. Esta prestação de serviços poderá ser supervisionada por um "diretor de fiscalização"[9], também previsto na legislação de licenciamento das obras. Neste último caso, entre outros aspetos incumbe-lhe certificar que a obra foi executada de acordo com as condições do licenciamento e que eventuais alterações ao projeto estão em conformidade com as normas legais e regulamentares aplicáveis[10].

---

[8] Veja-se o regime jurídico estabelecendo a qualificação profissional exigível aos técnicos responsáveis pela elaboração e subscrição de projetos, bem como pela fiscalização de obra e pela direção de obra, em particular o n.º 4 do artigo 22.º da Lei 31/2009, de 3 de julho, alterado pela Lei 40/2015, de 1 de junho, e pela Lei 25/2018, de 14 de junho.

[9] Nas obras públicas, por exemplo, as figuras do diretor de obra e do diretor de fiscalização encontram-se previstas no artigo 344.º do Código dos Contratos Públicos publicado pelo Decreto-Lei n.º 18/2008, de 29 de janeiro, alterado pela Lei n.º 59/2008, de 11 de setembro, pelo Decreto-Lei n.º 278/2009, de 2 de outubro, pela Lei n.º 3/2010, de 27 de abril, pelo Decreto-Lei n.º 131/2010, de 14 de dezembro, pela Lei n.º 64-B/2011, de 30 de dezembro e pelos Decretos-Lei n.º 149/2012, de 12 de julho, 214-G/2015, de 2 de outubro e 111-B/2017, de 31 de agosto.

[10] Veja-se o regime jurídico da urbanização e edificação, em particular o patente no artigo 63.º do Decreto-Lei n.º 555/99, de 16 de dezembro, na redação que lhe foi conferida pela Lei n.º 79/2017, de 18 de agosto.

No domínio da segurança, a legislação em vigor prevê a existência de coordenadores em matéria de segurança e saúde, quer na fase de elaboração de projeto, quer na fase de execução dos trabalhos de construção. Grande parte do cerne dos capítulos subsequentes tem em vista a definição das funções e responsabilidades destes intervenientes.

2. As Obras, os Seus Perigos e o Risco

As obras são locais onde existem bastantes perigos para os trabalhadores levando à execução de tarefas que envolvem um determinado grau de risco. Partindo da definição destes conceitos veremos neste ponto as principais caraterísticas do ambiente de trabalho nas obras.

Figura 2.2. Nos estaleiros há um grande número de atividades que se sobrepõem no tempo e no espaço. Os perigos são inúmeros e de diversos tipos. (*Foto do Autor*)

2.1. Definição de perigo

Define-se perigo (hazard na terminologia anglo saxónica) como sendo a "fonte, situação ou ato com potencial de causar dano em termos de lesões ou ferimentos para o corpo humano ou danos para a saúde, ou uma combinação de ambos"[11]. Numa definição mais lata poder-se-ão considerar, em acréscimo, danos patrimoniais ou ambientais. Uma definição semelhante é apresentada pela HSE – Health and Safety Executive[12], segundo a qual, "perigo é qualquer fonte de um potencial dano ou efeito adverso na saúde de uma ou mais pessoas"[13].

Numa primeira abordagem aos perigos existentes num dado ambiente de trabalho poderemos adotar a lista seguinte[14], sistematizada por perigos físicos, químicos, psicológicos e biológicos.

Perigos físicos:

- piso escorregadio ou irregular levando a escorregamento ou queda nesse piso;

- trabalho em altura levando a queda (em que um fator determinante é o curso dessa queda);

- queda de objetos (materiais ou ferramentas) a partir de uma dada altura, impactando em pessoas situadas num nível inferior;

- espaço de trabalho inadequado, tal como um diminuto pé-direito, levando a impactos na cabeça;

- deficiente ergonomia (má postura ou trabalho repetitivo) causando poblemas crónicos ou agudos na saúde;

---

[11] Tradução livre a partir de conceitos da norma ISO 45001:2018 – *Occupational health and safety management systems – Requirements with guidance for use.*

[12] A HSE tem como missão prevenir a morte, ferimentos e doenças profissionais na Grâ Bretanha.

[13] Tradução livre a partir de http://www.hse.gov.uk.

[14] Adaptada a partir de BSI 2004.

- levantamento e movimentação manual de cargas, com o potencial de danos nas costas, mãos ou pés (com fatores determinantes como o peso e a dimensão dessa carga);
- armadilhas, entaladelas, esmagamento, emaranhamento, queimaduras e outros perigos decorrentes da utilização de equipamento;
- perigos no transporte ou como peão, quer na estrada quer no local de trabalho;
- fogo ou explosão (relacionado com a quantidade e natureza do material inflamável);
- fontes de energia suscetíveis de causar dano tais como a eletricidade, radiação, ruído ou vibração (dependentes da quantidade de energia envolvida);
- energia potencial que poderá ser libertada rapidamente causando danos (ligada à quantidade de energia em causa);
- tarefas marcadamente repetitivas que podem levar a anomalias nos membros (relacionadas com a duração das tarefas);
- ambiente de trabalho termicamente hostil podendo levar a hipotermia, desidratação, insolação;
- violência exercida sobre o trabalhador levando a danos físicos (ligada à natureza dos perpretadores);
- radiação ionizante (proveniente de máquinas de raios x ou gama, ou de susbstâncias radioativas);
- radiação não ionizante (luminosa, magnética, rádio frequência).

Perigos químicos:

- inalação de substâncias perigosas para a saúde tais como o monóxido de carbono (dependendo da quantidade inalada);
- contacto ou absorção através da pele de substâncias perigosas tais como ácidos (dependente do tipo de ácido e da quantidade em causa);
- ingestão de produtos tóxicos;
- armazenamento de materiais que se degradam ao longo do tempo;
- falta de oxigénio.

Perigos psicológicos:

- trabalho em quantidade excessiva;
- falta de comunicação ou controlo;
- ambiente de trabalho levando a situações de stress (sendo decisiva a magnitude e duração das suas causas);
- envolvimento num acidente grave levando a uma situação de stress pós traumático.

Perigos biológicos:

- agentes biológicos tais como bactérias ou vírus que poderão ser inalados, transmitidos por contacto, como por exemplo através de uma agulha de seringa, ou ingeridos (perigos estes dependentes do agente em causa).

Nos trabalhos da indústria da construção cremos ser importante salientar algumas peculiaridades relativas a perigos de vários tipos e origens.

Figura 2.3. A utilização de equipamento pesado envolve operações com diversos perigos. Regras de operação estritas, equipa experiente, trabalho em altura, são requisitos que requerem atenção redobrada. (*Foto do Autor*)

De um modo geral os perigos físicos e mecânicos (tais como a instabilidade, esmagamento, impacto, vibração, corte, velocidade, etc.) são dos mais importantes, dadas as caraterísticas dos materiais e equipamentos empregues nas obras.

Alguns trabalhos de construção poderão integrar tarefas repetitivas, causando ou agravando patologias no sistema músculo-esquelético dos operários.

Perigos ambientais como o ruído, as poeiras, a iluminação, a temperatura e até fatores sociais e psicológicos, estão na base de algumas doenças profissionais.

Os perigos elétricos, como a eletrocussão e queimaduras, também são de assinalar.

A evolução das tecnologias e processos construtivos da indústria da construção tem levado a que alguns perigos químicos como a toxicidade, a inflamabilidade e a corrosividade, assumam importância crescente.

Os perigos organizacionais, decorrentes da falta de formação e de uma cultura de segurança também se encontram presentes nas empresas e nos seus estaleiros, salientando-se nos últimos anos o agudizar da falta de supervisão técnica dos trabalhos.

Entre outros, devemos ainda ter em conta perigos pessoais como a ignorância, a negligência e o consumo de susbstâncias que alteram a perceção da realidade.

2.2. Definição de risco

Na execução de qualquer atividade com um ou mais perigos envolvidos, podemos falar de um determinado risco (risk) inerente a essa execução. Segundo a HSE – Health and Safety Executive "risco é a probabilidade de uma pessoa sofrer ferimentos ou efeitos adversos na sua saúde quando exposta a um dado perigo"[15]. Outra definição apresenta o risco como sendo "a combinação da probabilidade (P) de ocorrência de um evento

---

[15] Definição adaptada a partir de BSI 2004.

perigoso ou da exposição a perigos, com a severidade (S) em termos das lesões, ferimentos ou danos para a saúde que dele resultem"[16].

Na figura 2.4 podemos ver a transposição desta última definição para um gráfico cartesiano, assinalando-se nele três situações de risco distintas:

- R1 corresponderá a uma situação de trabalho em que há uma grande probabilidade de ocorrência de evento(s) perigoso(s), ou exposição a perigo(s), mas cujas consequências serão de pouca severidade em termos das lesões, ferimentos ou danos para a saúde do trabalhador;
- R2 corresponderá a uma situação em que, ao invés da anterior, a probabilidade de ocorrência é diminuta mas as consequências serão de elevada severidade;
- R3 corresponderá a uma situação em que há uma grande probabilidade de ocorrência de evento(s) perigoso(s), ou exposição a perigo(s), cujas consequências serão de elevada severidade para o trabalhador.

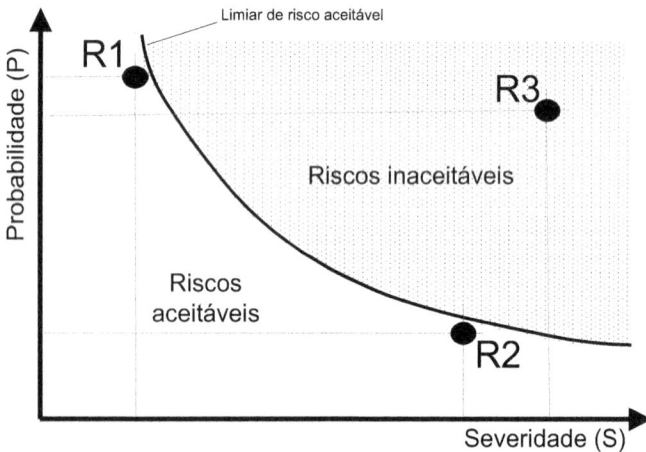

Figura 2.4. Diferentes situações de risco correspondentes a diferentes combinações da probabilidade (P) de ocorrência de um evento perigoso ou da exposição a perigos, com a severidade (S) em termos das lesões, ferimentos ou danos para a saúde que dela resultem.

---

[16] Tradução livre a partir de conceitos da Norma ISO 45001:2018 – *Occupational health and safety management systems – Requirements with guidance for use.*

Da análise destas situações poder-se-ão tomar os riscos R1 e R2 como sendo aceitáveis e o risco R3 como inaceitável. Num contexto laboral, em que existem leis estabelecendo a obrigação da entidade empregadora tomar as medidas adequadas para a garantir a segurança e saúde dos trabalhadores, incluindo a prevenção dos chamados riscos ocupacionais, colocar-se-ão então várias questões:

– Como se avalia o risco inerente a cada uma das situações referidas?
– Qual o limiar de aceitabilidade de um risco, ou seja, até que ponto é que determinado risco é aceitável ou a partir de que ponto é que se torna inaceitável?
– Dada a existência de um risco inaceitável, como poderemos agir para o minimizar ou até mesmo eliminar?

Entre outras, estas três questões constituem passos de uma metodologia de gestão do risco (risk management na nomenclatura anglo-saxónica) que explanaremos no capítulo seguinte deste livro.

2.3. Fatores de insegurança na indústria da construção

Antes de analisarmos a questão da gestão do risco, salientemos algumas caraterísticas peculiares da indústria da construção que potenciam o risco nas tarefas a realizar em obra.

2.3.1. O estaleiro e o posto de trabalho

Uma das principais características dos estaleiros da construção é a quase inexistência de um posto de trabalho fixo como os que existem comummente num ambiente fabril da indústria tradicional.

De facto, neste último, os postos de trabalho são praticamente imutáveis ao longo de grandes intervalos de tempo. Tal possibilita uma conceção cuidada das máquinas e ferramentas tendo em vista a minimização de riscos para o trabalhador. É também possível proceder à delimitação do posto de trabalho e, em particular, dos locais perigosos que deverão ter acesso condicionado. Os trabalhadores têm tarefas claramente definidas e conhecidas. Têm também um ambiente favorável à utilização de equipamentos de proteção individual (luvas, viseiras, botas de proteção, etc.) perfeitamente adequados às tarefas (limitadas) que desempenham.

Ao invés, num estaleiro da construção, o ambiente de trabalho sofre constantes mutações. Assim, torna-se difícil efetuar o levantamento e gestão dos riscos envolvidos na sua execução das atividades. O trabalhador tem também grande mobilidade dentro do estaleiro, ficando sujeito a riscos colocados por outras atividades em curso.

A frequente mudança de tarefas leva a que os operários tenham que alterar amiúde o seu equipamento de trabalho e de proteção individual. Este nem sempre está disponível ou nem sempre é suficientemente flexível ou ergonómico para o desempenho de um trabalho específico, levando a situações de inadequação ou, mais correntemente, de recusa da sua utilização.

O estaleiro é local de trabalho de uma grande quantidade e diversidade de empregadores e profissionais gerando situações de insegurança pela descoordenação de atuações simultâneas.

2.3.2. As atividades desenvolvidas

Uma grande parte das atividades desenvolvidas na indústria da construção apresenta riscos elevados na sua execução. De facto, na regulamentação do regime jurídico da promoção e prevenção da segurança e da saúde no trabalho, quando se enumeram as atividades ou trabalhos de risco elevado referem-se (sintomaticamente) os "trabalhos em obras de construção, escavação, movimentação de terras, túneis, com riscos de queda em altura ou de soterramento, demolições e intervenção em ferrovias sem interrupção de tráfego"[17].

---

[17] Veja-se o artigo 79.º (atividades ou trabalhos de risco elevado) Regime Jurídico da Promoção da Segurança e Saúde no Trabalho (Lei n.º 102/2009, de 10 de setembro.

Figura 2.5. Muitos dos trabalhos em estaleiro têm um elevado risco que queda em altura. (*Foto do Autor*)

Entre nós, nas últimas décadas, a situação tem sido agravada pelo facto de lidarmos com bastante construção «de raiz» (obra nova) envolvendo necessariamente trabalho em altura e materiais pesados. Para a sua consecução é muitas vezes necessário que nas soluções construtivas adotadas se utilize equipamento pesado. Avultam assim riscos decorrentes de perigos como a queda de altura significativa, e o esmagamento por materiais ou equipamento pesado, responsáveis por grande número de acidentes graves e mortais.

Por outro lado cada obra é única, o que introduz dificuldades na estandardização do processo construtivo. De facto, mesmo em obras do mesmo tipo, verifica-se a existência de grande diversidade nas soluções construtivas adotadas e respetivas atividades e operações de construção. Assim sendo, qualquer abordagem para a implementação de soluções de segurança num estaleiro deverá ter um cariz casuístico, com uma análise objetiva do(s) perigo(s) e risco(s) envolvido(s). Tal não impede que, mesmo em fase de projeto, seja previsível a existência de atividades com risco elevado e se indiquem medidas de prevenção tendo em vista uma execução adequada.

A grande dinâmica de evolução dos estaleiros bem como a alteração sistemática do local e posto de trabalho, são outros aspetos que não favorecem a estabilidade da implementação de medidas de segurança para a realização de um determinado tipo ou conjunto de atividades.

2.3.3. A mão de obra

O fator humano também tem o seu peso na sinistralidade desta indústria. O trabalho da construção é conhecido por ser pesado e de baixo nível salarial, procurado por trabalhadores com pouca formação escolar e profissional. Tais factos propiciam a sujeição a tarefas perigosas sem espírito crítico ou capacidade reivindicativa. Aliás, em termos culturais, verificamos que os trabalhadores portugueses são muitas vezes excessivamente voluntariosos expondo-se a riscos elevados sem ter em conta medidas de segurança.

Neste domínio das questões culturais, e apesar da evolução que notamos nas últimas décadas, o marialvismo e as regras da masculinidade também continuam a impor um código de honra segundo o qual, um homem não recusa um trabalho simplesmente porque envolve riscos que não estão devidamente controlados.

Outro tipo de vulnerabilidade acontece com o grande número de trabalhadores imigrantes implicando desta feita uma situação laboral precária a que acresce, frequentemente, a falta de conhecimento de processos construtivos (mesmo os mais correntes) e a dificuldade em perceber instruções.

Figura 2.6. Corte de varões com rebarbadora. Sem a utilização de óculos de proteção são frequentes os acidentes em que a limalha de ferro incandescente penetra no globo ocular do operário. (Foto do Autor)

Outros aspetos que também contribuem para a insegurança são a grande rotatividade laboral, cadeias de subcontratação alongadas, um trabalho que é pouco dignificado socialmente, os locais de trabalho afastados dos locais de residência com a consequente necessidade de deslocação da mão de obra.

De resto, o envolvimento dos trabalhadores e outras partes interessadas nas questões da segurança é praticamente nulo.

2.3.4. Os equipamentos

Na indústria da construção utiliza-se frequentemente equipamento pesado (gruas para elevação de cargas, equipamento de escavação e movimento de terras) na proximidade de operários, envolvendo riscos elevados como o esmagamento ou o atropelamento de pessoas. Muito desse equipamento tem também grande mobilidade, alargando as situações de perigo a todo, ou a grande parte, do estaleiro. Esta questão assume maior gravidade na medida em que a delimitação de espaços e vias de circulação, bem como a colocação de sinalização adequada, nem sempre é objeto de implementação.

Figura 2.7. Execução de estacas por trado contínuo. A par do manobrador e pessoal de apoio na operação de posicionamento do trado, há outros trabalhos na proximidade envolvendo outros operários. (*Foto do Autor*)

Para a consecução da obra é muitas vezes necessário que nas soluções construtivas adotadas se utilize igualmente equipamento pesado como é o caso de diversos tipos de cofragem. Com o seu colapso, por causas tão diversas como uma deficiente conceção ou cálculo de ações, o esmagamento de operários pelo equipamento e pelos próprios materiais origina grande número de acidentes graves e mortais.

Figura 2.8. Nos estaleiros de obras construídas de raiz torna-se necessário empregar equipamentos para elevar cargas significativas, por vezes a grandes alturas como neste edifício em Nova Iorque. (*Foto do Autor*)

Os equipamentos são também muitas vezes utilizados sem o cumprimento de regras básicas de segurança. Entre muitos outros aspetos, são frequentes as situações em que a grua torre ou outro equipamento elétrico não dispõe de disjuntor diferencial.

Com o intuito de supostamente facilitarem a sua utilização, os operadores também procedem à adulteração de máquinas retirando-lhes componentes que teriam como função a segurança na utilização. Às serras circulares por exemplo, manipuladas sobretudo pelos carpinteiros de toscos, são-lhes retirados dispositivos de empanque destinados a impedir a amputação de dedos.

Há também a utilização de equipamentos para fins diversos dos previstos. O balde de uma giratória ou de uma retroescavadora é muitas vezes utilizado como meio de elevação de cargas ou de trabalhadores.

2.3.5. As empresas

Nas empresas a par de uma inadequada organização e supervisão do trabalho em geral, há também uma inadequada gestão da segurança.

Não é comum a promoção de ações de formação, de informação ou de ações de sensibilização dos trabalhadores. Diz-se assim que em regra as empresas de construção têm uma fraca cultura de segurança.

Figura 2.9. Na execução da parede sobre a caixa de estore o operário encontra-se a uma altura de cerca de 11 metros, numa plataforma precária apoiada em tijolos soltos e tabiques deitados. Note-se ainda a aglomeração de materiais na plataforma. (*Foto do Autor*)

Figura 2.10. Um andaime de poleias sem caraterísticas aceitáveis de segurança. Note-se, entre outros aspetos, a inexistência de acesso e plataformas adequadas. (*Foto do Autor*)

A dimensão das empresas também tem um papel importante. A maior parte do tecido empresarial português é constituído por empresas de pequena dimensão, com um forte cariz familiar. Na prática verifica-se que é nestas que a segurança e saúde são mais menosprezadas. A inexistência de um corpo técnico no seio da empresa e a ausência de uma fiscalização nas obras em que atuam, leva a que a legislação e obrigações no domínio da segurança sejam muitas vezes desconhecidas pelos executantes, ou propositadamente ignoradas. Nas empresas de maior dimensão a situação é melhor havendo algumas razões para que tal aconteça. Em regra, têm um quadro de pessoal que incorpora obrigatoriamente técnicos de segurança[18], conhecendo, portanto, as prescrições legais a cumprir. Por

---

[18] Segundo a lei que estabelece o regime jurídico aplicável ao exercício da atividade da construção (a Lei 41/2015, de 3 de junho) os empreiteiros com alvará de obras a partir da classe 6 terão de incorporar nos seus quadros pessoal como Técnicos de Segurança no

outro lado, as obras em que participam são muitas vezes submetidas à supervisão de técnicos que exercem atividades específicas no domínio da segurança nos estaleiros, bem como a fiscalizações exigentes, criando no executante alguns hábitos que levam à implementação voluntária de medidas de segurança.

No entanto, aos olhos de alguns, a "poupança" decorrente de não se implementarem medidas de segurança é considerada significativa, existindo uma grande dificuldade em atribuir recursos à implementação da segurança. Para além de uma conduta imoral que pode afetar por toda uma vida as pessoas diretamente envolvidas nos acidentes, as consequências e os custos económico financeiros que daqui resultam (com enorme impacto no sistema nacional de saúde, nas seguradoras, na segurança social) são indevidamente transferidos para o cidadão pagador de impostos e para a sociedade em geral.

As pressões económicas são particularmente importantes em alturas de crise. As pressões temporais e os prazos de execução curtos aparecem tendencialmente em fases de expansão da economia. Quer num caso quer no outro a segurança na execução dos trabalhos sai prejudicada.

3. Os Acidentes as Doenças Profissionais

Como já vimos, os perigos existentes nos estaleiros e os riscos inerentes à execução das atividades de construção têm como resultado potencial a ocorrência de bastantes acidentes. Importa desde já definir alguns conceitos relativos à sua tipificação.

Segundo a OIT – Organização Internacional do Trabalho (vejam-se as referências bibliográficas ILO 1998 ou ACT 2015), considera-se como acidente de trabalho todo o acontecimento inesperado e imprevisto, incluindo os atos de violência, durante o período de trabalho ou com ele relacionado, do qual resulte uma lesão corporal ou mental, de um

---

Trabalho. Para a classe 7 e superiores serão também necessários Técnicos Superiores de Segurança no Trabalho.

ou vários trabalhadores. Também se consideram acidentes de trabalho os ocorridos na viagem, de transporte ou circulação, nos quais os trabalhadores fiquem lesionados e que ocorram por causa, ou no decurso do trabalho, isto é, quando exercem uma atividade económica, ou estão a trabalhar, ou realizam tarefas para o empregador. São excluídos os ferimentos auto infligidos, os que se devam unicamente a causas médicas e doenças profissionais, os acidentes que ocorram no percurso para o local de trabalho ou no regresso deste (acidentes de trajeto), os acidentes de pessoas estranhas à empresa bem como os ocorridos com pessoas sem qualquer atividade profissional.

Acidente de trajeto (ou in itinere) é o que ocorre no trajeto normalmente utilizado pelo trabalhador, qualquer que seja a direção na qual se desloca, entre o seu local de trabalho (ou de formação) ligado à sua atividade profissional e a sua residência principal ou secundária, o local onde toma normalmente as suas refeições ou o local onde recebe normalmente o seu salário, e do qual resulte a morte ou lesões corporais[19]. De facto atualmente há o entendimento que o risco de acidentes nesse percurso é inerente ao cumprimento do dever que incumbe ao trabalhador de comparecer no lugar do trabalho para nele executar a prestação resultante do contrato de trabalho, constituindo assim uma das suas obrigações instrumentais ou acessórias (veja-se ALEGRE 2009).

No domínio da caraterização da gravidade de um acidente relevam-se de seguida alguns conceitos a ter em conta.

Um deles é o "acidente de trabalho com ausência ao trabalho superior a três dias úteis" referido quer na diretiva quadro[20] (relativa à segurança no trabalho), quer na legislação em vigor[21], como devendo ser objeto de

---

[19] Veja-se o artigo 8.º da Lei 98/2009, de 4 de setembro, que regulamenta o regime de reparação de acidentes de trabalho e de doenças profissionais, incluindo a reabilitação e reintegração profissionais, nos termos do artigo 284.º do Código do Trabalho, aprovado pela Lei 7/2009, de 12 de fevereiro. Assinale-se que foi com a Lei 100/97, entretanto revogada pela Lei 98/2009, de 4 de setembro, que o acidente in itinere passou a ser sempre indemnizável.

[20] Veja-se a alínea c) do n.º 1 do artigo 9.º da do Regime Jurídico da Promoção da Segurança e Saúde no Trabalho (Lei n.º 102/2009, de 10 de setembro).

[21] Idem, na alínea l) do n.º 1 do artigo 18.º do mesmo Regime Jurídico.

uma lista a elaborar pela entidade patronal. É ainda utilizado em instâncias como as estatísticas europeias de acidentes de trabalho (veja-se EUROS-TAT 2001) nas quais apenas se consideram dias inteiros de ausência ao trabalho, excluindo-se o dia do acidente. Assim, uma "ausência superior a três dias" será pelo menos de quatro dias, o que implica que apenas se incluem acidentes cujo regresso ao trabalho não se efectua antes do quinto dia após o dia do acidente.

Outro conceito é o de "acidente que evidencia uma situação particularmente grave na perspetiva da segurança e saúde no trabalho". Na sua ocorrência, o empregador deve comunicá-lo, nas vinte e quatro horas seguintes, ao organismo competente para a promoção da segurança e da saúde no trabalho[22]. Apesar da indefinição do conceito "situação particularmente grave" que já levou à nulidade desta norma em legislação anterior[23], podemos tomar como válido o entendimento de que (veja-se IGT 2005), *"não obstante a ausência de uma definição legal específica pode considerar-se como "acidente (...) que evidencie uma situação particularmente grave" todo o acidente relacionado com o trabalho no qual um trabalhador, trabalhador independente que trabalhe em instalações alheias, pessoa terceira da relação de emprego, é vítima mortal ou sofre uma lesão grave (incluindo a lesão em consequência de violência física), ou no qual releve a ocorrência de eventos que, não produzindo lesão, assumem uma particular gravidade na perspetiva da segurança e saúde no trabalho"*. Face a este acidente (objeto ou não de comunicação pela entidade laboral) a lei também estipula que o organismo competente para a promoção da segurança e da saúde no trabalho (a Autoridade para as Condições do Trabalho) realize o respetivo inquérito[24].

---

[22] Veja-se o n.º 1 do artigo 111.º do Regime Jurídico da Promoção da Segurança e Saúde no Trabalho (Lei n.º 102/2009, de 10 de setembro).

[23] Veja-se o Acórdão n.º 76/2016 do Tribunal Constitucional julgando inconstitucional, por violação do artigo 2.º da Constituição, a norma contida no n.º 1 do artigo 257.º da Lei n.º 35/2004, de 29 de julho (contendo o regulamento do código do trabalho e entretanto revogada).

[24] Veja-se o n.º 2 do artigo 14.º do Regime Jurídico da Promoção da Segurança e Saúde no Trabalho (Lei n.º 102/2009, de 10 de setembro).

No caso de um "acidente de trabalho mortal" não se colocam dúvidas quanto à sua definição nem tão pouco quanto à sua gravidade, havendo pois a obrigatoriedade do empregador o comunicar ao atrás referido organismo competente[25] e de este realizar um inquérito. Em termos formais, o acidente é registado como mortal se a vítima falecer dentro de um certo período após a ocorrência da lesão, considerando-se em Portugal o prazo de um ano após o acidente. Os acidentes mortais são objeto de tratamento estatístico em todos os Estados-Membros da União Europeia.

Figura 2.11. O trabalho em ambientes fortemente carregados de partículas gera doenças profissionais que se traduzem essencialmente em insuficiências respiratórias. O problema não é detetado imediatamente agravando-se, muitas vezes de uma forma sub-reptícia, num longo período de sucessivas exposições. (*Foto do Autor*)

---

[25] Tal deve ser feito de acordo com o Decreto-Lei 106/2017, de 29 de agosto, retificado pela Declaração de Retificação 25/2017, de 22 de setembro, e que regula a recolha, publicação e divulgação da informação estatística sobre acidentes de trabalho. A Portaria 14/2018, de 11 de janeiro, regula os respetivos modelos de participação relativa a acidentes de trabalho.

O conceito de "doença profissional" aponta para uma génese distinta da sinistralidade devida aos acidentes. Será a doença contraída em consequência da exposição, durante um dado período de tempo, a fatores de risco decorrentes da atividade profissional exercida. De acordo com a legislação nacional são doenças profissionais as constantes da respetiva lista organizada e publicada no Diário da República[26] bem como "a lesão corporal, a perturbação funcional ou a doença não incluídas na lista (...) desde que se prove serem consequência necessária e direta da atividade exercida e não representem normal desgaste do organismo"[27].

As doenças profissionais constituem um problema bastante grave que passa despercebido porque se traduz em danos para a saúde que, muitas vezes, apenas são notórios decorridos vários anos. Contudo, segundo OIT 2013, as doenças profissionais são responsáveis pela morte de cerca de 6 vezes mais pessoas do que as decorrentes de acidentes de trabalho. Para além disso, a maior parte das doenças profissionais torna penosos os últimos anos de vida dos trabalhadores. Na indústria da construção os casos mais comuns revelam-se sob a forma de dores excruciantes resultantes de lesões músculo esqueléticas, de insuficiência respiratória (pneumoconioses), surdez e perturbações mentais.

4. Estatísticas Sobre a Sinistralidade na Construção

No ponto 2 deste capítulo vimos que a construção é uma indústria com bastantes perigos e que os trabalhos de execução das obras comportam riscos que de modo algum são negligenciáveis. Trata-se de um problema que não é exclusivamente nacional ocorrendo de facto em todo o mundo,

---

[26] Veja-se o artigo 283.º n.º 2 do Código do Trabalho (Lei n.º 7/2009, de 12 de fevereiro), bem como a lista das doenças profissionais e o respetivo índice codificado patentes no Decreto Regulamentar 76/2007, de 17 de julho, alterando e republicando o Decreto Regulamentar 6/2001, de 5 de maio.

[27] Transcrição do n.º 2 do artigo 94.º da Lei 98/2009, de 4 de setembro que regulamenta o regime de reparação de acidentes de trabalho e de doenças profissionais, incluindo a reabilitação e reintegração profissionais, nos termos do artigo 284.º do Código do Trabalho, aprovado pela Lei 7/2009, de 12 de fevereiro.

como se pode ver em HYOUNG et al. 2009, MELIÁ et al. 2008, ou TAM et al. 2004. Entre nós, se tivermos em conta um referencial europeu verificamos que a dimensão da sinistralidade na indústria da construção é muito significativa. Em consequência desse facto, e tal como referimos no capítulo 1, ao longo dos tempos tem-se criado um enquadramento legal bastante completo visando a sua diminuição. As estatísticas permitem-nos compreender melhor a dimensão do problema e dão-nos algumas pistas sobre a sua génese.

4.1. A mortalidade

Uma primeira análise comparativa dos dados estatísticos da indústria em geral com a indústria da construção em particular permite-nos verificar que, nesta última, a mortalidade e os acidentes graves assumem valores bastante elevados.

		1990	1991	1992	1993	1994	1995	1996	1997	1998	1999	2000	2001	2002	2003	2004
Totalidade da Indústria	Acidentes	305512	293886	278455	251577	234070	204273	216115	214326	154825	212177	234192	244936	248097	237222	234109
	Ac. Mortais	203	224	185	181	258	232	261	229		236	368	365	357	312	306
Indústria da Construção	Acidentes											51561	56401	57083	53978	53957
	Ac. Mortais	155	144	143	88	119	114	142	196	158	153	102	139	109	113	110

		2005	2006	2007	2008	2009	2010	2011	2012	2013	2014	2015	2016	2017	2018	2019
Totalidade da Indústria	Acidentes	228884	237392	237409	240018	217393	215632	209183	193611	195578	203548	208457	207567	209390		
	Ac. Mortais	300	253	276	231	217	208	196	175	160	160	161	138	140	157	83
Indústria da Construção	Acidentes	51538	51790	47322	47024	45118	44304	38572	28093	26435	27309	28587	25302	25968		
	Ac. Mortais	111	83	103	78	76	67	57	55	42	43	48	37	42		

Figura 2.12. A sinistralidade na indústria em geral, bem como na indústria da construção em particular, ao longo das últimas décadas (fontes IGT, ACT, GEP). Os dados apresentados pecarão por defeito. Os mais antigos não terão em conta acidentes in itinere, a par de acidentes não reportados e de uma deficiente contabilização de mortes não imediatas. O valor de 2019 diz respeito aos acidentes conhecidos até dezembro.

Olhando para os dados dos anos 90 (do século XX) verificamos que em Portugal o número de mortes na indústria da construção se encontrava próximo das duas centenas (veja-se o quadro da figura 2.12), correspondendo a cerca de metade das que ocorriam em todo o meio laboral nacional. São cifras consonantes com o ocorrido noutros países a nível europeu sendo que, que nesta altura, a taxa de incidência de mortes laborais (na generalidade da indústria) era de 5 por 10.000 trabalhadores, enquanto que na indústria da construção rondava as 13 mortes por 10.000 trabalhadores (veja-se EUROSTAT 2001).

No início da década seguinte as melhorias nas condições de segurança implementadas nos estaleiros do nosso país, aliadas a algum esforço de formação, tornaram possível a diminuição da sinistralidade para valores que pouco excediam a centena de mortes anuais (veja-se GEP 2010).

A crise económica que surgiu em Portugal a partir de 2007 levou a uma significativa diminuição do investimento afetando a atividade na construção. Ao analisarmos a mortalidade ocorrida nesta indústria entre 2007 e 2011, verificamos uma diminuição de 103 para 57 (veja-se ACT 2012). A nossa perceção é que a diminuição desse valor da sinistralidade não terá correspondido a uma efetiva melhoria das condições de segurança nos estaleiros, sendo antes consequência da referida diminuição da atividade na indústria. A consulta de dados como o consumo de cimento, com uma diminuição entre 2000 e 2011 para cerca de 40% do valor inicial, levar-nos-ia a pensar que sem abrandamento da atividade nesse período o número de mortos no ano 2011 poderia exceder significativamente a centena de trabalhadores.

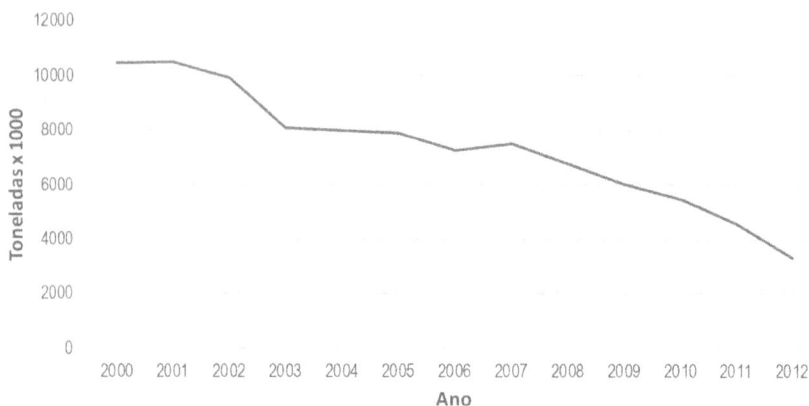

Figura 2.13. A diminuição de atividade na construção, em Portugal, patente no consumo anual de cimento.

O resgate financeiro de 2011 obrigou a um investimento público praticamente nulo que, em conjugação com uma forte retração na realização de obras particulares, teve como resultado a destruição irreversível[28] de grande parte da indústria da construção. De facto, entre 2005 e 2015 entraram em processos de recuperação e de insolvência 37 mil empresas, com a perda de 230.000 postos de trabalho. Conquanto as dificuldades tenham sido transversais a todas as empresas da indústria, a crise afetou sobretudo as de média e grande dimensão[29]. Hoje sabemos que das 25 maiores empresas da primeira década deste século apenas sobreviveram 7 e que destas há duas que se encontram num processo especial de recuperação (PER) e uma que foi adquirida por um grupo espanhol. Em termos da sinistralidade mais grave verificamos que no período entre 2012 e 2015 ocorreram cerca de 40 a 50 vítimas mortais por ano. Tal como referimos no parágrafo anterior, não poderemos comparar estas cifras com as dos anos iniciais do século XXI sem ter em conta a diminuição da atividade na indústria.

A especial gravidade dos acidentes na indústria da construção encontra-se igualmente bem patente nas estatísticas. No ano de 2015 por exemplo, as estatísticas compiladas pelo GEP mostram que embora o número de acidentes na construção represente apenas 13,8% do total de acidentes laborais, os acidentes mortais nesta indústria correspondem a 29,8% do total da mortalidade laboral.

Uma comparação com o que acontece na europa, em particular nos 28 países da União Europeia, mostra que nos encontramos muito mal posicionados em termos da mortalidade no trabalho da construção, reflexo das más condições de segurança existentes. De facto, das estatísticas da PORDATA relativas a 2015, apenas Malta apresentava um número superior de acidentes de trabalho mortais (cifrando-se em 18) por 100.000 empregados na construção. Portugal seguia esse valor de

---

[28] Bens de custo elevado, como é o caso dos equipamentos utilizados na indústria da construção, pressupõem períodos longos na formação de capital. Por outro lado, quando parados e não cuidados, degradam-se com facilidade.

[29] Empresas de pequena dimensão, com poucos custos fixos e de estrutura, foram menos afetadas.

perto (17,3 desses acidentes) enquanto que países com uma construção semelhante em termos de tipo de obras e processos construtivos, como a Espanha e França, apresentaram valores bem melhores (respetivamente 7 e 6,3). Países como a Dinamarca (3,6), Alemanha (3,6) ou Suécia (1,6) encontram-se nos lugares cimeiros da segurança no trabalho da indústria da construção.

Em anos recentes verificou-se alguma recuperação económica no setor imobiliário em Portugal, promovendo-se bastantes obras de reabilitação sobretudo em Lisboa e no Porto. A sinistralidade na indústria da construção beneficiará do facto das obras de reabilitação apresentarem riscos menores que as obras de raiz, em especial quando comparadas com as da construção de edifícios e de obras de arte (em vias de comunicação) realizadas na última década do século XX e nos anos iniciais do século XXI. Contudo, verificamos atualmente uma inequívoca regressão nas condições de segurança nos estaleiros de obras devido a circunstâncias como: o aumento da economia informal resultante de bastantes falências no sector da construção; a atuação de pequenas empresas sem qualquer corpo técnico; obras sem qualquer tipo de licenciamento resultante de um Regime Jurídico simplista que muitas vezes conduz a abusos; obras exclusivamente "acompanhadas" por profissionais sem qualquer formação no domínio (entre os quais os "técnicos" de arquitetura).

4.2. As causas dos acidentes

Um outro aspeto importante a analisar prende-se com as causas dos acidentes na indústria da construção, em particular da sinistralidade mais grave.

Ao analisar as elevadas cifras de mortalidade patentes nas estatísticas verificamos que estas estão sobretudo relacionadas com a queda em altura, esmagamento, soterramento e eletrocussão, refletindo os riscos mais elevados existentes nos estaleiros das obras tendo em conta o binómio "probabilidade de ocorrência" versus "severidade das consequências" que analisaremos no capítulo seguinte.

As estatísticas também permitem verificar que ao longo do tempo pode existir alguma variação nas percentagens relativas de cada uma das causas supracitadas, em função de alterações nos tipos de obras realizadas pela indústria. Entre os anos de 2000 e 2012, por exemplo, a morte na sequência de queda em altura diminuiu de 42 para 26% do total e a morte por esmagamento diminuiu de 22% para 10%, revelando a transição de um período com bastante obra de raiz para um outro com mais trabalho na área da reabilitação. Outras causas de morte relevantes são o soterramento, que em 2000 representava 14%, tendo alcançado os 39% em 2012. A movimentação de máquinas e o atropelamento registou uma variação de 4 para 10% no mesmo período. Uma outra causa de morte que frequentemente surge com posição relevante nas estatísticas é a eletrocussão, representando 9% das ocorrências no ano 2000. A recorrência das causas da sinistralidade mais grave faz-nos pensar que a difusão deste conhecimento, através da formação dos trabalhadores, acompanhada da prevenção de comportamentos de risco, poderá ser bastante frutuosa.

Outro aspecto importante quanto à ocorrência de acidentes tem a ver com o facto da obra em que ocorrem se tratar de uma obra pública ou particular. Analisando dados do início do século, em que não havia crise na indústria e em que os dois setores se equivaliam em termos de volume de obras, verifica-se que nas obras particulares ocorreram mais acidentes mortais. A explicação poderá estar no facto das obras públicas estarem mais sujeitas a acompanhamento de direção técnica e fiscalização por parte de técnicos que em regra existem no seio dos principais intervenientes (dono da obra e empreiteiro) dessas obras.

Quanto à idade dos acidentados, verifica-se que os sinistros ocorrem sobretudo com os mais novos e os mais velhos (veja-se LIMA 2003). Talvez porque os mais novos sejam mais afoitos, ou sintam que têm algo a provar, e aos mais velhos lhes faltem as forças, ou os reflexos, num momento crítico.

Por outro lado, em SOEIRO 2005 destaca-se a prevalência de acidentes com trabalhadores que estão há pouco tempo nas empresas, correspondendo provavelmente a situações de menor experiência, ou à necessidade que esses operários sintam em se mostrarem mais empenhados no trabalho, mesmo que não existam condições de segurança.

4.3. Número de acidentes *versus* severidade das consequências

Nas estatísticas da sinistralidade laboral atribui-se (justificadamente) uma grande importância à ocorrência de mortes contudo, neste ponto, pretendemos salientar a existência de um número substancialmente superior de acidentes que originam lesões de diferentes graus de severidade e incapacidade para o trabalho.

Para além dos danos físicos sofridos pelos intervenientes, os referidos acidentes trazem outras consequências de grande dimensão em termos de danos psicológicos, sociais e económico-financeiros. Nestes últimos encontram-se compreendidas as despesas de saúde (tratamento e internamento), de indemnizações, de pensões, etc. Nos Estados Unidos, pioneiros na transferência de responsabilidades deste tipo para as companhias de seguros, bem cedo se sentiu a necessidade da determinação de probabilidades de ocorrência de qualquer tipo de acidente e suas consequências. Estudos concretizados a partir de meados do século passado permitiram verificar que por cada acidente mortal há dezenas de acidentes graves, centenas de acidentes ligeiros e outros milhares de outros que, apenas por mera sorte, não causaram lesões.

Os autores dos referidos estudos construíram gráficos ilustrativos com a forma de triângulo isósceles (designando-os de "pirâmides") em cujo vértice superior se encontra um acidente mortal ou muito grave e, na parte inferior até à base, outros sucessivamente de menor gravidade. A figura 2.14 mostra um desses gráficos que, embora tenha sido construído com dados da indústria em geral, cremos reflectir a realidade do que também se verifica na indústria da construção.

Os dados são verdadeiramente dramáticos uma vez que mostram o grande impacto dos acidentes laborais. De facto, mesmo que não ocorram mortes, as consequências são muitas vezes de grande gravidade e duradouras.

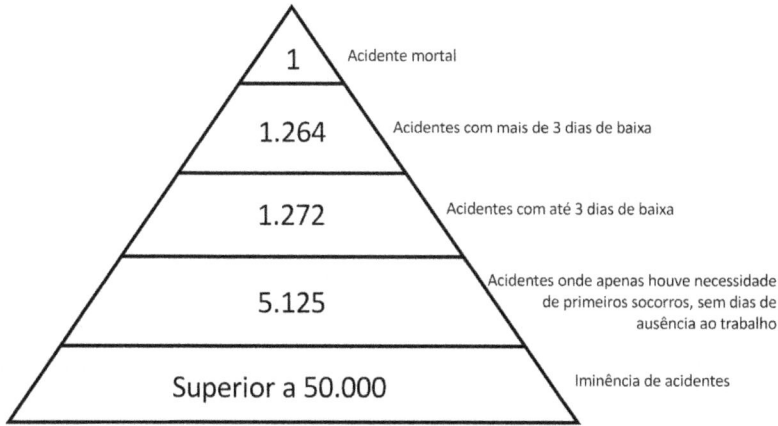

Figura 2.14. O número de acidentes e a severidade das suas consequências, segundo LEHDER e SKIBA 2005.

5. A Sinistralidade na Construção e os seus Custos

A sinistralidade na construção tem custos económico financeiros muito significativos, conforme se pode ver em SILVERSTEIN et al. 1998. Neste ponto analisaremos essas consequências não esquecendo que outros aspetos da sinistralidade, no âmbito da sociedade em geral ou de um círculo familiar mais restrito, não são quantificáveis em termos meramente economicistas. De facto, a perda de um familiar, o cuidado a prestar a um familiar inválido ou com doença incapacitante ao longo de (por vezes) décadas, são aspetos muito importantes que não têm preço e que nunca poderão ser contabilizados.

Em consequência da sinistralidade podem contabilizar-se custos diretos e indiretos (veja-se por exemplo HEINRICH, PETERSEN e ROOS 1980). Dos primeiros fazem em grande parte as indemnizações que, em regra, se encontram seguradas. Os segundos, muitas vezes negligenciados, podem ser quatro vezes superiores aos custos diretos e são de natureza bastante diversa.

Em termos concretos, com um acidente poderão ocorrer lesões nos trabalhadores e concomitantemente custos relacionados com o seu tratamento.

Estes envolvem amiúde a hospitalização e despesas inerentes ao transporte e internamento dos sinistrados, à assistência médica e medicamentosa, à enfermagem e tratamentos necessários ao seu restabelecimento. Em princípio essas despesas fazem parte do "direito à reparação" em espécie previsto na lei[30] contudo, haverá sempre custos relativos a parcelas não contabilizadas, ou não contabilizáveis, que acabam por pender para o sinistrado e sua família. De igual modo será difícil imputar os custos reais dos meios humanos (pessoal médico, de enfermagem, administrativo) e infraestruturas (custos de amortização das edificações e equipamentos) envolvidos por exemplo num serviço nacional de saúde.

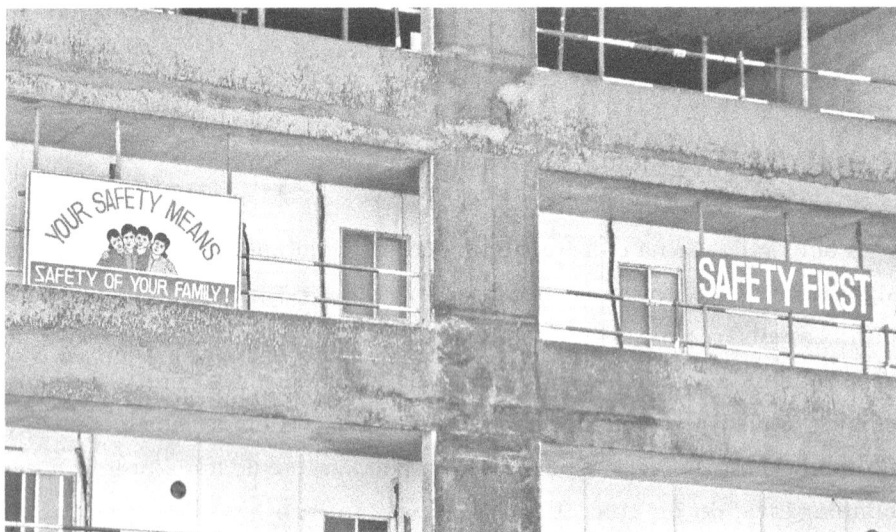

Figura 2.15. Numa obra na marina do Dubai um cartaz alerta para o facto da segurança do trabalhador estar interligada à segurança da sua família. Uma mensagem de duplo significado para o imigrante paquistanês ou indiano que em regra garante o sustento da família no país de origem. (*Foto do Autor*)

---

[30] Veja-se o artigo 23.º da Lei n.º 98/2009, de 4 de setembro, regulamentando o regime de reparação de acidentes de trabalho e de doenças profissionais, incluindo a reabilitação e reintegração profissionais, nos termos do artigo 284.º do Código do Trabalho, aprovado pela Lei n.º 7/2009, de 12 de Fevereiro.

Em acidentes de menor dimensão poderá haver necessidade de pequenos tratamentos que, mesmo sendo realizados na empresa, acarretarão despesas e perdas de tempo.

O atrás referido "direito à reparação" poderá também envolver prestações em dinheiro. O sinistrado poderá ser indemnizado por incapacidade temporária ou permanente (absoluta ou parcial), em capital ou em pensões. Em caso de morte do sinistrado os familiares serão indemnizados das despesas de funeral e poderão ter direito a uma pensão.

Paralelamente aos custos supracitados, resultantes de lesões nos sinistrados, podem existir danos materiais em equipamentos da empresa construtora levando à necessidade da sua reparação ou substituição. A propriedade de terceiros também pode ser afetada no decurso de um acidente, através de danos em construções na proximidade, viaturas existentes numa via pública adjacente, etc. Nestes casos os danos podem ser ou não objeto de um seguro. Os custos podem então vir a ser suportados pela empresa construtora, pela seguradora, ou até pela sociedade em geral no caso de danos não reclamados em património público.

No seio da empresa construtora será possível quantificar outros custos. Na altura do acidente, e durante um certo tempo variável em função das dimensões do sinistro, ocorrerão tempos de paragem de operários e chefias bem como uma eventual interdição de laborar na zona do acidente ou mesmo em toda a obra. Tal traduzir-se-á em custos bem tangíveis com origem em salários perdidos, na subsequente descoordenação dos trabalhos, no seu atraso e respetivas multas.

As atividades de investigação dos acidentes também têm os seus custos. Podem envolver entidades oficiais (tais como a ACT ou a polícia) devendo ainda contabilizar-se as que são levadas a efeito quer pelos técnicos da empresa construtora (técnicos de segurança) quer pelos técnicos do dono da obra (coordenação de segurança) e das companhias seguradoras.

Finalmente, pela ocorrência de acidentes a empresa construtora terá a sua imagem pública degradada, com perdas comerciais de difícil avaliação.

Do que acima elencámos resulta evidente que muitos custos não são contabilizados e outros não se encontram segurados (mesmo que sejam contabilizados). Em muitos casos também, a sociedade em geral acaba por arcar com os custos resultantes de acidentes que poderiam ser evitados. Será forçada a abdicar de montantes elevados que poderiam ser utilizados para outros fins como o investimento no ensino, em infraestruturas viárias, na cultura e outras vertentes das funções sociais do Estado.

Alguns dados que permitem aferir a dimensão dos custos envolvidos nestas questões são elucidativos. Em Portugal, os montantes pagos pelas seguradoras referentes aos acidentes de trabalho rondaram os 449 milhões de euros em 2014. Segundo dados do GEP, na indústria da construção, em 2015 perderam-se 965 623 dias de trabalho devido a acidentes com ausência, com um valor médio de cerca de 45 dias por trabalhador.

Quanto às doenças profissionais releva-se que na Grã-Bretanha, segundo dados relativos a 2013 (veja-se HSE 2014), o custo estimado de lesões e doenças profissionais foi de 14 200 milhões de libras esterlinas (aproximadamente 16 100 milhões de euros). Segundo a mesma instituição, nos países desenvolvidos estes custos são da ordem dos 2,6% a 3,8% do PIB o que, tomando um valor médio, daria para Portugal um valor de cerca de 6 400 milhões de euros anuais.

CAPÍTULO 3

A GESTÃO DO RISCO

The person who risks nothing,
does nothing...

William Arthur Ward

No âmbito das obrigações gerais e específicas da atividade de construção resultantes das diretivas europeias e da legislação em vigor[1], qualquer entidade empregadora deverá tomar as medidas necessárias à salvaguarda da segurança e saúde dos trabalhadores, bem como garantir um local de trabalho com riscos controlados.

No ponto de partida para o cumprimento das supracitadas obrigações estará sempre um processo de gestão do risco (*risk management* na bibliografia anglo saxónica) do qual já referimos a importância no contexto da segurança laboral[2]. Relembrando o essencial tratar-se-á de um processo em que, partindo de tarefas a realizar num ambiente de trabalho com diversos perigos, se devem implementar determinadas medidas de controlo, de modo a obter um ambiente de trabalho com riscos aceitáveis ou isento de riscos.

---

[1] Veja-se o capítulo 1.

[2] Veja-se o ponto 2.2 do capítulo 2.

Neste capítulo detalharemos os fundamentos teóricos desse processo tendo em vista a sua aplicação prática aos estaleiros temporários ou móveis que é o ambiente onde normalmente se executam os trabalhos na indústria da construção.

1. Faseamento e Participantes

Se pretendemos abordar a gestão do risco de um modo mais formal, e inclusivamente de acordo com um padrão internacional reconhecido, poderemos ter em conta a recente versão da norma NP ISO 31000:2018, Gestão do risco – Princípios e linhas de orientação. Publicada pela primeira vez em 2009, esta norma fornece diretrizes que as organizações podem levar a efeito no domínio da gestão do risco, independentemente de aspetos como a dimensão ou setor de atividade.

Numa visão mais restrita, relativa à indústria da construção, a organização em causa será constituída por uma ou mais entidades executantes (empreiteiros, subempreiteiros, trabalhadores individuais) tendo como ambiente de trabalho comum um determinado estaleiro de obra, temporário ou móvel.

Note-se desde já que utilização dessa norma visa promover a identificação dos problemas existentes bem como das respetivas oportunidades de melhoria, não devendo contudo ter em vista um processo de certificação. Podemos assim entendê-la como um guião para auditorias internas ou externas, ou para servir de base metodológica na resolução de diversos aspetos como a gestão do risco ou os recursos que deverão ser alocados a essas questões no seio de uma empresa.

Para além da norma supracitada merece ainda referência a ISO Guia 73:2009, Gestão do Risco – Vocabulário, que apresenta a terminologia e definições relativas a este domínio.

A implementação prática da norma NP ISO 31000:2018, cuja viabilidade analisaremos tendo em conta um processo de gestão do risco na atividade da construção, pressupõe a aplicação de procedimentos cíclicos, em iterações sucessivas. Em cada ciclo ter-se-ão em conta oportunidades de melhoria. A figura 3.1 mostra um esquema genérico de um ciclo desse processo.

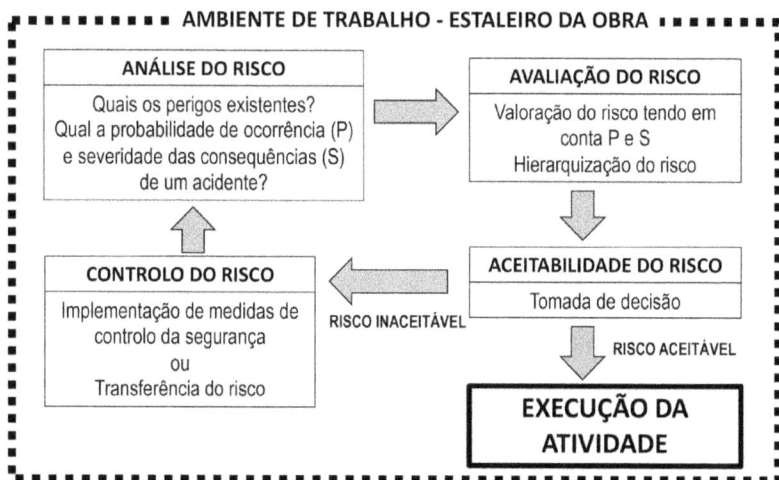

AMBIENTE DE TRABALHO - ESTALEIRO DA OBRA

ANÁLISE DO RISCO
Quais os perigos existentes?
Qual a probabilidade de ocorrência (P)
e severidade das consequências (S)
de um acidente?

AVALIAÇÃO DO RISCO
Valoração do risco tendo em
conta P e S
Hierarquização do risco

CONTROLO DO RISCO
Implementação de medidas de
controlo da segurança
ou
Transferência do risco

RISCO INACEITÁVEL

ACEITABILIDADE DO RISCO
Tomada de decisão

RISCO ACEITÁVEL

EXECUÇÃO DA ATIVIDADE

Figura 3.1. O processo de gestão do risco adaptado, a partir da NP ISO 31000:2008, à execução das atividades de construção nos estaleiros temporários ou móveis.

No esquema da figura 3.1 vemos que cada iteração tem início com a análise do risco (ou risk analysis na nomenclatura da norma) inerente à execução de uma atividade específica. Nesta fase, elencar-se-ão os perigos existentes, tendo-se em vista a perceção da probabilidade de ocorrência (P) de um acidente bem como da severidade das suas consequências (S).

A avaliação do risco (*risk assessment*) que se seguirá, visa a valoração dos dados obtidos na análise anterior e a hierarquização (definição do grau de importância) do risco. Esta avaliação é obrigatória à luz das diretivas comunitárias e está bem presente na legislação portuguesa no domínio, nomeadamente na que resultou da transposição das anteriormente citadas Diretivas Quadro e Estaleiros[3].

---

[3] Mais adiante, no capítulo 6, veremos que a avaliação do risco se encontra referida logo no início do Anexo II do Decreto-Lei n.º 273/2003, de 29 de outubro, relativo às Condições de Segurança e de Saúde no Trabalho em Estaleiros Temporários ou Móveis.

Com a subsequente ponderação da aceitabilidade do risco haverá a tomada de decisão para a execução da atividade em análise. Um risco inaceitável levará à implementação de medidas para o controlo da segurança ou para a transferência do risco.

Posteriomente, com a experiência obtida na implementação de sucessivos processos de gestão do risco, é expectável um aprofundamento da evolução nas políticas e medidas de segurança e saúde do trabalho no seio da empresa.

Podemos olhar para este processo como sendo a aplicação do designado ciclo PDCA (*Plan, Do, Check, Act*), ou de Deming, presente em normas como as da família ISO 9000[4] ou ISO 14000[5], ou ainda na ISO 45001:2018 – Sistemas de Gestão da Segurança e Saúde no Trabalho[6]. Tal como acontece na aplicação das normas atrás referidas, bem como da norma BS 8800:2004[7], neste processo é importante o comprometimento de toda a hierarquia de comando e execução incluindo, no topo, a gerência da empresa.

2. Análise do Risco

Como referimos no ponto anterior, a análise do risco é a primeira fase do processo de gestão do risco. Esta consiste essencialmente na identificação dos perigos existentes no decurso da realização de uma dada

---

[4] Na gestão da qualidade, designamos como normas da família ISO 9000 o conjunto composto pelas normas ISO 9000, 9001, 9004 e 19011. Elas podem ser aplicadas em diversos tipos de organizações quer de tipo empresarial quer institucional, visando sobretudo os processos da organização e não os produtos ou serviços prestados.

[5] As normas da família ISO 14000, entre as quais a 14001, 14004 e 14010 contêm diretrizes para garantir que determinada organização pratique a gestão ambiental, em consonância com conceitos e metodologias das normas da família ISO 9000.

[6] Esta última norma está particularmente relacionada com o tema do livro e analisaremos mais adiante a sua aplicabilidade na indústria da construção. Contudo, no imediato, o nosso foco não vai além do processo da gestão do risco.

[7] Releva-se que esta norma apresenta, na sua secção C.3 (veja-se BSI 2004), uma metodologia de avaliação e melhoria da cultura de segurança de uma empresa.

atividade no estaleiro da obra, bem como da perceção da probabilidade de ocorrência de um acidente e da severidade das suas consequências[8].

Um ponto prévio a essa análise será então a preparação da lista de atividades em causa, podendo ser organizada por processo construtivo, por classe profissional, por ferramenta ou equipamento manobrado, salvaguardando-se assim a possibilidade de criar informação que, uma vez organizada, possa ser reutilizada noutro caso (noutro empreendimento)[9].

2.1. Os perigos existentes

No capítulo anterior já elencámos os perigos genéricos patentes nos trabalhos da indústria da construção.

Nesta fase, a identificação dos perigos em concreto envolve a análise de vários aspetos direta ou indiretamente relacionados com a execução de cada atividade. Entre eles salientamos:

- o ambiente geral de trabalho constituído pelo estaleiro temporário ou móvel, cuja principal caraterística é, em regra, a existência de grandes alterações ao longo do tempo;
- a descrição de cada atividade de construção prevista e a sua decomposição numa série de tarefas necessárias para a levar a cabo;
- a busca de eventuais interferências ou sobreposição com outras atividades em curso no estaleiro;
- a identificação dos trabalhadores expostos, desde os operários até às chefias;
- os materiais empregues e as respetivas fichas técnicas, tendo sobretudo em vista a determinação de substâncias químicas perigosas usadas no decurso dos trabalhos de construção;
- o equipamento de trabalho utilizado, respetiva documentação técnica e legislação aplicável à comercialização e utilização.

---

[8] Vejam-se os pontos 2.1 e 2.2 do capítulo anterior.

[9] Voltaremos a este assunto num capítulo posterior, quando abordarmos a elaboração de planos de segurança e saúde.

De uma forma indireta também podemos ficar alerta relativamente a muitos perigos (no estaleiro, na realização das atividades) se tivermos em conta aspetos decorrentes por si só da obrigatoriedade de cumprir a legislação em vigor, ou de ter em conta a normalização existente (a relativa a equipamentos de proteção, por exemplo).

Para além disso, neste domínio a experiência do técnico que procede à identificação dos perigos é particularmente importante, nomeadamente:

- o conhecimento das tecnologias, processos construtivos e materiais da construção;
- o conhecimento acumulado nas frentes de obra resultante da observação direta de procedimentos na realização dos trabalhos;
- a identificação de acidentes de trabalho passíveis de ocorrer com a execução das atividades previstas, bem como das doenças profissionais com elas relacionadas;
- a análise de registos de acidentes de trabalho e doenças profissionais.

2.2. Perceção da probabilidade de ocorrência (P) de um acidente e da severidade das suas consequências (S)

Muito do trabalho de identificação dos perigos existentes no ambiente de trabalho, bem como nos inerentes à execução das atividades, permite desde logo antever a possibilidade de acidentes. Dever-se-á contudo ter uma perceção mais clara das probabilidades de ocorrência e da severidade das consequências desses acidentes.

Para tal, a norma IEC/ISO 31010:2019 apresenta[10] uma lista de mais de uma trintena de técnicas, algumas das quais poderão ser utilizadas neste domínio.

Técnicas como o *brainstorming*[11], as entrevistas estruturadas ou o método Delphi envolvem a participação e auscultação de peritos.

---

[10] Veja-se o Anexo B de IEC/ISO 2019.
[11] Sem tradução efetiva para além de "tempestade" de ideias.

Sucintamente, o *brainstorming* consistirá em juntar, por exemplo, um conjunto de técnicos envolvidos num processo de gestão do risco, procedendo à discussão de um conjunto de ideias a partir da contribuição espontânea de cada um. Sem nos querermos adiantar muito em matérias que serão desenvolvidas noutro capítulo, pode ser o caso de técnicos de uma equipa projetista envolvidos (por um designado coordenador de segurança) no problema de minimizar riscos para a fase de construção de uma ponte (problema inerente à elaboração de um plano de segurança e saúde). Tal será particularmente profícuo se for possível juntar (e conciliar) as visões da conceção estrutural, do dimensionamento, dos processos construtivos, etc.

O mesmo exemplo servirá para ilustrar uma outra técnica acima elencada. Numa entrevista estruturada, esse conjunto de técnicos será confrontado com uma série de questões previamente estabelecidas (sobre riscos e segurança na construção da referida ponte) de modo a recolher opiniões válidas.

O método Delphi por seu turno prevê uma abordagem iterativa em que os técnicos são confrontados com questões decorrentes de respostas anteriores até se chegar a um consenso.

As listas de verificação (*check lists*) são frequentemente utilizadas nesta fase. Como o nome indica consistem em listas, pretensamente exaustivas, que compilam uma série de procedimentos adequados a uma determinada situação. Com a sua utilização pretende-se sistematizar a análise, bem como ultrapassar idiossincrasias e limitações da memória humana. Pelas razões apontadas as listas de verificação são também muito utilizadas na aferição das condições reais de segurança em obra, por parte de coordenadores de segurança[12], contendo então aspetos normativos a cumprir, adequação de equipamentos de proteção, etc.

Árvores de eventos, árvores de falhas[13] e análises de causa-efeito são mais elaboradas. No essencial são utilizadas para se perceber a cadeia de

---

[12] No ponto 2.6 do capítulo 7 detalharemos este aspeto.

[13] A análise por intermédio de árvores de falhas (FTA ou *fault tree analysis*) foi desenvolvida no início dos anos 60 por Watson na companhia Bell Telephone Laboratories e

eventos de processos construtivos com particular atenção aos acontecimentos indesejáveis. Nas árvores de falhas em particular pode analisar-se
um potencial acidente, tomado como evento de topo, considerando a um
nível inferior combinações de eventos que podem levar a esse acidente[14].
As combinações de eventos utilizam lógica Booleana.

Outro tipo de análises, como as que utilizam estatística de Bayes[15],
custo-benefício ou multicritério, serão sem dúvida mais sofisticadas mas
pecarão pela escassez de dados e excessiva complexidade face aos resultados que são necessários na prática profissional corrente.

Na análise das probabilidades de ocorrência e de consequências de
acidentes (e de igual modo em todo o processo de aferição e implementação da segurança ocupacional) é fundamental a participação, suporte
e comprometimento de outros intervenientes para além dos referidos
nos parágrafos anteriores. Será o caso dos técnicos que exercem funções
de direção de obra bem como dos operários (desde o encarregado ao
servente). Deve salientar-se que estes serão os primeiros a sofrer ou a
beneficiar de qualquer medida que se pretenda implementar neste domínio. Por outro lado, são os que melhor conhecem o ambiente de trabalho
e as circunstâncias específicas da execução das diversas tarefas.

Em muitos ambientes, e em particular na indústria da construção, é
adequado proceder à formalização desta consulta pela via dos representantes dos trabalhadores para a segurança e saúde no trabalho. A sua
concretização na legislação laboral portuguesa, nomeadamente na lei geral
relativa ao trabalho[16], será abordada num capítulo posterior. A promoção
dessa consulta ficará a cargo de técnicos de segurança igualmente previstos na lei[17] e atuando no seio das empresas. No fundo trata-se do facto

---

posteriormente amplamente utilizada na indústria aeroespacial (desenvolvimento de mísseis,
aviões e programa Apollo).

[14] Veja-se um exemplo em Miguel 2012.

[15] Na teoria das probabilidades e estatística o teorema de Bayes descreve a probabilidade de um evento baseado em conhecimento prévio relacionado com esse evento (veja-se
Pereira 1999).

[16] Veja-se o artigo 282.º do Código do Trabalho, Lei n.º 7/2009 de 12 de fevereiro.

[17] Veja-se o artigo 100.º do Regime Jurídico da Promoção da Segurança e Saúde no
Trabalho, Lei n.º 102/2009 de 10 de setembro.

consabido (e subjacente à legislação no domínio) de que a segurança e saúde no trabalho diz respeito a todos os intervenientes.

Como nota final assinale-se que a identificação dos perigos e perceção da maior ou menor probabilidade de ocorrência de acidentes e da severidade das consequências diz sobretudo respeito aos que sejam considerados como significativos. O termo "significativo" aqui empregue pretende salientar que na prática se deverá efetuar uma seleção inicial tendo em conta que não será sensato nem pragmático despender esforços na identificação de perigos e subsequente avaliação de riscos manifestamente pouco plausíveis ou que tenham um diminuto potencial de dano. Trata-se de uma regra de bom senso, de resto referida a este propósito na norma BS 8800:2004[18].

3. Avaliação do Risco

A avaliação do risco que devemos levar a cabo pode realizar-se seguindo diversas metodologias mas decorrerá essencialmente em duas fases.

A primeira tem a ver com aquilo que designaremos como sendo um processo de valoração do risco. A segunda fase consiste num processo de hierarquização de modo a garantir que os riscos mais elevados serão prioritariamente tidos em conta para uma ação concreta em obra.

3.1. Valoração do risco

O essencial da fase de valoração consiste em determinar se um determinado risco é mais ou menos elevado segundo uma determinada escala quantitativa ou qualitativa.

Idealmente, na sua génese deveríamos dispor de dados estatísticos que nos permitissem obter uma determinada probabilidade de ocorrência (P) bem como a severidade (S) das suas consequências. Posteriormente, a

---

[18] Veja-se o ponto E.2 em BSI 2004.

combinação desses dados permitir-nos-ia obter valores quanto ao risco em causa.

Quando aplicadas a um ambiente da indústria tradicional com um posto fixo de trabalho, imutável ao longo do tempo, essas metodologias de valoração podem revelar-se exequíveis e adequadas. Contudo, na prática da indústria da construção verificamos que a aplicabilidade destas metodologias apresenta grandes dificuldades[19]. Tal dever-se-á sobretudo aos seguintes factos:

- a dimensão dos procedimentos de valoração do risco é enorme, face à quantidade de atividades previstas na generalidade das obras;
- uma simples atividade pode inclusivamente englobar um grande número de tarefas, cada uma dela com os seus perigos;
- existe uma grande multiplicidade de métodos de trabalho numa única atividade em avaliação;
- é difícil proceder a uma avaliação quantitativa da probabilidade de ocorrência de eventos ou exposição a perigos versus severidade das consequências, pela escassez de dados com valor estatístico;
- as circunstâncias na execução dos trabalhos são muito variáveis (condições meteorológicas, materiais, processos construtivos, equipamento, mão de obra empregue);
- o próprio ambiente de trabalho está em constante mutação.

Qualquer pretensa validade estatística dos dados relativos às causas dos acidentes e suas consequências não resiste à diversidade de fatores acima referidos. Tomemos como exemplo uma determinada atividade em que exista o perigo de queda em altura. Para além da variável que é a atividade de construção em causa, há muitos outros fatores como o posto e a plataforma de trabalho, o equipamento utilizado, a destreza e idade do operário, a formação, etc. A própria altura da queda (que pode ser variável na execução de uma atividade específica) é importante para aferir a importância dos danos corporais, mas é sobretudo determinante

---

[19] Veja-se Gadd 2003.

o que o corpo (em particular a cabeça) encontra no instante do impacto. Na prática verificamos que, na construção, na maior parte dos casos não existem dados estatísticos e em regra, aqueles de que dispomos, não traduzem a realidade senão de uma forma grosseira.

Na tentativa de uma abordagem mais pragmática utilizam-se então heurísticas de julgamento em que, a partir do conhecimento tão detalhado quanto possível das situações em causa (ambiente de trabalho, processo construtivo, equipamento utilizado, executante, etc.), pretendemos estimar diversos graus de probabilidade de ocorrência e de severidade das suas consequências. Esses graus poderão pertencer a escalas quantitativas ou qualitativas sendo que, para um ajuizamento correto, tratar-se-á sempre de escalas rudimentares (ou seja, com poucos graus). De facto, heuristicamente será muito difícil (para não dizer impossível) conseguirmos destrinçar se, por exemplo, a probabilidade de ocorrência de um dado acidente é de 42 ou de 43%. Contudo, será possível classificar com rigor uma dada ocorrência como sendo "pouco provável" ou "muito provável".

Têm sido apresentadas várias metodologias para o processo de valoração do risco mas na realidade existem poucos exemplos de aplicação sistemática deste tipo de metodologia às atividades de uma determinada obra[20]. Contudo, cremos que algumas dessas metodologias cumprem o requisito da simplicidade de procedimentos necessário à sua implementação na indústria da construção.

Uma delas encontra-se patente na BS 8800:2004. Para a consideração da probabilidade de ocorrência de um acidente presume-se o enquadramento de uma dada situação em análise numa escala patente na figura 3.2. Como vemos trata-se de uma escala relativamente rudimentar apresentando apenas quatro graus de probabilidade de ocorrência de um acidente.

---

[20] Em Esperto 2013 pode ver-se um exemplo relativo a obras de montagem de antenas de telecomunicações. Salienta-se que se trata de um caso excecional de obras repetitivas (de um dado operador), relativamente pouco complexas e de pequena dimensão. Foi assim possível utilizar conhecimento de avaliação dos riscos com algum valor estatístico, verificando-se por outro lado que a dimensão da tarefa de valoração dos riscos é exequível em termos pragmáticos e em grande parte reutilizável noutras obras do mesmo tipo.

PROBABILIDADE DE OCORRÊNCIA			
Muito Provável	Provável	Improvável	Muito Improvável
Tipicamente ocorre com um indivíduo pelo menos uma vez em cada seis meses	Tipicamente ocorre com um indivíduo uma vez em cada cinco anos	Tipicamente ocorre com um indivíduo uma vez durante a sua vida profissional	Há uma probabilidade inferior a 1% de que ocorra com um indivíduo durante a sua vida profissional

Figura 3.2. A probabilidade de ocorrência de um acidente expressa numa escala qualitativa rudimentar (quadro adaptado a partir de BSI 2004).

Por outro lado, a severidade das consequências pode ser enquadrada numa escala patente na figura 3.3 em que se consideram apenas três graus de severidade do dano. A linha "segurança" diz respeito às consequências decorrentes de um acidente – questões de segurança no trabalho. A linha "saúde" refere-se à severidade de danos sofridos em situações relacionadas com doenças profissionais – questões de saúde no trabalho.

	SEVERIDADE DO DANO		
	Dano Ligeiro	Dano Moderado	Dano Extremo
Segurança	Ferimentos superficiais; cortes e feridas de pequena importância; conjuntivite causada pela poeira	Lacerações; queimaduras; concussões; entorses graves; fraturas menores	Ferimentos fatais; amputações; ferimentos múltiplos; fraturas graves
Saúde	Incómodo e irritação (dores de cabeça, por exemplo); doença temporária causando desconforto (diarreia por exemplo)	Perda parcial da audição; dermatite; asma; enfermidade nos membros superiores relacionada com o trabalho; doença resultando em pequena incapacidade permanente	Doença fatal; doença grave levando a um menor tempo de vida; incapacidade permanente em grau elevado

Figura 3.3. A severidade do dano sofrido num eventual acidente – questões de segurança no trabalho, ou decorrente de situações que causam doenças profissionais – questões de saúde no trabalho (adaptado a partir de BSI 2004).

Para a valoração do risco haverá que combinar a qualificação obtida na escala da probabilidade de ocorrência com a qualificação obtida para a severidade do dano. Tal poderá fazer-se através do quadro da figura 3.4.

Na figura 3.5 apresenta-se um quadro auxiliar na avaliação de riscos das atividades previstas para a obra no qual se efetua a sua valoração pelo preenchimento das colunas "Probabilidade", "Severidade" e "Grau de Risco".

		SEVERIDADE DO DANO		
		Dano Ligeiro	Dano Moderado	Dano Elevado
PROBABILIDADE DE OCORRÊNCIA	Muito Improvável	Risco Muito Baixo	Risco Muito Baixo	Risco Elevado
	Improvável	Risco Muito Baixo	Risco Médio	Risco Muito Elevado
	Provável	Risco Baixo	Risco Elevado	Risco Muito Elevado
	Muito Provável	Risco Baixo	Risco Muito Elevado	Risco Muito Elevado

Figura 3.4. Valoração do risco em 5 graus (de "muito baixo" a "muito elevado") pela combinação da probabilidade de ocorrência com a severidade do dano (quadro adaptado a partir de BSI 2004).

AVALIAÇÃO DE RISCOS

Empreendimento: _____ Página: ___ de ___
Dono de Obra: _____
Local do Estaleiro: _____

Refª	Descrição da Atividade	Trabalhadores Expostos	Perigos	Probabilidade	Severidade	Grau de Risco	Filtro	Aceitabilidade

Elaborado por: _____ Data: __/__/__
Aprovado por: _____ Data: __/__/__

Figura 3.5. Quadro auxiliar na avaliação de riscos.

Outras metodologias utilizam escalas de graduação numérica. É o caso da que é proposta em Pinto 2017 em que a probabilidade de ocorrência, tal como a severidade das suas consequências, são traduzidas numa escala de números inteiros (de 1 a 5). O risco é então calculado como sendo o produto desses dois valores.

Outras ainda fazem intervir, na valoração do risco, parâmetros para além da simples probabilidade de ocorrência e da severidade do dano. O sistema simplificado de avaliação de riscos de acidente, patente na nota técnica NTP 330: *Sistema simplificado de evaluación de riesgos de accidente* (veja-se INSHTE 199?), prescreve por exemplo a introdução explícita de um fator como a frequência ou duração da exposição a um dado perigo. Assim, o "nível de probabilidade" de ocorrência de um acidente é calculado como sendo o produto de um "nível de exposição" (que traduz a frequência de exposição a um perigo) por um "nível de deficiência" do ambiente de trabalho. O risco é obtido através do produto do referido "nível de probabilidade" por um "nível de consequências" patente numa escala de possíveis danos.

Para além dos métodos supracitados existem muitos outros, como o de William T. Fine (veja-se Carvalho e Melo 2011), o de Sommerville (veja-se Miguel 2019), etc.

3.2. Hierarquização do risco

A hierarquização dos riscos que ocorrerão na execução das atividade, visa sobretudo garantir que os riscos de grau mais elevado serão tidos em conta com uma maior prioridade.

Na prática pretendemos obter uma lista que nos permita uma abordagem criteriosa em termos de prioridades na nossa atuação ou seja, a subsequente implementação de medidas para o controle do risco. Os métodos de valoração acima referidos permitem como vimos uma imediata hierarquização do risco.

Uma prática profissional comum no âmbito da elaboração dos planos de segurança e saúde dos estaleiros da indústria da construção, consiste em proceder à hierarquização dos riscos sem recorrer a uma fase prévia de avaliação da probabilidade de ocorrência de um acidente e severidade das suas consequências. Neste caso, os riscos envolvidos na execução das atividades são diretamente valorados e hierarquizados através de uma escala com três ou quatro graus, como por exemplo, "elevado", "moderado", "baixo" ou "quase nulo". Esta metodologia será adequada desde que realizada por alguém com conhecimento técnico e grande experiência de trabalho em obra (veja-se o ponto 2.1 deste capítulo), questão que de resto também se encontra subjacente à fiabilidade das metodologias numéricas.

Retomaremos este assunto mais adiante neste livro, quando concretizarmos a sua aplicação no âmbito dos atrás referidos planos de segurança e saúde. Salientemos no entanto que a ponderação prévia da probabilidade de ocorrência de um acidente, bem como da severidade das suas consequências leva invariavelmente a uma melhor ponderação do grau de risco existente, permitindo assim a sua correta hierarquização.

4. Aceitabilidade do Risco

Vimos atrás que uma questão importante no processo de gestão do risco será a definição do seu limiar de aceitabilidade. As normas no domínio referem que este poderá ser estabelecido através de um "processo de avaliação do(s) risco(s), resultante(s) de um perigo(s), tendo em consideração a adequação de quaisquer controlos já existentes e de decisão sobre se o risco é ou não aceitável"[21].

Segundo a Norma ISO 45001:2018 – *Occupational health and safety management systems – Requirements with guidance for use*, um risco aceitável é aquele que se encontra reduzido a um nível que é tolerado pela organização tendo em conta as suas obrigações legais e a sua política de segurança e saúde no trabalho. Salientamos que a "organização" aqui referida será em primeira instância a empresa de construção (como executante) mas também o conjunto de intervenientes que inclui o dono de obra, através da coordenação de segurança e fiscalização, numa partilha de transversal de responsabilidades omnipresente nas diretivas europeias e legislação nacional.

Na realidade sabemos que o limiar de aceitabilidade de um risco varia bastante de indivíduo para indivíduo. Podemos pensar numa situação corrente no dia-a-dia como por exemplo o ato de atravessar uma rua, com o perigo de atropelamento, e na diversidade de atitudes perante esse ato. Haverá pessoas que conseguirão atravessá-la em qualquer local, mesmo com grande intensidade de trânsito, aceitando um risco elevado, ou seja, com uma elevada probabilidade de atropelamento e as inerentes

---

[21] Tradução livre a partir de BSI – British Standard Institution, Occupational Health and Safety Management Systems – Requirements, BS OHSAS 18001:2007.

consequências físicas do embate. Outras preferirão fazê-lo apenas numa passadeira, outras ainda, só o farão perante o sinal verde para peões numa passadeira com semaforização. Tratar-se-á de situações apresentando riscos sucessivamente menores, sobretudo através da diminuição da probabilidade de uma viatura avançar sobre o peão na faixa de rodagem.

O contexto também influi na atitude de cada indivíduo perante o risco. Num contexto laboral determinada pessoa poderá não aceitar sequer riscos moderados enquanto que, no fim de semana, num contexto lúdico desportivo, poderá praticar o voo com *windsuit*.

As questões societais são igualmente determinantes. Diferentes usos e costumes, diferentes valorações da vida humana e da sua dignidade, estão na origem de diferentes atitudes perante os perigos e os riscos. Sem querermos fazer qualquer julgamento moral dessas situações mas apenas apresentar a diversidade de culturas, atente-se na fotografia seguinte mostrando a atividade de abertura de valas para instalação de tubagens de uma rede de saneamento em Jaipur.

Figura 3.6. Abertura de valas numa obra de saneamento básico na Índia. Os pais procedem à escavação, as mães carregam a terra para um local de aterro e os filhos, de tenra idade, brincam despreocupadamente no fundo da vala. (*Foto do Autor*)

Até onde podemos e devemos ir na aceitabilidade do risco? Um princípio que é muitas vezes referido a propósito da gestão de risco e das medidas do seu controle designa-se por ALARP (*As Low As Reasonably Practicable*) ou seja, o risco deverá ser tão baixo quanto pragmaticamente seja possível. Uma forma de decisão consistirá por exemplo em estabelecer que, após a hierarquização do risco abordada no ponto 3.2, apenas serão aceitáveis riscos "quase nulos".

Alguns dos métodos descritos no ponto 3.1, uma vez concretizada a valoração do risco de uma dada atividade, também prescrevem a aplicação de filtros em que determinado grau de risco pode ser considerado liminarmente inaceitável. Tal decorrerá por exemplo por questões como o respeito das leis em vigor, o acatamento de normas no domínio, ou tendo em vista a consecução de determinados objetivos da empresa (políticas de zero acidentes, imagem favorável perante os clientes, etc.). Tal pode ser visto nas colunas da direita do quadro de avaliação de riscos que vimos anteriormente.

Uma última palavra para realçar que a definição de qualquer limiar de aceitabilidade de risco deverá contar com a participação ativa e o envolvimento dos operários.

5. Controlo do Risco

A consciência de que na execução de um dado trabalho de construção existe um grau de risco que é inaceitável constitui um passo fundamental para minimizar a ocorrência de acidentes. A implementação de medidas para o controlo da segurança ou para a transferência do risco, matérias que veremos de seguida, constitui o corolário do processo de gestão do risco.

5.1. Implementação de medidas de controlo da segurança

Tendo em conta os aspetos fundamentais da avaliação do risco, este poderá ser minimizado quer pela diminuição da probabilidade de ocorrência, quer pela diminuição da gravidade de eventuais danos, ou pela atuação em simultâneo nessas duas vertentes.

Voltemos ao gráfico da figura 2.4 do capítulo anterior. Se nada fizermos relativamente ao risco R3 ele será considerado inaceitável. Um exemplo concreto poderá ser uma situação de trabalho num andaime sem guarda corpos, ou seja, com uma elevada probabilidade de queda em altura, dela podendo resultar ferimentos graves ou a morte do trabalhador.

Olhemos agora para a figura seguinte, obtida a partir da referida figura 2.4 do capítulo anterior. Encontra-se nela patente uma situação de risco R1. Caso pretendamos um novo limiar mais exigente na aceitabilidade do risco (a tracejado na figura 3.7), o risco R1 já será considerado inaceitável. Contudo podemos atuar na diminuição da probabilidade de ocorrência do acidente, resultando assim num risco R1'. Por exemplo, se na fundação de uma estrutura de suporte de um cimbre aumentarmos o grau de exigência quanto à sua capacidade de carga (podemos intervir na sua capacidade estrutural aumentando a densidade de prumos, o seu contraventamento, ou até, melhorar as suas fundações) estaremos a diminuir a probabilidade da ocorrência (do perigo) de colapso.

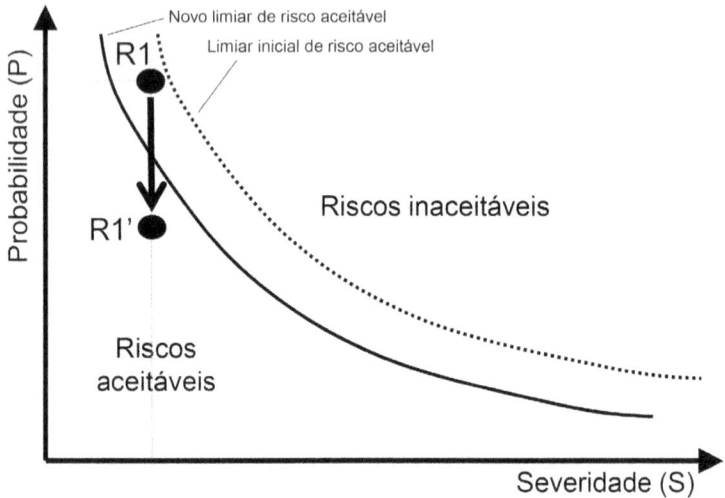

Figura 3.7. Alteração do grau de risco pela diminuição da probabilidade de ocorrência de um acidente.

De um modo semelhante, o ponto R2 na figura 3.8 pode passar a ocupar a posição R2', correspondente a um menor risco, pela diminuição da severidade de eventuais lesões resultantes de um acidente. Por exemplo, se na manipulação de blocos de betão um trabalhador utilizar as suas botas de proteção, estaremos a diminuir a gravidade de lesões decorrentes (do perigo) de esmagamento do pé.

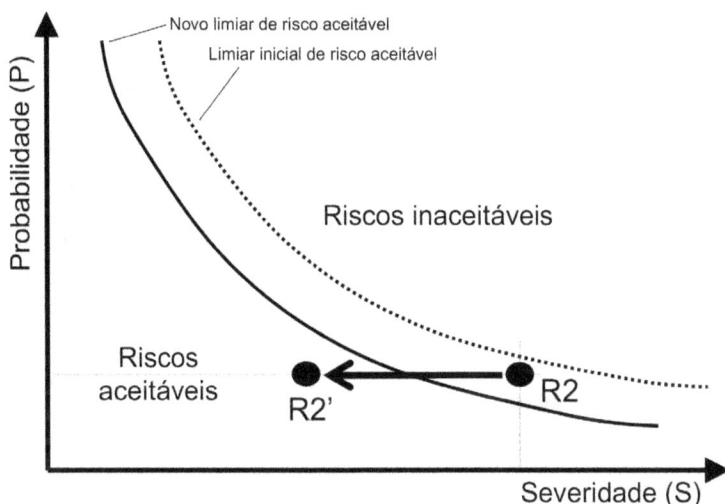

Figura 3.8. Alteração do grau de risco pela diminuição da severidade de danos ou lesões em resultado de um acidente.

De um modo geral a análise das atividades e ambiente de trabalho tendo em vista a minimização do risco deve ser pautada pela aplicação dos seguintes "princípios gerais de prevenção" estabelecidos na Diretiva Quadro[22]:

- evitar os riscos;
- avaliar os riscos que não possam ser evitados;

---

[22] Estes princípios foram consignados desde início na transposição da Diretiva Quadro para o Direito interno (veja-se o n.º 2 do artigo 18.º do Decreto-Lei n.º 441/91, de 14 de novembro), estando igualmente presentes em posteriores reformulações legais no domínio (veja-se o n.º 2 do artigo 15.º da Lei n.º 102/2009, de 10 de setembro).

- combater os riscos na origem;
- adaptar o trabalho ao homem, especialmente no que se refere à conceção dos postos de trabalho, bem como à escolha dos equipamentos e dos métodos de trabalho e de produção, tendo em vista, nomeadamente, atenuar o trabalho monótono e cadenciado e reduzir os efeitos destes sobre a saúde;
- ter em conta o estádio de evolução da técnica;
- substituir o que é perigoso pelo que é isento de perigo ou menos perigoso;
- planificar a prevenção com um sistema coerente que integre a técnica, a organização do trabalho, as condições de trabalho, as relações sociais e a influência dos fatores ambientais no trabalho;
- dar prioridade às medidas de prevenção coletiva em relação às medidas de proteção individual;
- dar instruções adequadas aos trabalhadores.

Estes princípios devem estar presentes desde a fase de conceção e projeto de um empreendimento. Medidas de segurança concretas visando a diminuição do risco passam muitas vezes pela:

– alteração de processos construtivos;
– alteração de equipamentos;
– substituição de materiais perigosos por outros que sejam inócuos;
– utilização de determinado EPC – Equipamento de Proteção Coletiva como sendo guarda corpos, plataformas de trabalho adequadas; redes, ductos de descarga, etc.
– utilização de determinado EPI – Equipamento de Proteção Individual (EPI) como sendo capacete, botas, colete refletor, luvas, máscaras respiratórias, viseiras, etc.

5.2. Transferência do risco

Um outro conceito presente neste domínio é o da transferência do risco. No essencial diz respeito à sua assunção por parte de outra entidade, como acontece em regra com a subscrição de um seguro, como por exemplo o seguro de uma grua utilizada num estaleiro que pretenda cobrir a responsabilidade civil de danos a terceiros em caso de acidente.

Figura 3.9. Um acidente com uma máquina utilizada na execução de estacas. (*Foto do Autor*).

Neste domínio, medidas que promovam a melhoria das condições de segurança estarão ligadas à avaliação do risco existente e também à correspondente aplicação de prémios elevados caso se verifiquem situações de insegurança.

CAPÍTULO 4

ENQUADRAMENTO LEGAL E NORMATIVO

Dura lex sed lex.

Expressão latina que enuncia um
princípio fundamental do Direito.

No nosso país o enquadramento legal e normativo no domínio da segurança no trabalho da construção é extremamente vasto.

Como já vimos no capítulo 1, o atual quadro de referência legislativo e conceptual resulta sobretudo da integração de Portugal como membro de pleno direito da CEE Comunidade Económica Europeia em 1986, e da adesão ao Sistema Monetário Europeu em 1992. Tal é feito com a transposição de diretivas[1] comunitárias para o direito interno.

Nesse enquadramento existem duas grandes linhas de atuação que analisaremos detalhadamente neste capítulo. Sucintamente, por um lado há sempre que ter em conta a Diretiva Quadro que, dizendo respeito a qualquer tipo de trabalho e indústria, engloba necessariamente a indústria da construção. Por outro lado, no caso dos aspetos mais específicos da

---

[1] Uma «diretiva» é um ato legislativo que define um objetivo geral que todos os países da União Europeia devem atingir. Contudo, cabe a cada país elaborar a sua própria legislação para dar cumprimento a esse objetivo.

atividade e trabalhos envolvidos na indústria da construção, a Diretiva Estaleiros é o documento fundamental a ter em conta.

Analisaremos também legislação em vigor, mas com uma génese anterior à nossa entrada na União Europeia.

Na parte final do capítulo veremos diversos aspetos positivos decorrentes da utilização de normas neste domínio.

1. A Diretiva Quadro

A atrás referida Diretiva Quadro[2] teve em vista a aplicação de medidas destinadas a promover a melhoria da segurança e da saúde dos trabalhadores. Surgiu no seguimento da Convenção n.º 155 da Organização Internacional do Trabalho, estabelecendo uma abordagem moderna que tem em conta a segurança técnica e a prevenção geral dos problemas de saúde laboral.

Como principais inovações então introduzidas salientamos o princípio da avaliação dos riscos no local de trabalho e a sua eliminação na origem, a reavaliação periódica dos riscos, a necessidade de existir documentação específica no domínio da segurança, a participação dos trabalhadores no processo de conceção e implementação da segurança.

Pela sua importância seminal para grande parte da legislação subsequente, analisamos de seguida alguns dos princípios consignados nesta Diretiva e transpostos desde início para o Direito interno.

1.1. Princípios gerais de segurança e saúde no trabalho

Desde a publicação da Diretiva Quadro, e respetiva transposição para o direito interno[3], que os princípios gerais de segurança e saúde no trabalho aí instituídos são transversais a toda a legislação no domínio.

---

[2] Inicialmente através da Diretiva 89/391/CEE, de 12 de junho de 1989, e posteriormente pela Diretiva 2007/30/CE, do Conselho, de 20 de junho.

[3] Como vimos no capítulo 1, atualmente trata-se do Regime Jurídico da Promoção da Segurança e Saúde no Trabalho prescrito na Lei n.º 102/2009, de 10 de setembro.

DIRETIVA QUADRO ORIGINAL

Diretiva n.º 89/391/CEE, do Conselho, de 12 de junho

DL 441/91 – Aplicação de medidas destinadas a promover a melhoria da segurança e da saúde dos trabalhadores no trabalho.

DL 133/99 - Altera o Decreto-Lei n.º 441/91, relativo aos princípios da prevenção de riscos profissionais, para assegurar a transposição de algumas regras da diretiva quadro relativa à segurança e saúde dos trabalhadores nos locais de trabalho
(*) Lei 35/2004 de 29/6

ATUAL DIRETIVA QUADRO

Diretiva 2007/30/CE, do Conselho, de 20 de junho

Lei 102/2009, de 10 de setembro - Regime jurídico da promoção e prevenção da segurança e da saúde no trabalho (revoga os DL 441/91, DL 26/94 e DL 29/2002)

Lei 42/2012 – 1ª alteração à Lei 102/2009. Aprova os regimes de acesso dos Técnicos de Segurança no Trabalho (TSST e TST) e revoga o DL 110/2000.

Lei 3/2014 – 2ª alteração à Lei 102/2009. Alterações irrelevantes para a indústria da construção uma vez que se referem à atividade a bordo dos navios de pesca.

Lei 88/2015 – 3ª alteração à Lei 102/2009. Alterações decorrentes de diretivas no domínio da embalagem e rotulagem das preparações perigosas.

Lei 146/2015 – 4ª alteração à Lei 102/2009. Alterações irrelevantes para a indústria da construção uma vez que se refere à atividade de marítimos a bordo de navios que arvoram bandeira portuguesa.

Lei 28/2016 – 5ª alteração à Lei 102/2009. Alterações motivadas pela necessidade de combate a formas modernas de trabalho forçado.

Lei 79/2019 – 6ª alteração à Lei 102/2009. Aplicação aos órgãos e serviços da Administração Pública.

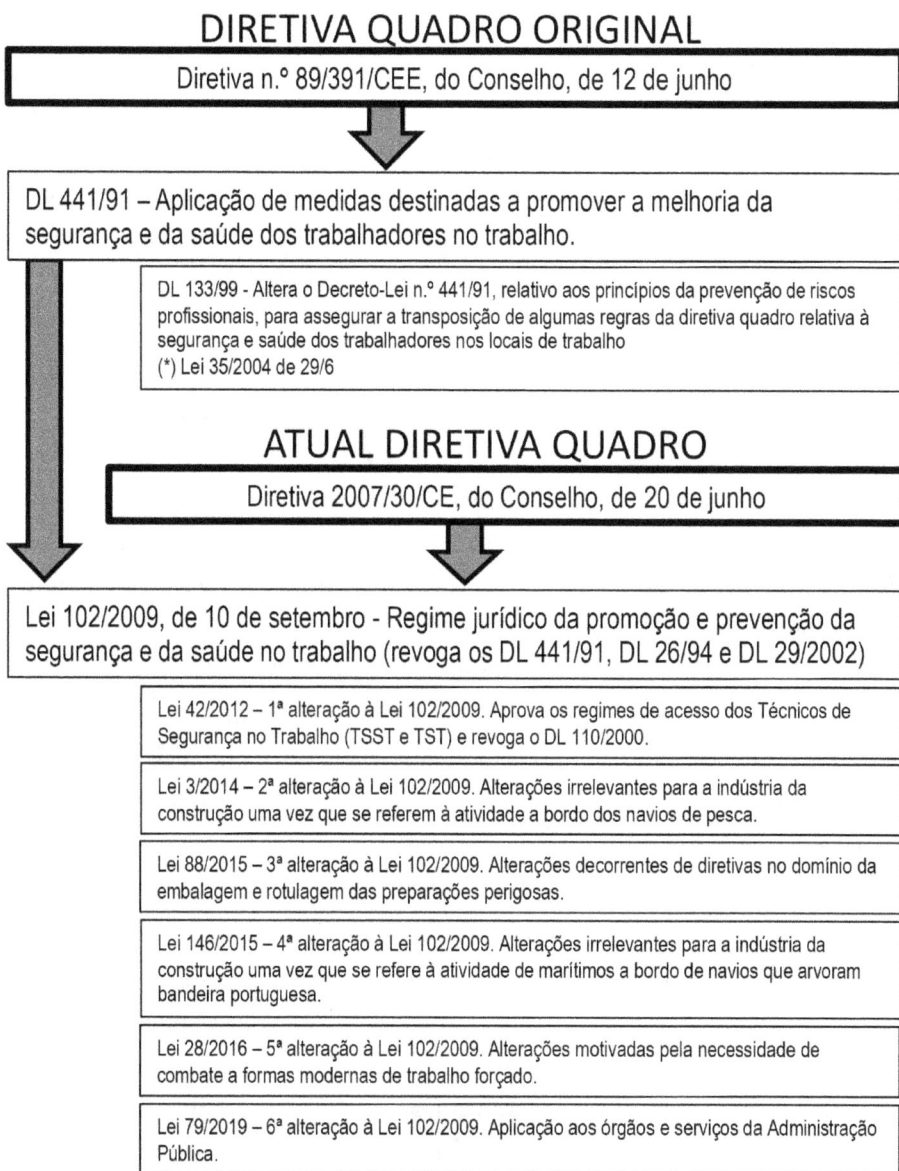

Figura 4.1. A evolução da Diretiva Quadro e da sua transposição para o Direito interno.

Um princípio básico aponta para a universalidade do direito à prestação de trabalho em condições de segurança, higiene e de proteção da saúde, bem como a consideração de que o desenvolvimento económico

81

tem também como objetivo promover a humanização do trabalho em condições de segurança, higiene e saúde.

No domínio da prevenção dos riscos profissionais salienta-se a necessidade de «definição das condições técnicas a que devem obedecer a conceção, a fabricação, a importação, a venda, a cedência, a instalação, a organização, a utilização e as transformações dos componentes materiais do trabalho em função da natureza e grau dos riscos e, ainda, as obrigações das pessoas por tal responsáveis» ou a «determinação das substâncias, agentes ou processos que devam ser proibidos, limitados ou sujeitos a autorização ou a controlo da autoridade competente, bem como a definição de valores limites de exposição dos trabalhadores e agentes químicos, físicos e biológicos e das normas técnicas para a amostragem, medição e avaliação de resultados». Veremos mais adiante que, nestes domínios, foram publicadas diretivas e leis que definem estes aspetos em termos mais específicos.

A promoção e a vigilância da saúde dos trabalhadores, outros princípios a ter em conta, constituem pontos importantes da chamada «medicina do trabalho» impondo, entre outros aspetos, inspeções médicas periódicas. Noutra vertente salienta-se que nos anos que se seguiram à transposição da Diretiva Quadro, o Estado apoiou a investigação no domínio da segurança, higiene e saúde no trabalho. Na altura, o então IDICT – Instituto de Desenvolvimento e Inspeção das Condições de Trabalho (posteriormente substituído pelo Instituto para a Segurança, Higiene e Saúde no Trabalho) financiou diversas publicações de entre as quais salientamos a obra de DIAS e FONSECA 1996. A educação, formação e informação para promover a segurança, higiene e saúde no trabalho também foi incrementada, através do financiamento e reconhecimento de diversos cursos.

A fiscalização das entidades que atuam no mercado é um aspeto essencial. De facto, a aplicação do enquadramento legal no domínio depende da «eficácia de um sistema de fiscalização do cumprimento da legislação relativa à segurança, higiene e saúde no trabalho»[4]. Durante anos,

---

[4] Transcrição do Decreto-Lei n.º 441/91, de 14 de novembro, que efetuou a transposição inicial da Diretiva Quadro para o Direito interno.

a fiscalização neste domínio esteve a cargo da IGT – Inspeção-Geral do Trabalho. Mais recentemente, a ACT – Autoridade para as Condições de Trabalho, criada pelo Decreto-lei n.º 211/2006, de 27 de outubro, veio suceder ao Instituto para a Segurança, Higiene e Saúde no Trabalho e à Inspeção-Geral do Trabalho, organismos entretanto extintos. Atualmente, a Autoridade para as Condições do Trabalho é um «serviço do Estado que tem como objetivos a promoção da melhoria das condições de trabalho quer através do controlo do cumprimento do normativo laboral no âmbito das relações laborais privadas, quer pela promoção da segurança e saúde no trabalho em todos os sectores de atividade públicos ou privados», incluindo obviamente a indústria da construção. Em nosso entendimento, a ação inspetiva na indústria da construção peca muito pela omissão, talvez devida à falta de meios humanos para a concretizar.

Outro princípio tem a ver com a avaliação dos resultados quanto à diminuição dos riscos profissionais e dos danos para a saúde dos trabalhadores. Trata-se de uma ideia inspirada nas normas de qualidade da família ISO 9000 e que, no limite, tem a ver com a aplicação de uma metodologia de registo de evidências para a «melhoria contínua».

Finalmente, ao longo de toda a Diretiva Quadro transparece que só existe segurança no trabalho com o empenho de todos os intervenientes. É fundamental a mobilização dos agentes de que depende a sua execução, particularmente dos empregadores e dos trabalhadores.

1.2. Legislação conexa

A publicação dos princípios atrás enunciados teve como consequência a génese de uma grande quantidade de legislação visando a sua consecução na prática. Os exemplos que apontamos de seguida, sendo em nosso entendimento os mais importantes no domínio, estão longe de constituir uma lista exaustiva das diversas vertentes de atuação que os princípios fundamentais de segurança sugerem.

Uma das consequências mais importantes da transposição da Diretiva Quadro para o direito interno português foi a criação de um «regime de organização e funcionamento dos serviços de segurança, higiene e saúde no trabalho nas empresas»[5]. Entre outros aspetos, impunha-se que as empresas com mais que um determinado número de trabalhadores e exercendo atividades de risco elevado (a indústria da construção é uma delas) deveriam organizar serviços internos de segurança.

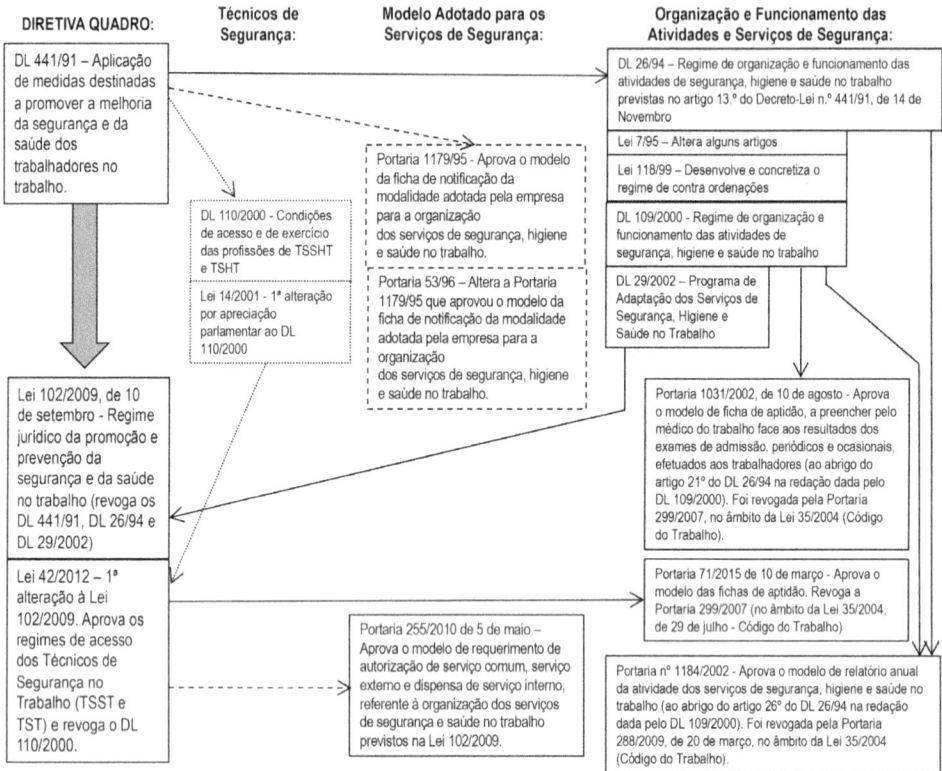

DIRETIVA QUADRO:	Técnicos de Segurança:	Modelo Adotado para os Serviços de Segurança:	Organização e Funcionamento das Atividades e Serviços de Segurança:

DL 441/91 – Aplicação de medidas destinadas a promover a melhoria da segurança e da saúde dos trabalhadores no trabalho.

DL 110/2000 - Condições de acesso e de exercício das profissões de TSSHT e TSHT

Lei 14/2001 - 1ª alteração por apreciação parlamentar ao DL 110/2000

Portaria 1179/95 - Aprova o modelo da ficha de notificação da modalidade adotada pela empresa para a organização dos serviços de segurança, higiene e saúde no trabalho.

Portaria 53/96 – Altera a Portaria 1179/95 que aprovou o modelo da ficha de notificação da modalidade adotada pela empresa para a organização dos serviços de segurança, higiene e saúde no trabalho.

DL 26/94 – Regime de organização e funcionamento das atividades de segurança, higiene e saúde no trabalho previstas no artigo 13.º do Decreto-Lei n.º 441/91, de 14 de Novembro

Lei 7/95 – Altera alguns artigos

Lei 118/99 – Desenvolve e concretiza o regime de contra ordenações

DL 109/2000 - Regime de organização e funcionamento das atividades de segurança, higiene e saúde no trabalho

DL 29/2002 - Programa de Adaptação dos Serviços de Segurança, Higiene e Saúde no Trabalho

Lei 102/2009, de 10 de setembro - Regime jurídico da promoção e prevenção da segurança e da saúde no trabalho (revoga os DL 441/91, DL 26/94 e DL 29/2002)

Lei 42/2012 – 1ª alteração à Lei 102/2009. Aprova os regimes de acesso dos Técnicos de Segurança no Trabalho (TSST e TST) e revoga o DL 110/2000.

Portaria 1031/2002, de 10 de agosto - Aprova o modelo de ficha de aptidão, a preencher pelo médico do trabalho face aos resultados dos exames de admissão, periódicos e ocasionais, efetuados aos trabalhadores (ao abrigo do artigo 21º do DL 26/94 na redação dada pelo DL 109/2000). Foi revogada pela Portaria 299/2007, no âmbito da Lei 35/2004 (Código do Trabalho).

Portaria 71/2015 de 10 de março - Aprova o modelo das fichas de aptidão. Revoga a Portaria 299/2007 (no âmbito da Lei 35/2004, de 29 de julho - Código do Trabalho).

Portaria 255/2010 de 5 de maio – Aprova o modelo de requerimento de autorização de serviço comum, serviço externo e dispensa de serviço interno, referente à organização dos serviços de segurança e saúde no trabalho previstos na Lei 102/2009.

Portaria nº 1184/2002 - Aprova o modelo de relatório anual da atividade dos serviços de segurança, higiene e saúde no trabalho (ao abrigo do artigo 26º do DL 26/94 na redação dada pelo DL 109/2000). Foi revogada pela Portaria 288/2009, de 20 de março, no âmbito da Lei 35/2004 (Código do Trabalho).

Figura 4.2. A evolução de algumas vertentes da legislação conexa com a Diretiva Quadro.

Atualmente é a Lei n.º 102/2009, de 10 de setembro, que impõe a existência desses serviços internos[6] nos estabelecimentos, ou conjunto

---

[5] O então Decreto-Lei n.º 109/2000, de 30 de junho, alterando o Decreto-Lei n.º 26/94, de 1 de fevereiro, com a redação dada pelas Leis n.º 7/95, de 29 de março, e 118/99, de 11 de agosto, é-lhe inteiramente dedicado.

[6] Veja-se o artigo n.º 78.º da Lei n.º 102/2009, de 10 de setembro.

de estabelecimentos, a que estejam expostos a situação de risco elevado, como é o caso dos estaleiros de construção[7], um número de pelo menos 30 trabalhadores.

As atividades de um serviço de segurança e de saúde no trabalho no seio de uma empresa[8] terão em vista a prevenção dos riscos profissionais e a promoção da segurança e a saúde dos respetivos trabalhadores. Por outro lado, a existência destes serviços é controlada através de mecanismos previstos em diplomas legais como os que se referem nos parágrafos seguintes.

A Lei n.º 102/2009, de 10 de setembro, prevê, por exemplo, que a notificação da modalidade adotada pela empresa para a organização dos serviços de segurança, higiene e saúde do trabalho se realize através de comunicação eletrónica[9] segundo modelo previsto na Portaria 255/2010, de 5 de maio.

Encontra-se igualmente previsto na Lei um relatório anual da atividade dos serviços de segurança, higiene e saúde no trabalho nas empresas. A Portaria n.º 55/2010, de 21 de janeiro, estabelece no seu Anexo D um modelo para esse relatório.

Para a implementação e funcionamento dos serviços de segurança, higiene e saúde do trabalho nas empresas é necessário que existam técnicos com formação reconhecida no domínio, sendo a Autoridade para as Condições do Trabalho a entidade nacional competente para proceder ao reconhecimento dessas qualificações profissionais[10] que referimos de seguida.

A Lei n.º 42/2012, de 28 de agosto[11], estabelece as condições de acesso e de exercício das profissões de técnico superior de segurança

---

[7] Segundo o artigo 79.º da legislação supracitada, os trabalhos em obras de construção, escavação, movimentação de terras, de túneis, com risco de quedas de altura ou de soterramento, demolições e intervenção em ferrovias e rodovias sem interrupção de tráfego, são considerados de risco elevado.

[8] Idem, prescritas no artigo 98.º.

[9] Veja-se o artigo 113.º da supracitada legislação.

[10] Pelo artigo 3.º da Portaria n.º 55/2012, de 9 de março.

[11] Lei esta que revogou o Decreto-Lei n.º 110/2000, de 30 de junho, alterado pela Lei n.º 14/2001, de 4 de junho.

no trabalho e de técnico de segurança no trabalho bem como as condições de homologação dos respetivos cursos de formação profissional. Enquanto os primeiros técnicos referidos se enquadram nos níveis 6 a 8 do Quadro Nacional de Qualificações, consoante a respetiva habilitação académica seja de licenciatura, mestrado ou doutoramento, os segundos enquadrar-se-ão no nível 4. Para além das funções que esses técnicos desempenham na indústria em geral (previstas na Lei n.º 102/2009, conforme vimos anteriormente), a legislação que estabelece o regime jurídico aplicável ao exercício da atividade da construção, a Lei 41/2015, de 3 de junho, estipula um número mínimo de pessoal técnico na área da segurança no trabalho[12] nos empreiteiros de obras públicas com alvará de classe 6 ou superior.

A vigilância da saúde merece especial cuidado no âmbito dos serviços das empresas atrás referidos, englobando a promoção de exames de vigilância da saúde, a elaboração de relatórios e fichas de aptidão, bem como a organização e manutenção atualizada dos registos clínicos e outros elementos informativos relativos ao trabalhador. Neste domínio há a ter em conta a Portaria n.º 71/2015, de 10 de março, estabelecendo o modelo de ficha de aptidão a preencher pelo médico do trabalho face aos resultados dos exames médicos de admissão, periódicos e ocasionais, efetuados aos trabalhadores.

A recolha de elementos estatísticos relativos a acidentes também se encontra referida em documentação legal. O Decreto-Lei n.º 106/2017, de 29 de agosto[13], regula a recolha, publicação e divulgação da informação estatística sobre acidentes de trabalho. Estabelece a obrigatoriedade do empregador participar o acidente de trabalho ao segurador. Estabelece também a obrigatoriedade do envio, ao Departamento de Estatística do Ministério do Emprego e da Segurança Social, de informação estatística sobre acidentes obtida pelas entidades seguradoras, segundo modelos publicados na Portaria n.º 14/2018, de 11 de janeiro.

---

[12] Veja-se o artigo 10.º e o Quadro n.º 2 do Anexo II dessa legislação.
[13] Retificado pela Declaração de Retificação 25/2017, de 22 de setembro.

CÓDIGO DO TRABALHO

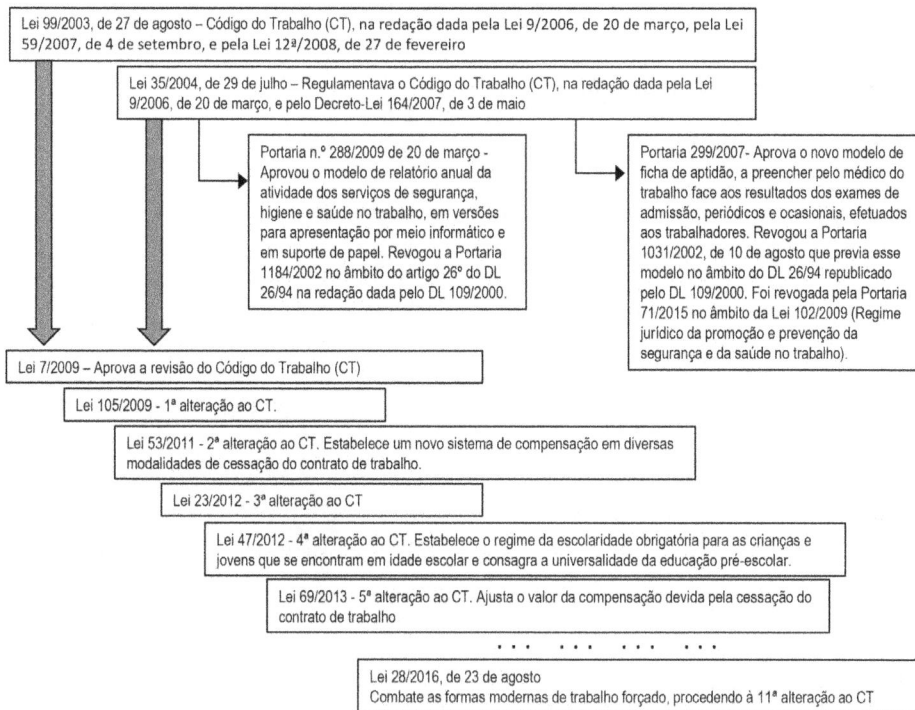

Lei 99/2003, de 27 de agosto – Código do Trabalho (CT), na redação dada pela Lei 9/2006, de 20 de março, pela Lei 59/2007, de 4 de setembro, e pela Lei 12ª/2008, de 27 de fevereiro

Lei 35/2004, de 29 de julho – Regulamentava o Código do Trabalho (CT), na redação dada pela Lei 9/2006, de 20 de março, e pelo Decreto-Lei 164/2007, de 3 de maio

Portaria n.º 288/2009 de 20 de março - Aprovou o modelo de relatório anual da atividade dos serviços de segurança, higiene e saúde no trabalho, em versões para apresentação por meio informático e em suporte de papel. Revogou a Portaria 1184/2002 no âmbito do artigo 26º do DL 26/94 na redação dada pelo DL 109/2000.

Portaria 299/2007- Aprova o novo modelo de ficha de aptidão, a preencher pelo médico do trabalho face aos resultados dos exames de admissão, periódicos e ocasionais, efetuados aos trabalhadores. Revogou a Portaria 1031/2002, de 10 de agosto que previa esse modelo no âmbito do DL 26/94 republicado pelo DL 109/2000. Foi revogada pela Portaria 71/2015 no âmbito da Lei 102/2009 (Regime jurídico da promoção e prevenção da segurança e da saúde no trabalho).

Lei 7/2009 – Aprova a revisão do Código do Trabalho (CT)

Lei 105/2009 - 1ª alteração ao CT.

Lei 53/2011 - 2ª alteração ao CT. Estabelece um novo sistema de compensação em diversas modalidades de cessação do contrato de trabalho.

Lei 23/2012 - 3ª alteração ao CT

Lei 47/2012 - 4ª alteração ao CT. Estabelece o regime da escolaridade obrigatória para as crianças e jovens que se encontram em idade escolar e consagra a universalidade da educação pré-escolar.

Lei 69/2013 - 5ª alteração ao CT. Ajusta o valor da compensação devida pela cessação do contrato de trabalho

Lei 28/2016, de 23 de agosto
Combate as formas modernas de trabalho forçado, procedendo à 11ª alteração ao CT

Figura 4.3. Diplomas legais na evolução do Código do Trabalho.

Por outro lado, embora não obrigatórios por Lei, na indústria da construção têm sido muito utilizados os índices de sinistralidade (incidência, frequência, gravidade e duração) patentes na «resolução sobre as estatísticas das lesões profissionais devidas a acidentes do trabalho», adotada pela 16.ª Conferência Internacional de Estaticistas do Trabalho da Organização Internacional do Trabalho, em outubro de 1998.

1.3. O Código do Trabalho

Na realidade as questões da segurança e saúde no trabalho perpassam por toda a legislação do trabalho.

Numa perspetiva mais lata entende-se por legislação do trabalho toda aquela que regula os direitos e obrigações dos trabalhadores e as suas organizações[14]. Engloba assim os diplomas legais que regulam matérias como:

- o contrato de trabalho;
- o Direito coletivo de trabalho;
- a segurança e saúde no trabalho;
- acidentes de trabalho e doenças profissionais;
- formação profissional;
- processo do trabalho;
- convenções da OIT – Organização Internacional do Trabalho ratificadas.

Nesse sentido não é de estranhar que legislação como o Código do Trabalho inclua princípios que constam da Diretiva Quadro. Veja-se, por exemplo, que nele se encontra previsto em termos de deveres do empregador[15]:

- prevenir riscos e doenças profissionais, tendo em conta a segurança e saúde do trabalhador, devendo indemnizá-lo dos prejuízos resultantes de acidentes de trabalho;
- fornecer ao trabalhador a informação e formação adequadas à prevenção de riscos de acidente ou doença.

2. A Diretiva Estaleiros

A Diretiva 92/57/CEE do Conselho, de 24 de junho de 1992, conhecida como «Diretiva Estaleiros», trata da implementação das prescrições mínimas de segurança e de saúde a aplicar nos estaleiros temporários ou móveis[16]. Em primeira instância foi vertida para o direito interno através

---

[14] Veja-se o artigo 469.º do referido Código do Trabalho, aprovado pela Lei n.º 7/2009, de 12 de fevereiro.

[15] No artigo 127.º do referido Código do Trabalho.

[16] Estaleiros típicos das obras da indústria da construção. Salienta-se a diferença relativamente ao estaleiro central de uma empresa e construção e de um modo geral ao ambiente de trabalho em instalações de uma indústria de posto fixo.

do Decreto-Lei n.º 155/95, de 1 de julho. Mais tarde, tendo-se verificado que esta legislação tinha aspetos pouco claros e até deficiências de tradução, procedeu-se à sua revisão e aperfeiçoamento através do Decreto-Lei n.º 273/2003, de 29 de outubro. Este, tem como objetivos fundamentais estabelecer «regras gerais de planeamento, organização e coordenação para promover a segurança, higiene e saúde no trabalho em estaleiros da construção»[17].

DIRETIVA ESTALEIROS

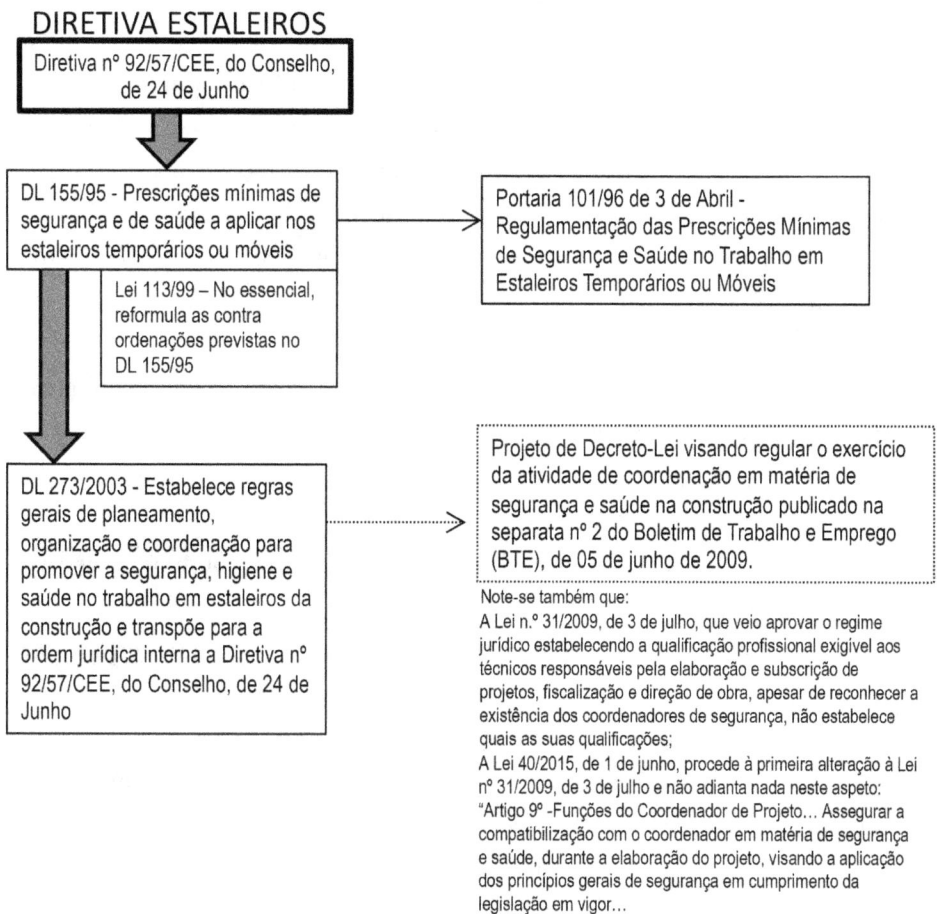

Figura 4.4. A evolução da Diretiva Estaleiros e a sua transposição para o Direito interno.

---

17 Veja-se o artigo 1.º do Decreto-Lei n.º 273/2003, de 29 de outubro.

A Diretiva Estaleiros surgiu com a verificação de que na prática a indústria da construção, com os seus estaleiros temporários ou móveis de cariz provisório, não permite que as questões de segurança e saúde no trabalho sejam tratadas da mesma forma que na indústria tradicional. De facto, como vimos num capítulo anterior, para os trabalhadores da construção não há em regra um posto de trabalho fixo, o ambiente de trabalho está em permanente mutação, as tarefas levadas a cabo pelos trabalhadores são pouco repetitivas. Estas peculiaridades da indústria da construção fazem com que se torne difícil concretizar alguns princípios fundamentais de segurança e de prevenção patentes na Diretiva Quadro. O Decreto-Lei n.º 273/2003, de 29 de outubro, enumera mesmo uns denominados «riscos especiais» para a segurança e saúde dos trabalhadores verificando-se que alguns deles se encontram presentes em praticamente todas as obras. Transcrevendo (pela sua importância) o artigo 7.º da supracitada legislação, esses riscos especiais são os decorrentes de trabalhos:

«a) Que exponham os trabalhadores a risco de soterramento, de afundamento ou de queda em altura, particularmente agravados pela natureza da atividade ou dos meios utilizados, ou do meio envolvente do posto, ou da situação de trabalho, ou do estaleiro;

b) Que exponham os trabalhadores a riscos químicos ou biológicos suscetíveis de causar doenças profissionais;

c) Que exponham os trabalhadores a radiações ionizantes, quando for obrigatória a designação de zonas controladas ou vigiadas;

d) Efetuados na proximidade de linhas elétricas de média e alta tensão;

e) Efetuados em vias ferroviárias ou rodoviárias que se encontrem em utilização, ou na sua proximidade;

f) De mergulho com aparelhagem ou que impliquem risco de afogamento;

g) Em poços, túneis, galerias ou caixões de ar comprimido;

h) Que envolvam a utilização de explosivos, ou suscetíveis de originarem riscos derivados de atmosferas explosivas;

i) De montagem e desmontagem de elementos prefabricados ou outros, cuja forma, dimensão ou peso exponham os trabalhadores a risco grave;

j) Que o dono da obra, o autor do projeto ou qualquer dos coordena dores de segurança fundamentadamente considere suscetíveis de constituir risco grave para a segurança e saúde dos trabalhadores.»

Tendo em conta os factos acima apontados, a Diretiva Estaleiros pretende que a segurança das obras se implemente sobretudo segundo duas vertentes principais que analisaremos detalhadamente nos capítulos seguintes: por um lado estabelece-se um corpo de documentação com as medidas de segurança específicas de um dado estaleiro, constituindo o respetivo «plano de segurança e saúde»; paralelamente existirá uma vertente humana, sobretudo com funções de avaliação e fiscalização do cumprimento das referidas medidas e constituída por técnicos que levarão a cabo uma denominada «coordenação de segurança».

Finalmente, salienta-se a existência de umas prescrições mínimas de segurança e saúde nos locais e postos de trabalho dos estaleiros temporários ou móveis[18] enunciadas na Portaria n.º 101/96, de 3 de abril[19]. Note-se por outro lado que a Diretiva 89/654/CEE, do Conselho de 30 de novembro, dizendo respeito às prescrições mínimas de segurança e saúde nos locais de trabalho, não se aplica aos estaleiros da indústria da construção[20], facto que decorre da existência (para esses locais específicos) da Diretiva Estaleiros.

3. Outras Diretivas

Ao longo dos anos a Comunidade Económica Europeia tem sido fértil em produzir Diretivas para os seus estados membro.

A sua transposição para o direito interno gerou dezenas de documentos legais cuja aplicação no meio técnico enferma de diversos proble-

---

[18] Veja-se o artigo 29.º do Decreto-Lei n.º 273/2003, de 29 de outubro.

[19] Esata portaria foi publicada de acordo com o artigo 14.º do Decreto-Lei n.º 155/95 de 1 de julho (revogado pelo Decreto-Lei n.º 273/2003, de 29 de outubro, que passou a transpor a referida Diretiva para o Direito interno).

[20] Confira-se o n.º 2 do artigo 2.º do Decreto-Lei n.º 347/93, de 1 de outubro.

mas, de entre os quais salientamos desde já o facto de grande parte dos intervenientes na indústria da construção os ignorarem. Por outro lado, a vastidão da informação torna difícil manter atualizado o conhecimento no domínio.

Para além das já anteriormente citadas, analisaremos neste ponto algumas das Diretivas europeias mais relevantes para as questões da segurança e saúde na indústria da construção.

3.1. Equipamentos de trabalho

A Diretiva 89/655/EEC do Conselho de 30 de novembro diz respeito às prescrições mínimas de segurança e de saúde para a utilização, pelos trabalhadores, de equipamentos de trabalho. Esta Diretiva foi vertida para o direito interno através do Decreto-Lei n.º 331/93, de 25 de setembro. Tratava-se de um documento de cariz pouco técnico, limitando-se a estabelecer princípios como a necessidade de informação e formação dos trabalhadores sobre a manipulação dos equipamentos de trabalho. Em anexo o Decreto-Lei apresenta as características gerais dos equipamentos de trabalho tendo sobretudo em vista a segurança dos manobradores (veja-se a figura 4.5).

Mais tarde, e relativamente às mesmas matérias, a Diretiva n.º 95/63/ CE, do Conselho de 5 de dezembro de 1995, veio alterar a Diretiva 89/655/ EEC. Determinou a verificação obrigatória dos equipamentos de trabalho em diversas ocasiões: no início da sua utilização; a intervalos regulares; aquando da ocorrência de factos excecionais que possam afetar gravosamente a sua segurança. Regulamentava os requisitos mínimos de segurança de alguns equipamentos de trabalho, designadamente equipamentos móveis e de elevação de carga. Finalmente, definia regras sobre a sua utilização dos equipamentos de trabalho. A transposição desta Diretiva para o direito interno foi feita através do Decreto-Lei n.º 82/99, de 16 de março.

Posteriormente, a Diretiva n.º 2001/45/CE, do Parlamento Europeu e do Conselho, de 27 de junho, veio alterar, pela segunda vez, a Diretiva n.º 89/655/CEE. Em acréscimo às anteriores pretendeu regulamentar a utilização de equipamentos destinados à execução de trabalhos em altura, visando garantir a segurança e saúde dos respetivos trabalhadores. Foi vertida para o direito interno através do Decreto-Lei n.º 50/2005, de 25 de fevereiro, relativo às prescrições mínimas de segurança e saúde para a utilização pelos trabalhadores de equipamentos de trabalho.

Figura 4.5. Uma máquina com um componente visando a proteção do manobrador contra a projeção de partículas ou mesmo contra uma eventual rotura do disco de corte. (*Foto do Autor*)

Uma outra diretiva importante para os equipamentos que se utilizam em obra é a Diretiva número 2006/42/CE, do Parlamento Europeu e do Conselho, de 17 de maio, na parte que respeita às máquinas. Foi transposta pelo Decreto-Lei n.º 103/2008, de 24 de junho, que estabelece as regras a que deve obedecer a colocação no mercado e a entrada em serviço das máquinas bem como a colocação no mercado das quase – máquinas.

Noutros casos mais específicos, por exemplo os elevadores de estaleiro, a mesma Diretiva n.º 2006/42/CE, do Parlamento Europeu e do Conselho, de 17 de maio, é transposta para o direito interno através do Decreto-Lei n.º 176/2008, de 26 de agosto, alterando o Decreto-Lei n.º 295/98, de 22 de setembro, sobre os mecanismos gerais de segurança a que devem obedecer os ascensores e respetivos componentes de segurança e definindo os requisitos necessários à sua colocação no mercado.

Figura 4.6. Entre muitos outros aspetos o Decreto-Lei n.º 103/2008, de 24 de junho, impõe a obrigatoriedade da existência de estruturas de proteção do operador das máquinas contra a queda de objetos (FOPS – *Falling-Object Protective Structures*) e contra o capotamento (ROPS – *Roll-Over Protective Structures*). (*Foto do Autor*)

Como veremos mais adiante noutro capítulo, esta documentação é relevante em várias vertentes da conceção e funcionamento dos estaleiros da indústria da construção, devendo ser tida em conta na elaboração de planos de segurança e saúde e também na atividade de coordenação de segurança.

3.2. Equipamentos de proteção individual

Os equipamentos de proteção individual[21], designação correntemente abreviada para EPI, são aqueles que os trabalhadores utilizam na realização de tarefas específicas (tal como um arnês prevenindo quedas em altura, máscara de filtros minimizando a inalação de partículas, etc.) ou genericamente para fazer face a diversos perigos existentes no estaleiro.

Entre nós é consensual o uso do capacete e botas de proteção, bem como do colete refletor nos casos em que é importante ser visto como nas obras em que haja movimentação de máquinas. Em países com insolação intensa torna-se importante o uso de capuz. Nos países nórdicos é imperativo o uso de vestuário quente e impermeável, bem como de luvas satisfazendo normas como a EN 511.

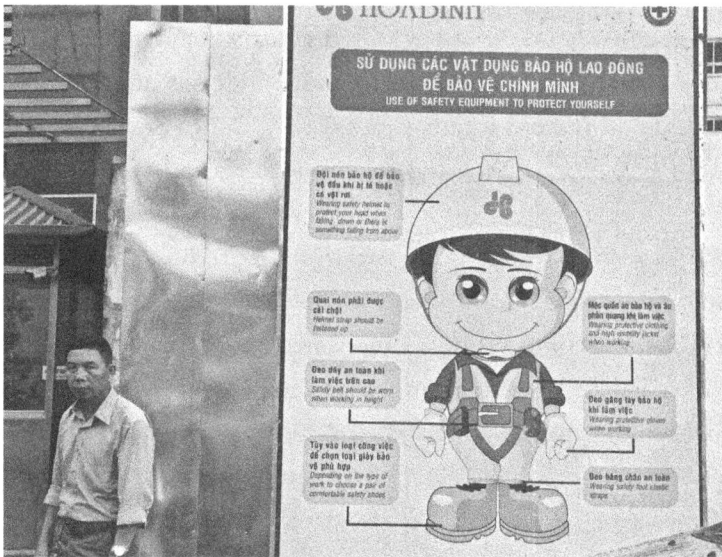

Figura 4.7. Cartaz afixado na entrada de uma obra em Hanói. Sensibilização para o uso de equipamentos de proteção individual. (*Foto do Autor*)

---

[21] As referências bibliográficas Miguel 2012 e Pinto 2012 contêm amplas descrições de equipamentos de proteção individual (EPI) respetivamente no seu capítulo 4 e no capítulo 2. Os equipamentos de proteção coletiva (EPC) correntemente utilizados na construção podem ser vistos no capítulo 1 da referência bibliográfica Pinto 2012.

A Diretiva 89/656/EEC do Conselho, de 30 de novembro, diz respeito às prescrições mínimas de segurança e de saúde para a utilização, pelos trabalhadores, de equipamentos de proteção individual. Foi vertida para o direito interno através do Decreto-Lei n.º 348/93, de 1 de outubro. Salientam-se os princípios seguintes. Os equipamentos de proteção individual devem ser utilizados quando os riscos existentes não puderem ser evitados ou suficientemente limitados por meios técnicos de proteção coletiva (tal decorre igualmente dos princípios da Diretiva Quadro) ou por medidas, métodos ou processos de organização do trabalho. Os equipamentos de proteção individual devem cumprir as normas aplicáveis, ser adequados aos riscos a prevenir e às condições existentes, devem ser ergonómicos e adequados ao utilizador. O fornecimento destes equipamentos constitui uma obrigação do empregador que deverá igualmente fornecer informação adequada e assegurar formação sobre a sua utilização.

O Decreto-Lei n.º 348/93, de 1 de outubro, refere ainda que a descrição técnica do equipamento de proteção individual (bem como das atividades e sectores de atividade para os quais aquele pode ser necessário) é objeto de Portaria do Ministro do Emprego e da Segurança Social. Estes aspetos são tratados pela Portaria n.º 988/93, de 6 de outubro, salientando-se, no seu Anexo I, um esquema de inventariação dos riscos tendo em vista a utilização de proteção individual. Para cada parte do corpo, crânio, ouvidos, olhos, vias respiratórias, mãos, etc., verifica-se a eventual existência de riscos diversos como sendo os mecânicos, térmicos, elétricos, etc. Por seu turno, o Anexo II contém uma lista indicativa (e não exaustiva) dos equipamentos de proteção individual segundo cada parte do corpo que possa ser afetada por riscos. Finalmente, num Anexo III apresenta-se uma lista indicativa (e não exaustiva) de atividades e sectores de atividade para as quais podem ser necessários equipamentos de proteção individual. Verificamos nessa lista a existência de um grande número de atividades típicas da indústria da construção.

Uma outra Diretiva importante neste domínio foi a n.º 89/686/CEE do Conselho, de 21 de dezembro, alterada pelas Diretivas do Conselho números 3/68/CEE, de 22 de julho, 93/95/CEE, de 29 de outubro, e 96/58/CE, de 3 de setembro, relativa às exigências técnicas essenciais de segurança a observar pelos equipamentos de proteção individual com vista a preservar a segurança e saúde dos seus utilizadores. Esta Diretiva foi vertida para o direito interno através do Decreto-Lei n.º 128/93, de 22 de abril, salientando-se nele a prescrição da futura publicação de listas de normas harmonizadas no domínio dos equipamentos de proteção individual.

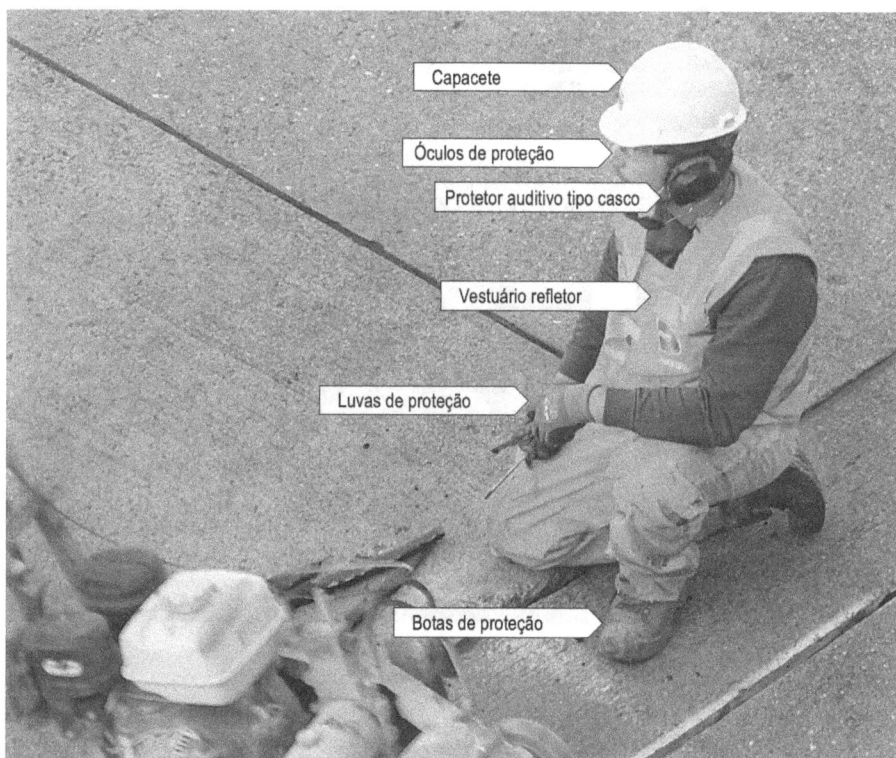

Figura 4.8. O mesmo operário da figura 4.5, relevando-se o uso de diversos equipamentos de proteção individual, na execução da atividade de reparação de juntas de dilatação na pista do aeroporto de Schiphol, em Amsterdão. Compare-se com o operário da figura 2.4 (*Foto do Autor*)

Atualmente é o Regulamento (UE) 2016/425, do Parlamento Europeu e do Conselho, de 9 de março de 2016, relativo aos equipamentos de proteção individual que, revogando a Diretiva 89/686/CEE, do Conselho, visa garantir que a disponibilização no mercado de equipamentos de proteção individual obedece a regras harmonizadas para a conceção e o fabrico, assegurando, deste modo, a proteção da saúde e a segurança dos utilizadores. Foi feita a sua transposição para o Direito interno através do Decreto-Lei 118/2019, de 21 de agosto, revogando o Decreto-Lei 128/93, de 22 de abril.

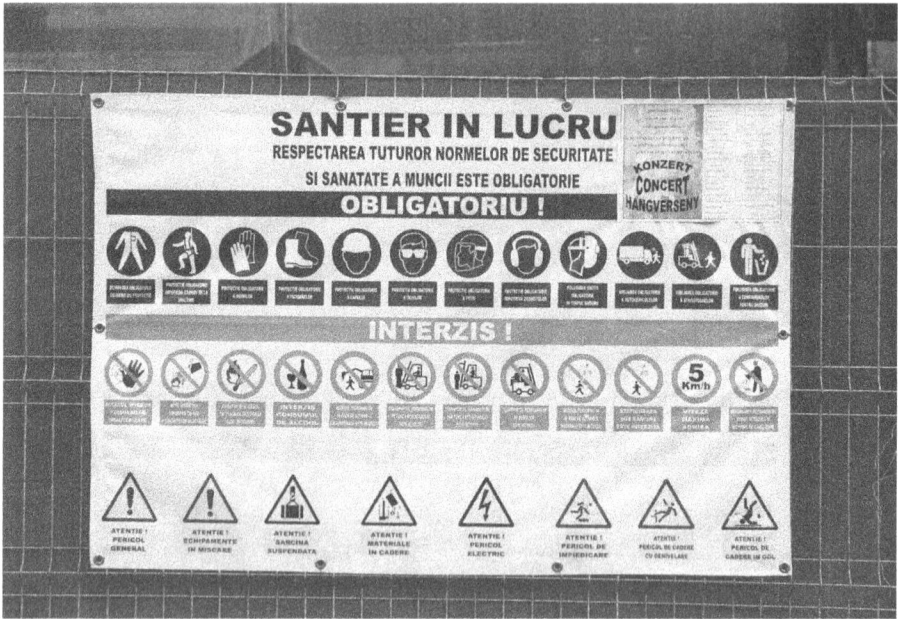

Figura 4.9. Sinalização afixada na entrada de uma obra em Sighisoara, na Roménia, mostrando medidas obrigatórias, interdições e aspetos a ter em atenção no estaleiro. As diretivas comunitárias permitem a utilização de regras comuns no mercado europeu. (*Foto do Autor*)

3.3. Sinalização de segurança e saúde no trabalho

As prescrições mínimas para a sinalização de segurança e de saúde no trabalho são explicitadas através da Diretiva 92/58/CEE do Conselho, de 24 de junho de 1992. Esta Diretiva foi transposta para o direito interno através do Decreto-Lei 141/95, de 14 de junho, tendo sido alterado pela

Lei n.º 113/99, de 3 de agosto[22]. A Portaria 1456-A/95, de 11 de dezembro, por seu turno, apresentava as normas técnicas relativamente a essa sinalização, estabelecendo entre outros aspetos os sinais (de proibição, de aviso, obrigação, salvamento ou emergência e os relativos ao material de combate a incêndio) e suas condições de utilização, as cores de segurança a adotar, a marcação das vias de circulação, a comunicação verbal e gestual.

Entretanto, o Decreto-Lei 88/2015, de 28 de maio, procedeu à alteração do Decreto-Lei n.º 141/95, de 14 de junho.

A Portaria 178/2015, de 15 de junho, procedeu à primeira alteração à Portaria 1456-A/95, de 11 de dezembro, regulamentando as prescrições mínimas de colocação e utilização da sinalização de segurança e saúde no trabalho.

3.4. Movimentação manual de cargas

Neste domínio existe a Diretiva n.º 90/269/CEE do Conselho, de 29 de maio, relativa às prescrições mínimas de segurança e saúde respeitantes à movimentação manual de cargas que comportem riscos para os trabalhadores, nomeadamente na sua região dorso-lombar.

Esta Diretiva foi vertida para o direito interno através do Decreto-Lei n.º 330/93, de 25 de setembro[23]. No âmbito da construção a sua importância decorre do facto de se realizar muito trabalho braçal nos estaleiros. Nesta legislação salientam-se as medidas de prevenção bem como a avaliação de referência desse risco (características da carga em termos de peso, dimensão, etc.). Para além dos aspetos inerentes às obrigações do empregador, trata-se de matéria propícia a apresentar aos trabalhadores no âmbito de ações de formação e informação, conjuntamente com o esclarecimento relativamente a possíveis lesões.

---

[22] Tendo sido alterado pela Lei n.º 113/99, de 3 de agosto, apenas em questões relativas às contra-ordenações.

[23] Tendo sido alterado pela Lei n.º 113/99, de 3 de agosto, apenas em questões relativas às contra-ordenações.

3.5. Exposição a vibrações mecânicas

A Diretiva n.° 2002/44/CE do Parlamento Europeu e do Conselho, de 25 de junho, relativa às prescrições mínimas de segurança e saúde respeitantes à exposição dos trabalhadores aos riscos devidos a agentes físicos (vibrações mecânicas) encontra-se transposta para a ordem jurídica nacional através do Decreto-Lei n.° 46/2006, de 24 de fevereiro.

Este diploma estabelece valores limite de exposição e valores de ação de exposição a vibrações transmitidas ao sistema mão-braço e ao corpo inteiro, determinando a aplicação de um conjunto de medidas preventivas sempre que sejam atingidos ou ultrapassados esses valores.

Cabe à entidade empregadora avaliar os riscos presentes nas atividades com exposição a vibrações mecânicas tendo em conta, entre outros, aspetos como o nível, a natureza e a duração da exposição, incluindo a exposição a vibrações intermitentes ou a choques repetidos, os valores limite de exposição e os valores de ação de exposição previstos na lei.

De acordo com os princípios gerais de prevenção a entidade empregadora deve eliminar na fonte, ou reduzir ao mínimo, os riscos resultantes da exposição dos trabalhadores a vibrações mecânicas. Contudo, se o resultado da avaliação mostrar que os valores de ação de exposição foram ultrapassados, a entidade empregadora deve aplicar um programa de medidas técnicas e organizacionais que reduzam ao mínimo a exposição dos trabalhadores. Segundo o artigo 6.° da legislação supracitada, o programa de medidas técnicas pode incluir:

- métodos de trabalho alternativos permitindo reduzir a exposição a vibrações mecânicas;
- escolha de equipamentos de trabalho adequados, concebidos tendo em conta a ergonomia e que produzam o mínimo de vibrações possível;
- instalação de equipamento auxiliar que reduza o risco de lesões provocadas pelas vibrações, nomeadamente assentos ou punhos que

reduzam as vibrações transmitidas ao corpo inteiro ou ao sistema mão-braço, respetivamente;

- programas adequados de manutenção do equipamento de trabalho e das instalações existentes no local de trabalho;
- conceção, disposição e organização dos locais e postos de trabalho;
- informação e formação adequada dos trabalhadores, para a utilização correta e segura do equipamento tendo em vista reduzir ao mínimo a sua exposição a vibrações mecânicas;
- limitação da duração e da intensidade da exposição;
- horários de trabalho adequados, incluindo períodos de descanso apropriados;
- fornecimento, aos trabalhadores expostos, de vestuário apropria do para a proteção do frio e da humidade minimizando assim o risco de lesões como contracturas.

O artigo 7.º estabelece também que a entidade empregadora deve assegurar que, em qualquer caso, a exposição dos trabalhadores a vibrações mecânicas não seja superior aos valores limite de exposição previstos na lei. É uma legislação exigente e importante mas a sua implementação prática apresenta algumas dificuldades. Uma atividade onde os trabalhadores se encontram sujeitos a vibrações mecânicas assinaláveis é o da movimentação de terras, em particular quando atuam escavadoras giratórias. Muitas empresas que prestam esse tipo de serviços em regime de subempreitada sujeitam os manobradores a regimes com várias horas de trabalho contínuo e que, no período de Verão, chegam a somar 10 horas diárias. As dificuldades de implementação das medidas técnicas e organizacionais que reduzam ao mínimo a exposição dos trabalhadores têm a ver com a pequena dimensão das empresas, não dispondo em regra de um corpo técnico ou de meios próprios de controlo. O cariz familiar de algumas dessas empresas e a posse dos equipamentos pelo próprio manobrador também contribui para o menosprezo do auto-controlo da saúde em detrimento da produção e respetivos proventos financeiros imediatos.

3.6. Exposição ao ruído

A Diretiva n.º 2003/10/CE do Parlamento Europeu e do Conselho, de 6 de fevereiro, relativa às prescrições mínimas de segurança e saúde dos trabalhadores em caso de exposição aos riscos devidos a agentes físicos (ruído) encontra-se transposta para o direito interno através do Decreto-Lei n.º 182/2006, de 6 de setembro.

Inclui a metodologia de avaliação dos riscos, a utilização pela entidade empregadora de todos os meios disponíveis para eliminar na fonte ou reduzir ao mínimo os riscos resultantes da exposição dos trabalhadores ao ruído, conjuntamente com a necessidade de assegurar que não são ultrapassados os valores limites de exposição. No fundo trata-se de aspetos semelhantes à Diretiva e legislação apresentados no ponto anterior, o que é compreensível pelo facto do ruído ter como origem um fenómeno vibratório.

Neste domínio, a maior dificuldade de implementação de medidas estará no facto dos próprios trabalhadores não terem consciência das consequências da exposição a estes agentes físicos. Como os danos para a saúde (a surdez) surgem geralmente a longo prazo, a prevenção não é encarada como uma necessidade premente. As empresas devem, pois, encarar esta matéria como merecedora de ações de formação e informação.

Uma outra legislação importante no domínio é o Decreto-Lei 221/2006, de 8 de novembro, estabelecendo as regras em matéria de emissões sonoras de equipamento para utilização no exterior, colocado no mercado ou em serviço como uma unidade integral. Transpõe a Diretiva n.º 2005/88/CE, de 14 dezembro.

3.7. Exposição a agentes químicos

No domínio da proteção da segurança e da saúde dos trabalhadores contra os riscos ligados à exposição a agentes químicos no local de trabalho, foi publicada a Diretiva n.º 98/24/CE, do Conselho, de 7 de abril, vertida inicialmente para o direito interno através do Decreto-Lei n.º 290/2001, de 16 de novembro. Esta Diretiva incorpora uma lista de valores limite de exposição profissional a determinados agentes químicos. Posteriormente, a Diretiva 2006/15/CE, de 07 de fevereiro, vertida para o direito interno através do Decreto-Lei n.º 305/2007, de 24 de agosto, veio estabelecer uma segunda lista de valores limite de exposição profissional indicativos (para execução da Diretiva 98/24/CE do Conselho). Uma terceira lista de valores foi estabelecida através da Diretiva 2009/161/EU, de 17 de dezembro de 2009, tendo sido transposta para o direito interno através do Decreto-lei n.º 24/2012, de 6 de fevereiro, revogando a legislação nacional supracitada. Finalmente a Diretiva 2017/164, de 31 de janeiro, publicou uma quarta lista de valores-limite de exposição profissional indicativos, nos termos da Diretiva 98/24/CE do Conselho e que altera as Diretivas 91/322/CEE, 2000/39/CE e 2009/161/CE. Esta quarta lista encontra-se publicada no capítulo VI do Decreto-Lei 41/2018, de 11 de junho.

Trata-se de uma matéria que nos últimos 20 anos assumiu uma importância crescente para o trabalho na indústria da construção, mercê da introdução de produtos químicos ativos nos materiais com que os trabalhadores lidam nas obras.

3.8. Exposição a agentes biológicos

No domínio da proteção dos trabalhadores contra riscos ligados à exposição a agentes biológicos durante o trabalho, a Diretiva 2000/54/CE, do Parlamento Europeu e do Conselho, de 18 de setembro de 2000, veio atualizar e aclarar as Diretivas n.º 90/679/CEE, do Conselho, de 26 de novembro, n.º 93/88/CEE, do Conselho, de 12 de outubro, e n.º 95/30/CE, da Comissão, de 30 de junho de 1995. O Decreto-Lei n.º 84/97, de 16 de abril, transpôs para o direito interno estas últimas. Para além da classificação dos agentes biológicos, a legislação refere os trabalhos em que se deverá atender à existência desses agentes, nomeadamente no trabalho em unidades de produção alimentar, no trabalho agrícola, nas atividades em que há contacto com animais e ou produtos de origem animal, em unidades de saúde, incluindo unidades de isolamento e de autópsia, em laboratórios clínicos, veterinários e de diagnóstico, excluindo laboratórios microbiológicos de diagnóstico, em unidades de recolha, transporte e eliminação de detritos, nas instalações de tratamento de águas de esgoto.

Para a indústria da construção esta problemática tem importância sobretudo na execução de obras em que este tipo de instalações esteja (ou tenha estado) em funcionamento.

3.9. Exposição ao amianto

No campo da proteção dos trabalhadores contra os riscos de exposição ao amianto durante o trabalho, a Diretiva n.º 2003/18/CE, do Parlamento Europeu e do Conselho, de 27 de março, veio alterar a Diretiva n.º 83/477/CEE do Conselho, de 19 de setembro, e foi transposta para o direito interno através do Decreto-Lei n.º 266/2007, de 24 de julho. Nesta legislação salientamos a obrigatoriedade de notificar a Autoridade para as Condições de Trabalho quando numa obra existam atividades no exercício das quais os trabalhadores estejam expostos a poeiras de amianto ou de materiais que contenham amianto. Entre outros aspetos há ainda que comunicar o tipo e quantidade de amianto utilizado ou manipulado, bem como as medidas preventivas a aplicar para limitar a exposição dos trabalhadores às referidas poeiras de amianto ou de materiais que o contenham.

No domínio da proteção dos trabalhadores contra os riscos de exposição a este material durante o trabalho, há ainda a Diretiva n.º 2009/148/ CE, de 16 de dezembro.

Posteriormente a Lei n.º 2/2011, de 9 de fevereiro, veio estabelecer os procedimentos e objetivos com vista à remoção de produtos que contêm fibras de amianto ainda presentes em edifícios, instalações e equipamentos públicos. A Lei n.º 63/2018, de 10 de outubro, veio por seu turno estabelecer esses mesmos princípios para os edifícios, instalações e equipamentos de empresas.

É uma matéria importante para a indústria da construção dada a existência de bastantes produtos aplicados entre nós que continham amianto. O caso mais vulgar é o da existência de coberturas, executadas nas décadas de 70 a 90 do século passado, com chapas incorporando fibras desse material. Outras aplicações, em isolamentos térmicos e tubagens, também eram frequentes. Assim, em trabalhos de demolição ou reabilitação onde existam esses componentes há que tomar medidas adequadas.

3.10. Exposição a agentes cancerígenos

A Diretiva 90/394/CEE, do Conselho, de 28 de junho, relativa à proteção dos trabalhadores contra os riscos ligados à exposição a agentes cancerígenos durante o trabalho, foi por diversas vezes alterada de modo substancial pelas Diretivas números 97/42/CE do Conselho, de 27 de junho, e 1999/38/CE do Conselho, de 29 de abril. A transposição para o direito interno desta última foi feita através do Decreto-Lei n.º 301/2000, de 18 de novembro. Posteriormente, a Diretiva 2004/37/CE do Parlamento Europeu e do Conselho, de 29 de abril de 2004, veio dar uma redação mais clara e coerente às Diretivas anteriores. Esta foi sucessivamente alterada pela Diretiva (EU) 2017/2398, de 12 de dezembro, pela Diretiva (EU) 2019/130, de 16 de janeiro, e pela Diretiva (EU) 2019/983, de 5 de junho.

À semelhança do que anteriormente escrevemos sobre a exposição a produtos químicos trata-se de uma matéria que, nos últimos 20 anos, assumiu uma importância crescente para o trabalho na indústria da construção e relativamente à qual há que tomar medidas de prevenção e de proteção dos trabalhadores.

4. Legislação Anterior às Diretivas Comunitárias

Nos pontos anteriores vimos um conjunto de diplomas legais tendo como origem diversas Diretivas comunitárias. Contudo, ainda se encontra em vigor legislação no âmbito da segurança e saúde nos estaleiros que, pelo facto de ser bastante anterior à nossa adesão à CEE, não teve essa génese. Já foi várias vezes anunciada a publicação de nova legislação, incluindo a nomeação de Comissões para o efeito[24] e a publicação, em 2010, de um Projeto de Decreto-Lei[25] visando estabelecer as prescrições mínimas de segurança e saúde no trabalho aplicáveis aos locais e postos de trabalho dos estaleiros temporários ou móveis da construção de edifícios e de engenharia civil e transpondo parcialmente para a ordem jurídica interna a Diretiva n.º 92/57/CEE do Conselho, de 24 de junho.

Seguidamente analisaremos a regulamentação mais antiga no domínio da segurança e saúde nos estaleiros.

4.1. Segurança no trabalho da construção civil

O Regulamento de Segurança no Trabalho da Construção Civil promulgado pelo Decreto n.º 41.821, de 11 de agosto de 1958, ainda se encontra em vigor[26]. Do seu conteúdo fazem parte disposições relativas a andaimes, plataformas suspensas, passadiços, pranchadas e escadas, aberturas em pavimentos ou em paredes e sua proteção, obras em telha dos, demolições, escavações e aparelhos elevatórios.

Este Regulamento apresenta bastantes aspetos que o tempo tornou obsoletos, entre os quais os que se referem as prescrições relativas à composição de andaimes ou de entivações, quer um quer outros substituídos hoje em dia por equipamentos de trabalho que permitem grande produtividade na utilização (fácil e rápida montagem e desmontagem) e que, em acréscimo, incluem dispositivos de segurança no campo da proteção coletiva dos trabalhadores.

---

[24] O Despacho Conjunto n.º 257/2006, dos Ministérios das Obras Públicas, Transportes e Comunicações e do Trabalho e da Solidariedade Social, de 24 de fevereiro (publicado no Diário da República, 2.ª série, n.º 53, de 15 de março de 2006), previu para o efeito uma Comissão Executiva de Revisão da Legislação sobre Segurança na Construção

[25] Projeto de Decreto-Lei publicado na separata n.º 4, de 21 de setembro de 2010, do Boletim do Trabalho e Emprego do Ministério do trabalho e da Solidariedade Social.

[26] Veja-se o artigo 29.º do Decreto-Lei n.º 273/2003 de 29 de outubro.

Para além do acima referido, há também aspetos que se sobrepõem com outra legislação em vigor, nomeadamente com o Decreto-Lei n.º 50/2005, de 25 de fevereiro, no que diz respeito aos aspetos da segurança dos equipamentos e manobradores, bem como com a Portaria n.º 101/96, de 3 de abril, nas questões da segurança e saúde nos locais de trabalho. O Regulamento de Segurança no Trabalho da Construção Civil refere também o equipamento de proteção e primeiros socorros que deverá existir no estaleiro e também a atuação da fiscalização de obra no domínio da segurança e saúde. Neste último caso verifica-se que as antigas atribuições da fiscalização são agora do âmbito de atuação da Coordenação de Segurança em obra, tal como previsto no Decreto-Lei n.º 273/2003, de 29 de outubro.

4.2. Instalações provisórias destinadas ao pessoal empregado nas obras

O Regulamento das Instalações Provisórias Destinadas ao Pessoal Empregado nas Obras, aprovado pelo Decreto n.º 46.427, de 10 de julho de 1965, também se encontra ainda em vigor (à semelhança do Regulamento que vimos no ponto anterior). Trata sobretudo das questões relacionadas com as instalações de um estaleiro comummente designadas como «instalações sociais». É uma matéria que tem grande importância, sobretudo nas condições de saúde dos operários deslocados que, no estaleiro, vivem em instalações precárias durante meses consecutivos.

O Regulamento contém prescrições relativas ao abastecimento de água, instalações sanitárias e drenagem dos seus esgotos, recolha de lixos e seu destino. Estipula também as regras (áreas mínimas por utente, necessidade de condições de isolamento térmico e ventilação, isolamento acústico, etc.) a que devem obedecer os dormitórios, habitações e refeitórios para o pessoal.

Apesar de existirem algumas disposições que o tempo tornou anacrónicas ou pouco admissíveis, como a possibilidade de existirem latrinas, verifica-se que ainda há bastantes regras, por exemplo as áreas mínimas dos dormitórios, que mantêm a sua validade.

5. As Normas e sua Aplicação

Segundo o IPQ – Instituto Português da Qualidade, uma norma é um documento estabelecido por consenso e aprovado por um organismo reconhecido, que fornece regras, linhas diretrizes ou características, para atividades ou seus resultados, garantindo um nível de ordem ótimo num dado contexto. Na indústria da construção, e de um modo mais restrito no campo da segurança, as normas podem estabelecer regras ou padrões relativamente a materiais, soluções construtivas, ensaios, equipamentos, etc.

É, no entanto, necessário ter em conta que as normas são documentos de adoção voluntária. Assim sendo, e independentemente de qualquer valia técnica intrínseca, a utilização imperativa de uma norma específica deverá ter subjacente uma razão objetiva. Mais ainda, nas obras, a obrigatoriedade de utilizar uma dada norma deverá ser conhecida previamente, preferencialmente nas especificações técnicas do projeto de execução do empreendimento. Só assim será possível à entidade executante conhecer a extensão dos seus encargos e previsão dos correspondentes custos.

O próprio Código da Contratação Pública refere[27] que essas especificações devem ser fixadas "por referência, por ordem de preferência, a normas nacionais que transponham normas europeias, a homologações técnicas europeias, a especificações técnicas comuns, a normas internacionais ou a qualquer outro referencial técnico elaborado pelos organismos europeus de normalização, acompanhadas da menção «ou equivalente»" e "na falta de qualquer dos referenciais técnicos referidos ..., por referência a normas nacionais, a homologações técnicas nacionais ou a especificações técnicas nacionais em matéria de conceção, de cálculo e de realização de obras e de utilização de materiais, acompanhadas da menção «ou equivalente»".

Um outro passo importante na escolha das normas adequadas a cada caso consiste na utilização de normas harmonizadas. Estas são normas

---

[27] Veja-se o artigo 49 .º do Decreto-Lei n.º 18/2008, de 29 de janeiro, alterado pela Lei n.º 59/2008, de 11 de setembro, pelo Decreto-Lei n.º 278/2009, de 2 de outubro, pela Lei n.º 3/2010, de 27 de abril, pelo Decreto-Lei n.º 131/2010, de 14 de dezembro, pela Lei n.º 64-B/2011, de 30 de dezembro e pelo Decreto-Lei n.º 149/2012, de 12 de julho.

europeias, elaboradas pelos organismos europeus de normalização (o CEN – Comité Europeu de Normalização, o CENELEC – Comité Europeu de Normalização Eletrotécnica ou o ETSI – Instituto Europeu de Normas de Telecomunicações), de acordo com as orientações gerais acordadas entre a Comissão Europeia e os ditos organismos, obedecendo a um mandato emitido pela Comissão, após consulta aos Estados-Membros.

O procedimento para a sua adoção consistirá na apresentação, pelos organismos europeus de normalização, da norma que se pretende harmonizar à Comissão Europeia que publicará as referências correspondentes no Jornal Oficial das Comunidades. Essas normas são transpostas e traduzidas em cada país, sendo posteriormente referenciadas em instrumentos oficiais nacionais. As normas harmonizadas europeias são incorporadas, de forma idêntica às normas europeias, nas normas nacionais dos Estados-Membros, obrigando à retirada de todas as normas nacionais que entrem em contradição com estas.

Em Portugal, no caso dos equipamentos de proteção individual por exemplo, ter-se-á em atenção o disposto no n.º 2 do artigo 9.º do Decreto-Lei n.º 128/93, de 22 de abril, segundo o qual, podemos aplicar no meio técnico nacional as normas harmonizadas cuja lista é publicada em despachos publicados em Diário da República. Uma dessas listas consta do Despacho n.º 13495/2005, de 20 de junho. De entre as mais de duas centenas de normas harmonizadas aí enunciadas assinalamos, apenas como exemplo de EPI necessário a atividades da construção, as seguintes:

- NP EN 133:2004 Aparelhos de proteção respiratória – Classificação;
- EN 166:2001 Proteção individual dos olhos – Especificações;
- NP EN 340:2005 Vestuário de proteção – Requisitos gerais;
- EN 352-1:2002 Protetores de ouvido – Requisitos gerais – Parte 1 – Protetores auriculares;
- EN 361:2002 Equipamento de proteção individual para prevenção de quedas em altura – Arneses anti queda;
- EN 388:2003 Luvas de proteção contra riscos mecânicos;
- NP EN 397:1997 Capacetes de proteção para a indústria;

- NP EN 12 568:2000 Protetores dos pés e das pernas – Requisitos e métodos de ensaio para biqueiras protetoras e palmilhas metálicas resistentes à penetração.

Note-se que estas listas não são estáticas, sendo suscetíveis de atualização. Por outro lado, para além das referidas normas harmonizadas existe uma grande quantidade de normas no domínio da segurança[28] que são igualmente válidas e podem ser obtidas a partir do Instituto Português da Qualidade.

Finalmente salientamos a recente Norma ISO 45001:2018 – *Occupational health and safety management systems* (Sistemas de Gestão da Segurança e Saúde no Trabalho). A sua importância advém do facto de se tratar de uma ferramenta estruturante em matéria de gestão da segurança e saúde no trabalho nas organizações em qualquer parte do globo. É também uma norma de sistemas de gestão que completa a trilogia de normas internacionais nestes sistemas, nos domínios da qualidade, do ambiente e da segurança. Para tal usa uma estrutura que a torna consistente com outras normas de sistemas de gestão ISO, como a ISO 9001 (qualidade) e ISO 14001 (ambiente), ambas submetidas a atualizações em 2015. O objetivo é basear a família das normas ISO numa estrutura funcional comum que permite que as organizações as compreendam e se preparem para as auditorias de certificação mais facilmente. Traz também um novo nível de sofisticação, elevando a questão da segurança no local de trabalho para uma posição mais estratégica.

---

[28] Em anexo elencamos um conjunto (não exaustivo) de normas no domínio. Outras compilações podem ser vistas em PINTO 2005 ou MIGUEL 2012.

CAPÍTULO 5

A DIRETIVA ESTALEIROS APLICADA
AO MEIO TÉCNICO NACIONAL

Um sistema de legislação é sempre impotente se,
paralelamente, não se criar um sistema de educação.

Jules Michelet

Como vimos anteriormente a Diretiva Estaleiros está na origem da legislação portuguesa que atualmente constitui o cerne da segurança nos trabalhos da construção. De facto, depois de uma primeira transposição para o direito interno levada a efeito em 1995, o Decreto-Lei n.º 273/2003, de 29 de outubro veio permitir um maior pragmatismo na aplicação dos seus princípios, bem como a adoção de um corpo de documentação integrada e procedimentos coerentes nas obras. Será doravante a nossa base de trabalho.

Vimos em capítulo anterior que, na indústria da construção, a segurança e saúde no trabalho é implementada segundo duas vertentes fundamentais e complementares. Uma delas é puramente documental, traduzida sobretudo pela existência de um plano de segurança e saúde. A outra é levada a efeito por técnicos que prestam a designada coordenação de segurança.

Neste capítulo detalhar-se-á em primeiro lugar a tramitação de um plano de segurança e saúde ao longo da vida de um empreendimento.

Abordar-se-ão as fases de projeto e de obra, sem esquecer o licenciamento e o concurso da empreitada.

Posteriormente analisaremos as funções e atuação da coordenação de segurança tendo em vista a prossecução de objetivos como a promoção e verificação das medidas de segurança e saúde nas diversas fases dos empreendimentos. Será igualmente abordada a questão da qualificação exigível aos técnicos que prestam a coordenação de segurança e o relacionamento com outros intervenientes no projeto e nos trabalhos de construção

Na parte final do capítulo veremos outra documentação relacionada com os Planos de Segurança e Saúde ou relacionada com a atuação da coordenação de segurança. Abordar-se-ão aspetos como a elaboração da Comunicação Prévia, a Compilação Técnica e as Fichas de Procedimentos de Segurança

1. O Plano de Segurança e Saúde

Neste ponto analisaremos as situações em que se deverá elaborar um plano de segurança e saúde, as etapas a cumprir e os intervenientes no processo.

1.1. A obrigatoriedade de elaborar um plano

Tendo em conta a legislação vigente verifica-se que, para a maior parte das obras da indústria da construção nacional, é obrigatório elaborar-se um plano de segurança e saúde. Analisemos as prescrições que sustentam esta afirmação.

Segundo o ponto 4 do artigo 5.º do Decreto-Lei n.º 273/2003, de 29 de outubro, o plano de segurança e saúde é obrigatório em obras sujeitas a projeto e que envolvam trabalhos que impliquem riscos especiais para a segurança e saúde dos trabalhadores. Por outro lado, também se estabelece que o referido plano é obrigatório em obras sujeitas a projeto e "comunicação prévia" da abertura do estaleiro.

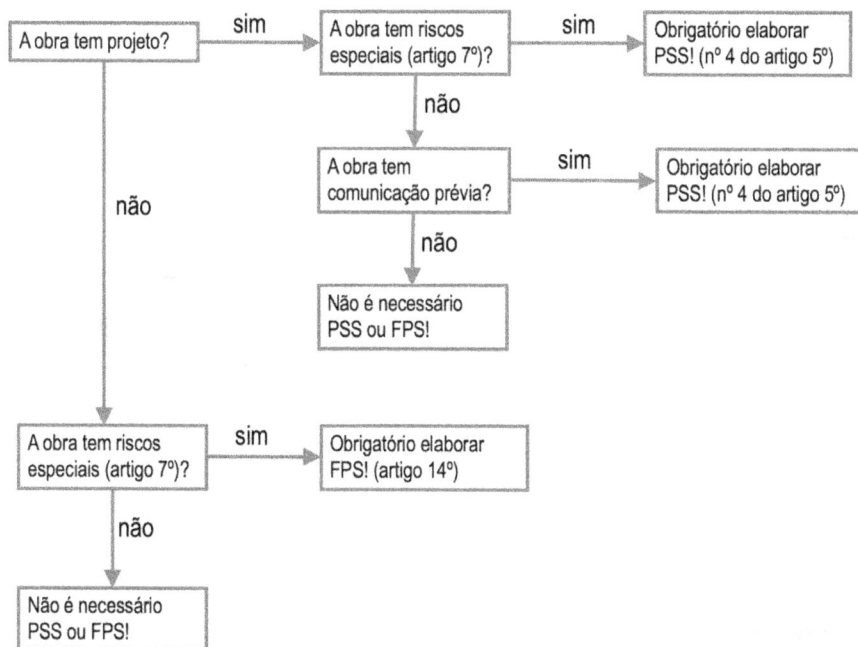

Figura 5.1. Condições para a obrigatoriedade de elaboração de um PSS – Plano de Segurança e Saúde ou de umas FPS – Fichas de Procedimentos de Segurança, referidas mais adiante no ponto 5 deste capítulo.

Quanto aos trabalhos implicando riscos especiais, o artigo 7.º do mesmo Decreto-Lei define-os como sendo, em primeiro lugar, os que exponham os trabalhadores "a risco de soterramento, de afundamento ou de queda em altura, particularmente agravados pela natureza da atividade ou dos meios utilizados, ou do meio envolvente do posto, ou da situação de trabalho, ou do estaleiro". Se olharmos para as estatísticas analisadas em capítulo anterior, verificamos que se encontram aqui nomeados os perigos que conduzem à esmagadora maioria dos acidentes graves nas obras. Há contudo outros trabalhos que se considera implicarem riscos especiais para a segurança e saúde dos trabalhadores, nomeadamente os que os exponham "a riscos químicos ou biológicos suscetíveis de causar doenças profissionais" ou "a radiações ionizantes, quando for obrigatória a designação de zonas controladas ou vigiadas", estes mais incomuns na generalidade das obras. Finalmente, pelo mesmo artigo 7.º da legislação supracitada, também são trabalhos que implicam riscos especiais para a segurança e saúde dos trabalhadores (e consequentemente obrigam à elaboração de plano de segurança e saúde), os "efetuados na proximidade de linhas elétricas de média e alta tensão", os "efetuados em vias ferroviárias ou rodoviárias que se encontrem em utilização, ou na sua proximidade", os "de mergulho com aparelhagem ou que impliquem risco de afogamento", os realizados "em poços, túneis, galerias ou caixões de ar comprimido", os "que envolvam a utilização de explosivos, ou suscetíveis de originarem riscos derivados de atmosferas explosivas", os "de montagem e desmontagem de elementos prefabricados ou outros, cuja forma, dimensão ou peso exponham os trabalhadores a risco grave" e aqueles "que o dono da obra, o autor do projeto ou qualquer dos coordenadores de segurança fundamentadamente considere suscetíveis de constituir risco grave para a segurança e saúde dos trabalhadores".

Como se referiu atrás, a elaboração de um plano de segurança e saúde é também obrigatória em obras sujeitas a comunicação prévia, documento em que o dono da obra comunica, à Autoridade para as Condições de Trabalho, que se irão iniciar os trabalhos de construção de um empreendimento num estaleiro temporário ou móvel. Assim, o artigo 15.º da legislação supracitada refere que terá que se apresentar comunicação prévia de abertura de um estaleiro quando for previsível que a execução da obra envolva uma das seguintes situações:

- um prazo total superior a 30 dias e, em qualquer momento, a utilização simultânea de mais de 20 trabalhadores;
- um total de mais de 500 dias de trabalho, correspondente ao somatório dos dias de trabalho prestado por cada um dos trabalhadores.

Vemos assim que a dimensão da obra, aferida sobretudo pela quantidade de mão-de-obra empregue, também constitui um parâmetro determinante da obrigatoriedade de elaboração do respetivo plano de segurança e saúde.

O previsto na supracitada alínea a) leva à inclusão de obras que poderão ter uma pequena duração (30 dias), mas apresentam uma certa aglomeração de trabalhadores em obra (20 trabalhadores em simultâneo).

Corresponderá, por exemplo, a obras de remodelação de uma farmácia ou de uma agência bancária em que, em virtude do negócio em causa, se pretende um prazo de execução o mais diminuto possível, concentrando muitas atividades e trabalhadores num curto espaço de tempo. O previsto na alínea b) leva à inclusão de quase todos os estaleiros da indústria da construção, mesmo que sejam de pequenos empreendimentos e com um diminuto número de trabalhadores a atuar em simultâneo. A construção de uma pequena moradia onde se empreguem, por exemplo, 3 trabalhadores durante 8 meses (3 trabalhadores x 8 meses x 22 dias de trabalho por mês = 528 dias de trabalho), encontra-se sujeita a comunicação prévia e consequentemente carece da elaboração de um plano de segurança e saúde.

1.2. Processo de desenvolvimento

A legislação vigente prevê que a elaboração e desenvolvimento de um plano de segurança e saúde decorram segundo duas etapas principais, envolvendo diversos intervenientes no empreendimento, tal como se analisa de seguida. Note-se porém desde já que, com a existência dessas duas etapas, não se pretende que existam dois Planos de Segurança e Saúde distintos, mas sim uma documentação com um cariz evolutivo.

A primeira etapa de desenvolvimento de um plano de segurança e saúde coincide com a elaboração do projeto[1]. De facto, na prática profissional verifica-se que há alguns aspetos no domínio da segurança das obras que são passíveis de conhecimento e tratamento desde a fase de projeto e que, consequentemente, deverão estar na base das medidas preconizadas para a fase posterior dos trabalhos de execução dos empreendimentos. A documentação deverá ser elaborada no seio da equipa projetista pelo que se designa de "plano de segurança e saúde em projeto".

A segunda etapa de desenvolvimento tem sobretudo lugar por ocasião da preparação da obra, prolongando-se, contudo, até ao final da execu-

---

[1] Tal como pode ser visto no cronograma da figura 2.1.

ção dos trabalhos de construção. Na realidade, num empreendimento, a partir do momento em que haja a adjudicação da obra a uma dada entidade executante, haverá a oportunidade de desenvolver um documento com medidas mais concretas, apoiado nas opções tecnológicas, processos construtivos e equipamentos dessa entidade executante. Essa documentação, elaborada pela direção técnica da obra e pelos serviços de segurança da entidade executante, designa-se de "plano de segurança e saúde para a obra".

Note-se que, a par das responsabilidades inerentes às entidades que efetivamente elaboram e desenvolvem os planos de segurança e saúde, a existência destes documentos cai igualmente no âmbito das responsabilidades do dono da obra. A lei em vigor explicita claramente que é da responsabilidade do dono da obra elaborar ou mandar elaborar o plano de segurança e saúde em projeto, bem como aprovar o desenvolvimento e as alterações do plano de segurança e saúde para a obra.

1.3. O plano de segurança e saúde em projeto

Neste ponto analisamos aquela que constitui a primeira etapa de elaboração dos planos de segurança e saúde. Como vimos anteriormente, ela é levada a cabo durante a fase de desenvolvimento do projeto de um empreendimento de construção.

No capítulo seguinte detalharemos os diversos aspetos do conteúdo de um plano de segurança e saúde em projeto, salientando desde já que nesta fase é sobretudo importante o levantamento das condições locais específicas, bem como dos riscos que haverá a minimizar no decurso dos futuros trabalhos de construção do empreendimento.

1.3.1. O trabalho no seio da equipa projetista

Em regra, os projetos desenvolvem-se por uma equipa projetista composta por especialistas em diferentes domínios. Se, por exemplo, pensarmos no caso do projeto de um edifício, facilmente enumeramos mais de uma dezena de especialidades, tais como a arquitetura, segurança e combate a incêndio, estabilidade e estruturas, redes prediais de água e esgotos, aquecimento, ventilação e ar condicionado, térmica, acústica, instalações elétricas, instalações telefónicas e redes estruturadas de dados, rede de gás combustível, arquitetura paisagista e arranjos exteriores, plano de resíduos da construção e demolições, etc.. Esta diversidade de vertentes de projeto ocorre em praticamente todos os empreendimentos. Mesmo no projeto de obras como estradas ou pontes, em que em regra nem sequer existe projeto de arquitetura, é necessário que coexistam diversas vertentes da engenharia.

A execução dos trabalhos em segurança é mais um ponto de vista a ter em consideração pela equipa projetista. De facto, os aspetos da segurança e proteção da saúde de todos os intervenientes nos trabalhos de construção que decorrerão no estaleiro, e mesmo durante a sua utilização e intervenções posteriores, também deverão ser tratados desde a fase de conceção e projeto. Na lei em vigor, segundo o artigo 4.º do Decreto-Lei n.º 273/2003, de 29 de outubro, prescreve-se que "a equipa de projeto deve ter em conta os princípios gerais de prevenção[2] de riscos profissionais consagrados no regime aplicável em matéria de segurança, higiene e saúde no trabalho".

A prática profissional mostra que a coordenação entre os especialistas nos vários domínios é essencial para a obtenção de um bom projeto de execução, ou seja, sem incompatibilidades, incoerências ou omissões, minimizando litígios em obra, derrapagens financeiras ou de prazo. Do mesmo modo, no seio da equipa projetista, os aspetos de segurança devem ser tratados por um designado Coordenador de Segurança da fase de projeto que, entre outros aspetos, zelará pela elaboração de um plano de segurança e saúde. As suas preocupações consistirão sobretudo na transmissão de informação válida para as fases posteriores, de modo a que ela seja do conhecimento de futuros intervenientes tais como a entidade executante e o coordenador de segurança em obra.

---

[2] Veja-se o ponto 1.3 do capítulo anterior.

A experiência mostra também que na maior parte dos empreendimentos, em particular nos de menor dimensão e nos de obras particulares, não existe qualquer coordenação de segurança na fase de projeto. Os planos de segurança e saúde em projeto consistem amiudadas vezes em documentos que são um aglomerado incoerente de fotocópias de casos anteriores, refletindo até necessidades específicas eventualmente dissonantes com o empreendimento em desenvolvimento.

1.3.2. O concurso da empreitada

Vimos em capítulo anterior que, uma vez realizado o projeto e tomada a decisão de avançar para a execução dos trabalhos de construção, o dono de obra poderá realizar um concurso para escolha da entidade executante.

A lei em vigor torna obrigatória a inclusão do plano de segurança e saúde (da fase de projeto) no âmbito dos documentos a apresentar aos concorrentes para a execução de uma empreitada. Com este procedimento ter-se-á como objetivo o conhecimento prévio dos aspetos de segurança relativos à realização dos trabalhos envolvidos. Assim os empreiteiros poderão ter em conta os encargos inerentes à implementação de medidas de segurança e saúde, incorporando os respetivos custos no preço de venda da sua proposta. O plano de segurança e saúde funcionará aqui do mesmo modo que umas especificações técnicas de projeto funcionam para a concretização da obra. Tomando um exemplo concreto no domínio da utilização de equipamento de proteção individual, o plano de segurança e saúde poderá impor que todo o equipamento a utilizar em obra cumpra as Normas Portuguesas ou Normas comunitárias constantes de listas de harmonização. Na adoção de determinado processo construtivo, as entidades executantes poderão assim implementar as respetivas medidas de segurança com a contabilização prévia de custos dos encargos previstos. Este procedimento de definição prévia, quer do que se pretende executar quer do modo como se executa, é a base de confiança (e de atuação de boa fé) entre qualquer dono de obra e o respetivo adjudicatário. Por outro lado, as entidades que coordenam e fiscalizam as obras no domínio da segurança não deverão dispor de um poder discricionário, pautando preferencialmente a sua atuação pelo cumprimento de regras definidas previamente na documentação apresentada em sede do procedimento de concurso.

O Decreto-Lei n.º 273/2003 de 29 de outubro, no seu artigo 8.º, distingue duas situações consoante a entidade dona da obra seja pública ou privada. Nas obras públicas, a legislação estipula que o plano de segurança e saúde seja "incluído pelo dono da obra no conjunto dos elementos que servem de base ao concurso" e posteriormente (uma vez escolhida a empresa adjudicatária) fique mesmo "anexo ao contrato de empreitada de obras públicas". Nas obras particulares, a documentação contratual é livremente escolhida entre os intervenientes mas a legislação refere que "o dono da obra deve incluir o plano de segurança e saúde no conjunto dos elementos que servem de base à negociação para que a entidade executante o conheça ao contratar a empreitada."

Note-se que a legislação mais recente no âmbito da contratação de obras públicas, o Código da Contratação Pública, consagra[3] o princípio já presente em legislação anterior de que "na falta de estipulação contratual, o empreiteiro tem obrigação de realizar todos os trabalhos que, por natureza, por exigência legal ou segundo o uso corrente, sejam considerados como preparatórios ou acessórios à execução da obra, designadamente..." os "trabalhos necessários para garantir a segurança de todas as pessoas que trabalhem na obra ou que circulem no respetivo local, incluindo o pessoal dos subempreiteiros e terceiros em geral, para evitar danos nos prédios vizinhos e para satisfazer os regulamentos de segurança, higiene e saúde no trabalho..."

1.4. O plano de segurança e saúde para a obra

Vimos que, na fase de concurso de uma empreitada, as potenciais entidades executantes têm a oportunidade de conhecer as questões relativas

---

[3] Veja-se o o artigo n.º 350 do Decreto-Lei n.º 18/2008, de 29 de janeiro, alterado pelo Decreto-Lei n.º 111-B/2017, de 31 de agosto e retificado pelas Declarações de Retificação n.º 36-A/2017, de 30 de outubro, e 42/2017, de 30 de novembro.

aos riscos existentes e necessidades no campo da segurança dos trabalhos através de um plano de segurança e saúde em projeto, elaborado no seio da equipa projetista.

Posteriormente, uma vez escolhida a empresa adjudicatária pelo dono da obra, esta terá de demonstrar as medidas que implementará no estaleiro para fazer face aos riscos existentes e garantir condições de segurança e saúde aos trabalhadores. Essa demonstração é feita através do desenvolvimento do designado plano de segurança e saúde para a obra.

O detalhe dos diversos aspetos do conteúdo de um plano de segurança e saúde para a obra será o objeto do capítulo seguinte. Nos pontos que se seguem abordaremos o processo de desenvolvimento e a sua aplicação em obra.

1.4.1. Desenvolvimento do plano

É através da comunicação de adjudicação que uma empresa construtora toma conhecimento que irá executar um dado empreendimento. Contudo essa empresa (que agora se designará como adjudicatária) não inicia de imediato os trabalhos de construção. De facto, a direção de obra que então será nomeada ainda terá de efetuar bastantes diligências entre as quais o planeamento das atividades, a afetação de equipamento e equipas de mão-de-obra, o lançamento de subempreitadas, etc.

No domínio da segurança, uma das tarefas primordiais previstas na lei para esta fase será o desenvolvimento do plano de segurança e saúde para a obra. Tal deverá ser levado a cabo pela direção da obra com a colaboração dos serviços de segurança da empresa adjudicatária.

1.4.2. Validação técnica e aprovação

O resultado do desenvolvimento atrás referido, ou seja, o plano de segurança e saúde para a obra, será submetido à apreciação da coordenação de segurança em obra. Caso esse plano se revele adequado, a coordenação de segurança deverá emitir um parecer validando-o tecnicamente. Seguidamente, e com base nesse parecer, o dono da obra deverá aprová-lo.

A aprovação do plano de segurança e saúde para a obra deverá ser comunicada formalmente (por escrito) à entidade executante. Só então a entidade executante poderá iniciar a implantação do estaleiro[4] e o dono da obra deve mesmo impedir que a entidade executante o faça sem essa aprovação[5].

Esta aprovação está ainda ligada a uma questão formal, no domínio da contabilização do prazo fixado no contrato para a execução dos trabalhos. De facto, segundo o Decreto-Lei n.º 273/2003, de 29 de outubro o prazo não começa a correr antes que o dono da obra comunique à entidade executante a aprovação do plano de segurança e saúde.

1.4.3. O licenciamento das obras

No âmbito do licenciamento das obras e em diversos pedidos de emissão de alvarás de licença de operações urbanísticas, nomeadamente os relativos a obras de edificação ou de urbanização previstas no Regime Jurídico da Urbanização e Edificação[6], o dono da obra deverá apresentar ao presidente do respetivo município um requerimento instruído com diversos elementos considerados importantes para o efeito. No nosso enquadramento jurídico os planos de segurança e saúde incorporaram pela primeira vez essa lista de elementos através da Portaria 1105/2001, de 18 de fevereiro, entretanto substituída pela Portaria n.º 216-E/2008, de 3 de março. Atualmente, os alvarás cujos pedidos de emissão são obrigatoriamente instruídos com um plano de segurança e saúde são os relativos a obras de urbanização (artigo 1.º da supracitada Portaria), obras

---

[4] Veja-se o n.º 1 do artigo 13.º do Decreto-Lei n.º 273/2003, de 29 de outubro.

[5] Veja-se o n.º 2 do artigo 13.º do Decreto-Lei n.º 273/2003, de 29 de outubro.

[6] Estabelecido pelo Decreto-Lei n.º 555/99, de 16 de dezembro, na redação que lhe foi conferida pelo Decreto-Lei n.º 66/2019, de 21 de maio (16.ª alteração).

de edificação (artigo 3.°), obras de demolição (artigo 4.°) e trabalhos de remodelação de terrenos (artigo 5.°). Uma vez que se trata de pedidos para a emissão de alvarás de licenciamento de obras, os planos de segurança e saúde que instruem os processos deveriam reportar-se à fase de obra e não a planos de segurança e saúde em projeto. Note-se, no entanto, que a Portaria atrás referida não o refere explicitamente e as entidades licenciadoras não efetuam qualquer tipo de exigência nesse sentido. Aliás, as entidades licenciadoras não analisam sequer estes elementos, aceitando em regra um qualquer documento que, na folha de rosto, se denomine de plano de segurança e saúde. Note-se que no que afirmámos não existe qualquer tipo de crítica às entidades licenciadoras. Apenas verificamos que, na prática, grande parte dos planos de segurança e saúde que são realizados (especialmente para obras particulares) consistem em meras fotocópias de planos relativos a outros empreendimentos.

O que escrevemos no parágrafo anterior aplica-se igualmente à Portaria n.° 113/2015, de 22 de abril, que contém a indicação dos elementos instrutores dos pedidos de realização de operações urbanísticas atualizando a Portaria n.° 232/2008, de 11 de março. No seu Anexo I prescreve-se a necessidade de entrega de um Plano de Segurança e Saúde nas "comunicações prévias" de operações de loteamento (n.° 19), nas obras de urbanização (n.° 20), na modelação de terrenos (n.° 21), obras de edificação (n.° 22), obras de demolição (n.° 23) e outras (n.° 24). Note-se que estas "comunicações prévias" não têm nada a ver com as previstas no Decreto-Lei n.° 273/2003, de 29 de outubro, tratando-se na realidade de um dos procedimentos tipificados no processo de licenciamento.

1.4.4. A aplicação em obra

Antes da aprovação do plano de segurança e saúde para a execução da obra é absolutamente interdita a realização de qualquer trabalho no local do futuro estaleiro (e obra). A legislação em vigor responsabiliza claramente os dois principais intervenientes nesta fase de um empreendimento (dono de obra e empreiteiro) por qualquer incumprimento neste domínio. Assim, o artigo 13.º do Decreto-Lei n.º 273/2003, de 29 de outubro, refere explicitamente que "a entidade executante só pode iniciar a implantação do estaleiro depois da aprovação pelo dono da obra do plano de segurança e saúde para a execução da obra". Por outo lado refere que "o dono da obra deve impedir que a entidade executante inicie a implantação do estaleiro sem estar aprovado o plano de segurança e saúde para a execução da obra". Note-se que as consequências destas prescrições são muito vastas incluindo, por exemplo, a necessidade da existência prévia de um coordenador de segurança em obra, de modo a possibilitar a validação técnica desse plano de segurança e saúde para a obra.

Uma vez aprovado pela entidade dona da obra e com o início dos trabalhos, o plano de segurança e saúde deverá manter-se no estaleiro para que possa ser objeto de consulta por todos os intervenientes incluindo a própria Autoridade para as Condições do Trabalho. Em qualquer ocasião e no âmbito das suas competências de fiscalização no domínio esta autoridade pode exigir a apresentação na obra do respetivo plano de segurança e saúde.

Os subempreiteiros e trabalhadores independentes que venham a ser contratados para a execução dos trabalhos tomarão conhecimento do plano de segurança e saúde para a obra antes da respetiva intervenção no estaleiro. A legislação obriga mesmo a que, nos contratos celebrados com a entidade executante ou o dono da obra, exista a menção do dever de cumprimento do plano de segurança e saúde por parte dos subempreiteiros e trabalhadores independentes[7].

Como grande parte das obras são bastante dinâmicas sujeitas a situações imponderáveis tais como atrasos ou modificações de frentes de trabalho, decorrentes muitas vezes de fatores exógenos como as condições meteorológicas, há que ter em conta que o plano de segurança e saúde para a obra terá que acompanhar essas alterações. Contudo, é importante que a coordenação de segurança veja a obra dominada em antecipação,

---

[7] Veja-se o n.º 4 do artigo 13.º do Decreto-Lei n.º 273/2003 de 29 de outubro.

tendo-se em conta aspetos como o planeamento dos trabalhos, a previsão de equipamentos de produção, as instalações sociais e administrativas, os conflitos com a circulação no estaleiro e na sua envolvente, etc. Tal antecipação deverá ser feita com um horizonte temporal razoável, apelando-se também ao bom senso da coordenação de segurança em obra. As alterações ao plano de segurança e saúde para a obra devem cumprir as formalidades de validação técnica e aprovação anteriormente referidas.

2. A Coordenação de Segurança

Vimos no início deste capítulo que existem duas vertentes fundamentais para a implementação de segurança nas obras. Já analisámos a vertente documental, traduzida na elaboração dos planos de segurança e saúde. Neste ponto analisamos a outra vertente, a coordenação de segurança, que tem sobretudo a ver com a verificação do cumprimento desses planos e da legislação de segurança e saúde no trabalho da construção.

A coordenação de segurança deverá decorrer na fase de projeto e na fase de obra e as suas funções deverão ser desempenhadas por técnicos com formação específica no domínio.

2.1. Coordenação de segurança em projeto

Conforme prescrição legal, nomeadamente através do artigo 9.º do Decreto-Lei n.º 273/2003, de 29 de outubro, a coordenação de segurança poderá ser necessária logo a partir da fase de projeto.

De facto, segundo o n.º 1 do artigo supracitado, o dono da obra deverá nomeá-la caso se verifique uma ou mais das seguintes condições:

• Projeto elaborado por mais que um elemento (uma equipa projetista) e com opções arquitetónicas e escolhas técnicas implicando "complexidade técnica para a integração dos princípios gerais de prevenção de riscos profissionais";

- Projeto elaborado por mais que um elemento (uma equipa proje-tista) e prevendo trabalhos que envolvam riscos especiais na sua execução;
- Execução da obra por duas ou mais empresas, nomeadamente a entidade executante (empreiteiro geral) e subempreiteiros.

A primeira condição é passível de uma avaliação discricionária, uma vez que a "complexidade técnica" pode ser maior ou menor de acordo com as idiossincrasias de cada um. Por outro lado, conforme vimos em capítulo anterior, os trabalhos de construção envolvem geralmente riscos especiais e na execução da obra participam em regra um empreiteiro geral e diversos subempreiteiros. Então, à semelhança do que acontece com a obrigatoriedade de elaborar planos de segurança e saúde verificamos aqui também que são raros os empreendimentos nos quais, à luz da lei, é dispensável a coordenação de segurança na fase de projeto.

Apesar da importância que na legislação é atribuída à coordenação de segurança em projeto, na prática não há qualquer exigência formal ou mecanismo de controlo para o seu exercício efetivo.

2.2. Coordenação de segurança em obra

Para a fase de obra a lei prescreve, no número 2 do artigo 9.º, que o dono da obra deve nomear um coordenador de segurança se nela intervierem duas ou mais empresas incluindo a entidade executante e subempreiteiros. Verifica-se assim que a coordenação de segurança em obra será obrigatória em praticamente todos os casos.

2.3. Nomeação dos coordenadores de segurança

O exercício da atividade de coordenação de segurança, seja em projeto seja em obra, envolve grande responsabilidade pelo que a nomeação de um determinado técnico e a respetiva assunção de funções devem ser objeto de declarações escritas.

Independentemente de questões contratuais subjacentes, o dono da obra deverá emitir uma declaração escrita a nomear a coordenação de segurança. Por outro lado, o coordenador de segurança deverá emitir declaração de aceitação[8] identificando inequivocamente o empreendimento em causa, os recursos a afetar à sua atividade e a referência à obrigatoriedade de cooperação com os coordenadores de segurança quer se trate de intervenientes na fase de elaboração do projeto, quer na fase de execução dos trabalhos em obra. Na fase de projeto, as declarações referidas devem ser comunicadas aos restantes membros da equipa de projeto. Na fase de obra devem ser comunicadas à fiscalização da obra e à entidade executante, que as deve transmitir através da cadeia de subcontratação e afixá-las no estaleiro, em local bem visível.

Formalmente, a coordenação de segurança pode ser exercida por uma pessoa coletiva, como por exemplo uma empresa de prestação de serviços no domínio. Neste caso identificar-se-á qual é o técnico que assegura efetivamente o seu exercício e funções.

Caso a coordenação de segurança esteja acometida a vários técnicos, por exemplo num empreendimento de grande dimensão, especificar-se-á qual o objetivo da coordenação e as funções de cada um deles.

2.4. Incompatibilidades no exercício de funções

Um dos aspetos importantes para o exercício das funções de coordenação de segurança tem a ver com a necessidade de separação entre as atividades e responsabilidades de coordenação de segurança e a execução dos trabalhos, tendo-se em vista garantir que as circunstâncias da execução não se sobrepõem à segurança dos trabalhos.

Esse aspeto encontra-se explicitado de uma forma muito clara na legislação (número 6 do artigo 9.º do Decreto-Lei n.º 273/2003, de 29 de outubro) segundo o qual, "o coordenador de segurança em obra não pode intervir na execução da obra como entidade executante, subempreiteiro,

---

[8] Veja-se o n.º 3 do artigo 9.º do Decreto-Lei n.º 273/2003 de 29 de outubro.

trabalhador independente na aceção do presente diploma ou trabalhador por conta de outrem, com exceção, neste último caso, da possibilidade de cumular com a função de fiscal da obra".

Nas obras em que a entidade executante é simultaneamente dona da obra, como é o caso das empresas construtoras de imóveis para venda, não é possível cumprir este princípio com rigor. Embora formalmente o dono da obra possa contratar a coordenação de segurança a um técnico ou empresa de prestação de serviços exterior, em princípio isenta, restará sempre uma relação algo promíscua dado que a entidade (dona da obra) que paga esse serviço é a entidade (executante) objeto de fiscalização no âmbito desse serviço.

2.5. Qualificação da coordenação de segurança

É consensualmente aceite que a atividade de coordenação de segurança necessita de formação adequada. Em [Fernandes et al. 2007] reconhece-se que essa formação "é indispensável a dois níveis: a formação no âmbito da área construção propriamente dita, integrada nos currículos dos cursos de engenharia e de arquitetura, enquanto formação de base destes profissionais do sector da construção; a formação no âmbito da Higiene e Segurança, funcionando como cursos complementares dos primeiros." Esse aspeto, juntamente com a respetiva qualificação, ainda se encontra por resolver, apesar do Decreto-Lei n.° 273/2003, de 29 de outubro, explicitar claramente que "a atividade de coordenação de segurança, em projeto ou em obra, deve ser exercida por pessoa qualificada, nos termos previstos em legislação especial"[9]. Tal falha decerto não ocorre por falta de investigação. Já anteriormente, em 1999, o IDICT Instituto de Desenvolvimento e Inspeção das Condições de Trabalho tinha publicado (veja-se IDICT 1999) uma análise comparativa da formação de coordenadores de segurança em vários países da União Europeia, bem como de um projeto-

---

[9] Segundo o n.° 3 do artigo 9.° do Decreto-Lei n.° 273/2003, de 29 de outubro.

-piloto europeu. Em 2001, o mesmo grupo de trabalho publicou (veja-se SANTOS et al. 2001) uns estudos com o mesmo objetivo.

Com a entrada em vigor da legislação supracitada realizou-se, em dezembro de 2003, um colóquio sobre o tema "coordenação de segurança na Construção: que rumo?" (veja-se SANTOS et al. 2003). Este colóquio teve ampla participação de técnicos e empresas da construção tendo sido anunciada para breve a publicação da regulamentação referente à qualificação dos Coordenadores de Segurança. Efetivamente essa regulamentação, sob a forma de Projeto de Decreto-Lei, foi submetida a consulta pública no Boletim do Trabalho e Emprego em 2004 (separata n.º 5, de 13 de abril), mas nunca chegou a ser promulgada.

Mais tarde, através do Despacho Conjunto n.º 257/2006, de 24 de fevereiro, do Ministério das Obras Públicas Transportes e Comunicações e do Ministério Do Trabalho e da Solidariedade Social, (publicado no Diário da República n.º 53, 2.ª série, de 15 de março de 2006) o Governo criou um grupo de trabalho com o objetivo de proceder à revisão do quadro legal vigente em matéria de segurança, higiene e saúde no trabalho de execução de obras. Este Despacho concedia quatro meses para a saída de legislação no domínio. Embora não se tenha atingido a consecução desse objetivo foi conhecida uma proposta de projeto de Decreto-Lei publicada no n.º 16 de 2008 da revista trimestral da Ordem dos Engenheiros Região Norte, resultante de reuniões entre a Comissão Executiva e a Comissão de Acompanhamento e incluindo a Ordem dos Engenheiros, a Ordem dos Arquitetos, A Associação Nacional dos Engenheiros Técnicos e a Associação Portuguesa de Segurança e Higiene do Trabalho.

Posteriormente, com a mesma génese, mas com algumas alterações importantes, foi publicado na separata n.º 2 do Boletim de Trabalho e Emprego (BTE), de 05 de junho de 2009, um projeto de Decreto Lei visando regular o exercício da atividade de coordenação em matéria de segurança e saúde na construção. Algumas das suas prescrições têm sido muito contestadas. A restrição ao exercício de funções de coordenação de segurança a técnicos com cursos na área da construção (engenheiros civis, arquitetos) colide com as aspirações de licenciados em cursos superiores de segurança e higiene no trabalho. Também é contestável a exigência de qualificações no âmbito da Diretiva Quadro (para o exercício das profissões de técnico superior de segurança e higiene do trabalho e de técnico de segurança e higiene do trabalho[10]) quando o que está em causa é a formação específica e qualificação no âmbito da Diretiva Estaleiros. Entretanto a Lei n.º 31/2009, de 3 de julho[11], que veio aprovar o regime jurídico estabelecendo a qualificação profissional exigível aos técnicos responsáveis pela elaboração e subscrição de projetos, fiscalização e direção de obra, apesar de reconhecer a existência dos coordenadores de segurança[12], não estabelece quais as suas qualificações.

Na prática, esta situação de indefinição e vazio legal tem vindo a avolumar problemas no meio técnico da construção. Salientamos a existência de titulares de cursos completamente alheios à indústria da construção, inclusivamente da área humanística, que têm vindo a exercer atividade no domínio. Por outro lado, nalgumas obras públicas, a prestação de serviços de coordenação de segurança em obra, tem sido restringida a técnicos superiores de higiene e saúde no trabalho.

3. A Comunicação Prévia

Referimos anteriormente que a principal documentação de segurança da obra se traduz na existência de um plano de segurança e saúde. Um outro documento a que a legislação atribui alguma importância é a "comunicação prévia" da abertura do estaleiro.

Esta comunicação tem como principal objetivo informar a Autoridade para as Condições do Trabalho que, num determinado local, se vão desenrolar trabalhos de construção, atividade que a priori apresenta bastantes riscos e uma sinistralidade laboral elevada. Já verificámos anteriormente[13] que a obrigatoriedade da sua entrega à ACT – Autoridade para as Condi-

---

[10] Veja-se a Lei n.º 42/2012, de 28 de agosto.
[11] Alterada pela Lei 40/2015, de 1 de junho, e pela Lei 25/2018, de 14 de Junho.
[12] Vejam-se as alíneas f) do n.º 1 dos artigos 9.º e 16.º.
[13] Veja-se o ponto 1.1 deste capítulo.

ções de Trabalho é função da dimensão da obra, em termos de duração e mão-de-obra empregue e que, na prática, apenas as pequenas obras estão isentas de comunicação prévia.

Um outro aspeto não menos importante da comunicação prévia é a necessidade de anexar a identificação dos responsáveis pela obra em todos os domínios (dono da obra, fiscais, diretor técnico, representante da entidade executante, responsável pela direção técnica da obra), sendo a assunção de responsabilidade feita através de declarações assinadas pelos referidos intervenientes. Em GONELHA e SALDANHA 2006 mostram-se diversas minutas dessa documentação.

A comunicação prévia deve também referir as datas previstas para início e termo dos trabalhos, a estimativa do número máximo de trabalhadores por conta de outrem e independentes que estarão presentes em simultâneo no estaleiro, ou do somatório dos dias de trabalho prestado por cada um dos trabalhadores, a estimativa do número de empresas e de trabalhadores independentes a operar no estaleiro e a identificação dos subempreiteiros já selecionados.

Como o próprio nome indica, a comunicação prévia efetua-se antes da abertura do estaleiro, sendo o dono da obra responsável por essa diligência, devendo datá-la e assiná-la. Na prática será a coordenação de segurança em obra a diligenciar a sua entrega inicial bem como a de sucessivas alterações relativas aos dados da obra e das diversas entidades a operar no estaleiro. Constitui uma obrigação da entidade executante afixar cópias da comunicação prévia e das suas atualizações em local bem visível do estaleiro. O local preferencial é a portaria da obra, no qual a comunicação prévia surge ao lado de documentação como o horário de trabalho, cópia da licença de construção, etc.

4. A Compilação Técnica

Uma vez executadas as obras de um empreendimento, este terá uma vida útil que se poderá prolongar por várias dezenas de anos. Ao longo desse tempo ocorrerão trabalhos de manutenção, de reabilitação e até de modificação da obra original. Para que os trabalhos referidos possam decorrer com maior segurança dever-se-á preservar um conjunto de elementos técnicos que contenham informações sobre a obra construída. O conjunto de peças escritas e desenhadas que é reunido tendo em vista a realização de operações de manutenção, ou obras futuras de alteração do existente, em maior segurança denomina-se de "compilação técnica". Note-se que o simples conhecimento daquilo que efetivamente foi executado permitirá simplificar a manutenção e obras futuras. Tratar-se-á portanto de algo semelhante às telas finais da obra mas vocacionado essencialmente para as questões da segurança na execução dos trabalhos atrás referidos. A elaboração da compilação técnica inicia-se na fase de projeto[14].

Posteriormente, durante a fase de execução da obra, o coordenador de segurança dessa fase irá concluí-la[15].

Na prática é corrente chegar-se à fase de execução dos trabalhos de um empreendimento sem que existam os elementos iniciais da compilação técnica da fase de projeto, ou sem que exista a definição dos elementos a entregar pela entidade executante durante a obra. Note-se que a entrega de qualquer documentação durante a obra (telas finais, por exemplo) envolve custos que deverão ser previstos anteriormente ao concurso, para que possam ser incorporados no respetivo caderno de encargos. Na ausência de qualquer especificação prévia desses elementos, caberá ao coordenador de segurança em obra a definição dos elementos relevantes a incorporar na compilação técnica.

O conteúdo detalhado da compilação técnica é referido na legislação de uma forma relativamente explícita, através do n.º 2 do artigo 16.º do Decreto-Lei n.º 273/2003, de 29 de outubro. Em primeiro lugar, pretende-se que sejam identificados os diversos intervenientes, nomeadamente o dono da obra, o autor ou autores do projeto, os coordenadores de segurança em projeto e em obra, a entidade executante e os subempreiteiros

---

[14] Veja-se a alínea d) do n.º 1 do artigo 19.º do Decreto-Lei n.º 273/2003, de 29 de outubro.

[15] Idem, na alínea n) do n.º 2.

ou trabalhadores independentes com intervenções relevantes na obra. Será assim possível, numa fase ulterior, obter informação em falta, ou o próprio testemunho dos intervenientes.

No campo da documentação salientam-se as informações técnicas com base no projeto, incluindo as memórias descritivas. Os elementos de projeto deverão referir-se à fase de execução, no formato de telas finais relativas às diversas especialidades. Caso se trate de um edifício, por exemplo, dever-se-ão então incluir elementos como as estruturas, redes de aquecimento, ventilação e ar condicionado (AVAC), instalações elétricas incluindo trajetos de cablagens e tubagens, redes de águas e esgotos, etc. Relativamente aos equipamentos instalados cuja utilização, conservação ou manutenção possa acarretar riscos deverá compilar-se documentação que inclua esquemas de funcionamento, características e especificações técnicas, instruções de uso, manuais para manutenção. É o caso de instalações eletromecânicas, como por exemplo os elevadores, as unidades de tratamento de ar (UTA) ou de refrigeração (por exemplo *chillers*), equipamentos de pressurização de água ou de bombagem de esgoto, caldeiras de aquecimento, etc.

Finalmente, a compilação técnica deverá incluir elementos relativamente a locais da obra edificada onde a acessibilidade ou a circulação de trabalhadores comporte riscos. Na planificação da segurança e saúde para trabalhos futuros considera-se útil o conhecimento da localização de pontos de fixação de linhas de vida, a definição de acessos para locais da cobertura apresentando risco agravado de queda em altura, etc.

Durante a execução de obras futuras (realizadas na fase de utilização do empreendimento), caso os trabalhos efetuados afetem as suas características no que diz respeito às condições de execução de trabalhos ulteriores, dever-se-á atualizar o conteúdo da compilação técnica. Cabe ao dono da obra obter a informação técnica prévia sobre quais serão os elementos relevantes a alterar ou incorporar, bem como zelar pela referida atualização.

O fornecimento dos elementos necessários à elaboração da compilação técnica da obra, constitui uma obrigação da entidade executante. Enquanto essa entidade não os fornecer, o dono da obra pode tomar a medida coerciva de recusar a receção provisória da obra, situação que se encontra prevista na lei.

5. As Fichas de Procedimentos de Segurança

As obras nem sempre têm uma dimensão que obrigue à execução de um plano de segurança e saúde e que, como vimos, é aferida pelo prazo ou quantidade de mão-de-obra empregue. Contudo, o facto de uma obra ser pequena não implica a inexistência de trabalhos que impliquem riscos, em particular os designados como riscos especiais, já analisados em capítulo anterior. anterior[16]. Assim sendo, nesses casos, deverá existir documentação em que são avaliadas as condicionantes do local e as atividades previstas para a obra tendo em vista a prescrição de medidas de prevenção e de minimização de riscos para os trabalhadores.

Tal documentação encontra-se prevista na lei e tem a designação de "fichas de procedimentos de segurança". A sua elaboração compete à entidade executante devendo assegurar que delas devem dar conhecimento e acesso, no estaleiro, a todos os subempreiteiros e trabalhadores independentes. No decurso de uma ação inspetiva, a ACT – Autoridade para as Condições de Trabalho pode exigir a sua apresentação.

Em termos de conteúdo, para além da identificação da obra, sua caracterização, duração, e identificação dos intervenientes no estaleiro, as fichas devem relevar os aspetos relacionados com as questões de segurança que se referem nos parágrafos seguintes[17].

As fichas conterão a caracterização do local da obra, a sua envolvente e condicionantes para o estaleiro. Um levantamento prévio permitirá analisar as características geológicas, hidrológicas e geotécnicas do terreno, aferir a existência de redes técnicas aéreas ou subterrâneas, verificar a existência de atividades em curso no local que possam entrar em conflito com a execução dos trabalhos e a necessidade de prevenir riscos profissionais.

---

[16] Veja-se o ponto 2.2 do capítulo 3.

[17] Veja-se o artigo 14.º do Decreto-Lei n.º 273/2003, de 29 de outubro.

Num outro registo, a que atribuímos igualmente grande importância, as fichas conterão as próprias medidas de prevenção a adotar tendo em conta os trabalhos a realizar e os respetivos riscos. Se a obra for, por exemplo, a pintura da fachada de um edifício, existirá o risco de queda em altura minimizável através da utilização de andaimes de segurança. Se a fachada for confinante com a via pública ter-se-á também em conta a necessidade de utilizar, no lado exterior, redes verticais de malha apertada ou telas de modo a proteger pessoas e bens da eventual queda de materiais ou ferramentas.

Finalmente, as fichas conterão também procedimentos a adotar em situações de emergência.

A validação técnica é feita pelo coordenador de segurança em obra propondo eventuais alterações à entidade executante.

O dono da obra deverá assegurar que a entidade executante não inicia a implantação do estaleiro sem que disponha de fichas de procedimentos de segurança tecnicamente válidas.

Estas fichas deverão ser mantidas no estaleiro, acessíveis a todos os intervenientes.

CAPÍTULO 6

O PLANO DE SEGURANÇA E SAÚDE

Aquele que não prevê as coisas longínquas
expõe-se a desgraças próximas.

Confúcio

No capítulo anterior vimos que a segurança é implementada nos estaleiros de obras segundo duas vertentes fundamentais e complementares: a documental, traduzida sobretudo na elaboração do plano de segurança e saúde; a humana, refletindo preocupações de conceção, acompanhamento e fiscalização, sendo realizada através da coordenação de segurança. Na maior parte dos casos ambas as vertentes coexistem na fase de projeto e de obra.

Deixamos a análise das questões relativas à coordenação de segurança para um capítulo posterior. Trataremos aqui dos aspetos ligados à elaboração e conteúdo de um plano de segurança e saúde. Embora se considerem duas fases distintas para esses planos, com a produção de cada um dos respetivos documentos formais (projeto *versus* obra), veremos que é essencial ter em mente o cariz evolutivo desta documentação.

1. Elaboração do Plano da Fase de Projeto

Na fase de projeto dever-se-á elaborar um plano de segurança e saúde tendo como base os aspetos que encontram prescritos no artigo 6.º do

135

Decreto-Lei n.º 273/2003, de 29 de outubro e que acompanharemos deta-lhadamente nos pontos seguintes.

1.1. Definições do projeto

As definições do projeto marcam indelevelmente todas as necessidades de segurança da execução de uma obra. Essa perspetiva é transversal à legislação em vigor prescrevendo-se que o plano de segurança e saúde da fase de projeto "deve ter como suporte as definições do projeto da obra e as demais condições estabelecidas para a execução da obra que sejam relevantes para o planeamento da prevenção dos riscos profissionais"[1].

Na verdade, verifica-se que grande parte do problema de segurança e saúde na construção é ditado à partida, sobretudo pelo tipo de obra e pelas condições existentes no local dos trabalhos. Quer num caso quer no outro, uma atuação na fase de projeto em prol da segurança pode trazer resultados significativos. Há, contudo, outros aspetos a ter em conta tais como as especificações sobre a organização e programação da obra ou as dificuldades que se colocam quando várias entidades executantes realizam partes dela.

Analisemos de seguida essas questões com maior detalhe.

1.1.1. O tipo de obra

O tipo de obra influencia bastante a dimensão dos riscos e os acidentes que podem ocorrer. Assim, "o tipo da edificação, o uso previsto, as opções arquitetónicas, as definições estruturais e das demais especialidades"[2], são elementos relevantes para a elaboração do plano de segurança e saúde em projeto.

---

[1] No n.º 1 do artigo 6.º do Decreto-Lei n.º 273/2003, de 29 de outubro.

[2] Segundo a alínea a) do n.º 1 do artigo supracitado.

No que respeita à sinistralidade mais grave, vimos em capítulo anterior que existe uma preponderância de causas, recorrentes nas últimas décadas, como a queda em altura, o esmagamento ou o soterramento. Estas causas denotam a execução de obras de raiz em vários tipos de infraestruturas, onde se salientam não só as obras de arte em vias de comunicação mas também novos edifícios. É natural que nos próximos anos, com a existência de uma maior atividade na área da reabilitação, se altere a tipologia dos acidentes bem como o seu número, à semelhança do que ocorre nos países do Norte da Europa.

Em qualquer dos casos pretende-se aqui salientar que antes da fase de obra, ainda na fase de projeto, é possível elencar uma série de riscos específicos, passíveis de ocorrerem e permitindo perspetivar desde logo medidas para a sua prevenção.

O acompanhamento das diversas opções e a intervenção do coordenador de segurança no seio da equipa projetista, conjuntamente com a análise das peças escritas e desenhadas permitirão compreender os aspetos relativos à definição da obra. As soluções técnicas preconizadas, bem como os produtos e materiais a utilizar, fornecerão igualmente dados relevantes para a prevenção de riscos profissionais a incluir no plano de segurança e saúde em projeto.

1.1.2. As condições existentes no local

As condições locais da futura obra também são muito importantes para o planeamento da prevenção dos riscos profissionais. A legislação supracitada refere explicitamente "as características geológicas, hidrológicas e geotécnicas do terreno, as redes técnicas aéreas ou subterrâneas, as atividades que eventualmente decorram no local ou na sua proximidade e outros elementos envolventes que possam ter implicações na execução dos trabalhos"[3].

---

[3] Alínea b) do n.º 1 do artigo 6.º do Decreto-Lei n.º 273/2003, de 29 de outubro.

Em primeiro lugar estes aspetos influenciam a conceção da obra projetada e os processos construtivos a adotar, logo, têm uma influência determinante no plano de segurança e saúde.

Mais ainda, a informação obtida durante a fase de projeto relativamente às condições locais pode ser particularmente útil para tratar alguns aspetos relativos à segurança e saúde para a fase de execução dos trabalhos, incluindo a própria conceção do estaleiro por parte da futura direção de obra. Ao incorporarmos esta informação no plano de segurança e saúde em projeto possibilitaremos, por exemplo, uma conceção mais célere e correta das redes provisórias do estaleiro elementos que, como veremos mais adiante, são de elaboração obrigatória no âmbito do plano de segurança e saúde da fase seguinte.

1.1.3. A organização e programação da obra

A legislação obriga a que o plano de segurança e saúde da fase de projeto contenha "as especificações sobre a organização e programação da execução da obra a incluir no concurso da empreitada"[4].

De facto, em determinadas obras a organização e programação da execução tem que cumprir diretrizes do dono de obra. Outras são condicionadas pelas pré-existências ou por processos construtivos impostos pelo projeto. Um exemplo será a execução de uma nova estrada prevendo um nó rodoviário em que há que compatibilizar condições de circulação da obra e dos utentes da via pré-existente. Outro exemplo será a execução de uma ponte em que a conceção e projeto estão intimamente ligados aos processos construtivos a adotar e estes pressupõem uma dada programação ou uma determinada sequência das operações de construção.

---

[4] Segundo a alínea c) do n.º 1 do artigo supracitado.

1.1.4. A atuação simultânea de várias entidades executantes

O plano de segurança e saúde da fase de projeto também deverá incluir "as especificações sobre o desenvolvimento do plano de segurança e saúde quando várias entidades executantes realizam partes da obra"[5].

Na maior parte dos casos da indústria da construção, a execução de uma obra fica a cargo de uma entidade executante, o denominado empreiteiro geral[6], que contrata vários subempreiteiros e trabalhadores independentes. Trata-se de uma situação em que o plano de segurança e saúde para a obra será desenvolvido pelo empreiteiro geral a partir de um plano de segurança e saúde em projeto.

No entanto pode ocorrer a atuação de diferentes entidades executantes em diferentes fases de um empreendimento, realizando assim sucessivas empreitadas parciais. O plano de segurança e saúde em projeto deverá contemplar esse faseamento. Posteriormente, o desenvolvimento do plano de segurança e saúde para a obra deverá focar sobretudo a fase (ou empreitada parcial) em que cada entidade executante atua.

Será mais complexa a situação em que exista mais que uma entidade executante a atuar em simultâneo numa dada obra. Os aspetos importantes, a incluir no plano de segurança e saúde da fase de projeto, serão a definição das diversas frentes de trabalho e das responsabilidades inerentes ao desenvolvimento dos respetivos planos de segurança e saúde para a obra. Existindo frentes de trabalho claramente distintas, como no caso da execução de uma obra de arte numa estrada de grande desenvolvimento longitudinal, os problemas de coordenação serão menores. Existindo atuação de diversas entidades executantes num espaço de obra mais restrito, avolumar-se-ão os problemas e a concomitante necessidade de uma coordenação eficaz da atuação dos empreiteiros e da execução destes planos.

---

[5] Alínea d) do n.º 1 do artigo 6.º do Decreto-Lei n.º 273/2003, de 29 de outubro.

[6] Veja-se o Decreto-Lei n.º 69/2011 de 15 de junho, alterando o Decreto-Lei n.º 12/2004, de 9 de janeiro.

1.2. Riscos evidenciados e medidas preventivas

O acompanhamento da fase de elaboração do projeto permitirá conhecer não só os aspetos gerais mas também os detalhes relativamente aos trabalhos previstos para a fase de execução dos trabalhos tendo em vista a consecução de um empreendimento. Assim sendo, um trabalho essencial na elaboração do plano de segurança e saúde em projeto consistirá na listagem e análise dos riscos evidenciados desde o projeto, transmitindo-se essa informação para a fase de execução, bem como a indicação das respetivas medidas preventivas a adotar.

Nos pontos seguintes veremos o que se encontra previsto no n.º 2 do artigo 6.º do Decreto-Lei n.º 273/2003, de 29 de outubro.

1.2.1. Os tipos de trabalho a executar

Os "tipos de trabalho a executar"[7], que se conhecem diretamente do processo de conceção e projeto ou dos próprios elementos escritos e desenhados, permitem estabelecer relações diretas entre os riscos associados à sua execução e as medidas para a sua minimização ou prevenção.

A deteção dos perigos latentes e a subsequente avaliação dos riscos podem seguir diversas metodologias, contudo, a simples análise das atividades e das operações de construção previstas permitirá, na maior parte dos casos, pensar em medidas de prevenção ou minimização dos riscos. Como exemplo corrente podemos apontar a construção de um edifício e a sua estrutura em elevação. Durante a sua execução existirão trabalhos como a colocação da cofragem, a montagem das armaduras e a betonagem, nos quais se evidenciam riscos como a queda em altura. As medidas a adotar poderão incluir a utilização de equipamento de proteção coletiva como redes horizontais ou verticais (por exemplo do tipo forca) e, em acréscimo, a utilização de equipamento de proteção individual como arneses ligados a uma linha de vida.

---

[7] Veja-se a alínea a) do n.º 2 do artigo 6.º da legislação supracitada.

No desenvolvimento de planos de segurança e saúde podemos utilizar esquemas de inventariação de riscos, cumprindo por exemplo o que se encontra estabelecido no número 1 da Portaria n.º 988/93, de 6 de outubro, relativa a equipamento de proteção individual. A figura 6.1 mostra a sua aplicação ao caso de um montador de andaimes.

Riscos Físicos		Partes do Corpo														EPI	Norma(s)
		Cabeça						Membros superiores		Membros inferiores		Diversos					
		Crânio	Ouvidos	Olhos	Vias respiratórias	Rosto	Cabeça inteira	Mão	Braço	Pé	Perna	Pele	Tronco	Via parentérica	Corpo inteiro		
Mecânicos	Quedas de grande altura														X	Arnês anti-queda	EN 361:2002
	Choques, golpes, impactos, compressões						X									Capacetes de protecção	EN 397/A1:2000
								X								Luvas de protecção	EN 388:2003
										X						Calçado de protecção	EN ISO 20 346:2004
	Perfurações, cortes, abrasões														X	Vestuário de protecção	NP EN 340:2005

Figura 6.1. Inventariação de riscos relativos à atividade de um montador de andaimes. Expansão do quadro patente no Anexo I da Portaria 988/93, de 6 de outubro, incluindo o EPI a utilizar e a Norma aplicável.

Nesse caso, entre outro equipamento necessário à montagem de andaimes, o arnês anti queda (fotografia 6.1) assume particular importância como equipamento de proteção individual específico dessa atividade.

Embora o supracitado esquema indicativo seja adequado à escolha de proteção individual, na prática também podemos utilizar um esquema semelhante para a escolha de equipamento de proteção coletiva.

Outra vertente de trabalho que consideramos importante consiste na análise dos riscos inerentes à utilização de determinado equipamento de produção. Ainda que estes devam ser concretizados em pleno na fase seguinte, através da sua escolha pela entidade executante e respetivo tratamento no plano de segurança e saúde para a obra, há muito trabalho valioso passível de ser levado a cabo nesta fase de projeto. Salientamos as regras de segurança relativas a equipamento corrente como gruas torre, betoneiras, etc.

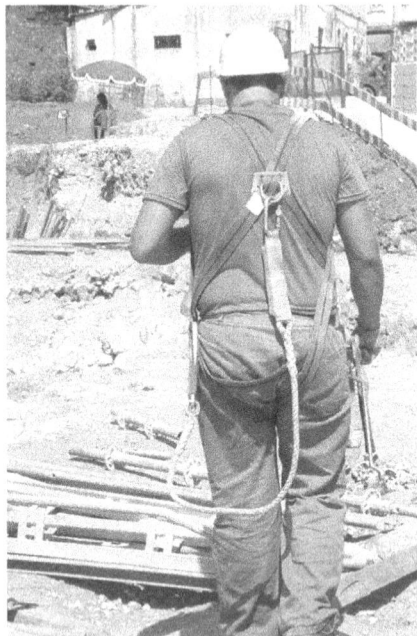

Figura 6.2. Um montador de andaimes e o seu arnês anti queda com a respetiva corda de sujeição. (*Foto do Autor*)

1.2.2. A gestão da segurança e saúde no estaleiro

A "gestão da segurança e saúde no estaleiro", conjuntamente com a especificação dos "domínios da responsabilidade de cada interveniente"[8], são dois aspetos passíveis de definição no plano de segurança e saúde em projeto.

---

[8] Alínea b) do n.º 2 do artigo 6.º do Decreto-Lei n.º 273/2003, de 29 de outubro.

Em primeira instância tratar-se-á de prever, mediante o tipo de obra e a sua dimensão, aspetos como a composição da equipa de coordenação de segurança para a obra (incluindo a definição da sua formação académica de base e complementar), a afetação de recursos materiais e humanos por parte do futuro adjudicatário, formas de comunicação entre intervenientes, a necessidade de reuniões de coordenação de segurança, registos obrigatórios a manter em obra, etc.

Quanto aos domínios da responsabilidade de cada interveniente, salienta-se que se deve tomar como base o que se encontra prescrito de uma forma clara na legislação através dos artigos 17.º a 24.º do Decreto-Lei n.º 273/2003, de 29 de outubro. Questões de detalhe ou especificações relativas a casos mais complexos devem ser objeto de prescrições no plano de segurança e saúde em projeto. É o caso de obras de grande dimensão, em que se deverá especificar o âmbito de atuação de cada elemento de uma equipa de coordenação de segurança, ou a definição concreta da responsabilidade e exercício da coordenação de segurança por parte de pessoas coletivas (que não se encontra regulamentado).

1.2.3. Os processos construtivos, materiais e produtos

As "metodologias relativas aos processos construtivos, bem como os materiais e produtos que sejam definidos no projeto ou no caderno de encargos"[9], são de igual modo aspetos importantes a ter em conta na elaboração do plano de segurança e saúde em projeto.

Os processos construtivos estão intimamente ligados à conceção da obra, sendo consequência dos diversos aspetos definidos pelo projetista, quer da vertente de arquitetura ou de qualquer outra especialidade técnica.

Assim, e até onde seja possível a sua previsão, o plano de segurança e saúde em projeto deverá promover a aplicação dos princípios gerais de prevenção através da inclusão de medidas concretas. Como exemplo

---

[9] Aspetos referidos na alínea c) do n.º 2 do artigo 6.º da legislação que temos vindo a analisar.

tomemos a previsão de um reboco tradicional e pintura para as fachadas de um edifício. Correntemente, na realização destas atividades utilizar--se-ão andaimes pelo exterior que, mesmo numa configuração básica, deverão dispor de dispositivos visando a sua utilização com segurança que poderão ser nomeados no plano de segurança e saúde em projeto. Entre eles salientamos a possibilidade de ajustamento da altura dos prumos para nivelamento das plataformas, a existência de guarda corpos e rodapé de segurança, escadas desencontradas com alçapão em cada piso, travamento e fixação ao edifício existente, etc. Por oposição a essas caraterísticas reveja-se o andaime da figura 2.8.

Figura 6.3. Na obra do estádio olímpico do Rio de Janeiro evitar-se-ia muito trabalho de corte de calçada em betão, bem como inalação de poeiras, se a largura das passadeiras não fosse "3,00m" mas sim "15 peças inteiras". (*Foto do Autor*)

144

O mesmo acontecerá no domínio dos materiais e produtos prescritos no projeto. Neste último caso, tomemos como exemplo a adoção de um biocida a aplicar num ambiente confinado de uma obra de reabilitação. A sua aplicação poderá ser feita desde que os operários sejam munidos de vestuário adequado (impermeável), máscaras completas com filtros ou com tomada de ar exterior e luvas de proteção química. Para uma execução em segurança será importante a prescrição dessas medidas no plano de segurança e saúde na fase de projeto, possibilitando a sua consideração na fase ulterior de elaboração do plano de segurança e saúde para a obra.

1.2.4. As fases da obra e a programação da execução

As "fases da obra e programação da execução dos diversos trabalhos"[10] também são determinantes do âmbito e natureza das medidas preventivas a adotar.

De facto, na generalidade dos casos verificamos que as obras são extremamente dinâmicas e os riscos evidenciados ao longo das suas diversas fases são completamente diferentes. Por exemplo, na fase de movimento de terras de uma obra existirão riscos como o atropelamento ou o esmagamento. As medidas preventivas a adotar consistirão na criação de vias de circulação, eventualmente segregadas, na colocação de sinalização e na utilização de um colete refletor por parte dos operários, etc. Na realização de escavações, os riscos evidenciados serão de outro tipo e poderão traduzir-se no soterramento de operários. Com a execução deste tipo de trabalhos as medidas preventivas poderão consistir na realização de entivações, na colocação de escudos de trincheira, etc.

Para a fase de execução exige-se, pois, que exista uma programação detalhada da execução (da competência da entidade executante) sendo que esta deverá incluir a adoção das respetivas medidas preventivas.

---

[10] Alínea d) do n.º 2 do artigo 6.º do Decreto-Lei n.º 273/2003, de 29 de outubro.

Mais adiante veremos que o conhecimento dessa programação também é importante para as ações da coordenação de segurança em obra, nomeadamente para uma melhor ação de acompanhamento ou fiscalização. Contudo, nesta fase de projeto o plano de segurança e saúde apenas poderá prever uma programação com um grau de detalhe rudimentar.

1.2.5. Os riscos especiais

Os "riscos especiais para a segurança e saúde dos trabalhadores"[11] já foram analisados em capítulo anterior[12], tendo-se na altura salientado que se encontram presentes em praticamente todas as obras da indústria da construção. Pela sua importância intrínseca, o plano de segurança e saúde em projeto não poderá omitir referência aos trabalhos que os apresentam e as respetivas medidas preventivas. Contudo, o seu levantamento e tratamento segue as metodologias atrás referidas para qualquer outro tipo de risco.

1.2.6. A gestão e organização do estaleiro de apoio do Anexo I

Finalmente há que concretizar os riscos evidenciados e as medidas preventivas a adotar tendo em consideração diversos aspetos[13] enunciados no anexo I da legislação que temos vindo a analisar.

Alguns dos aspetos indicados nesse anexo não são passíveis de definição em concreto na fase de projeto, só podendo ser encarados como referência para a sua concretização numa fase posterior, nomeadamente na fase de preparação de obra pela entidade executante. De facto, a "gestão e organização de um estaleiro a incluir no plano de segurança

---

[11] Referidos na alínea e) do n.º 2 do artigo 6.º da legislação que temos vindo a analisar.
[12] Veja-se o ponto 2.2 do capítulo 3.
[13] Veja-se a alínea f) do n.º 2 do artigo 6.º da legislação que temos vindo a analisar.

e saúde em projeto" (que o título do anexo sugere), é determinada pela própria entidade executante, quase sempre desconhecida na fase de projeto, dependendo inclusivamente da afetação de recursos específicos ou da organização própria da empresa.

Analisemos então os aspetos referidos nesse Anexo I:

No número 1, "identificação das situações suscetíveis de causar risco e que não puderam ser evitadas em projeto, bem como as respetivas medidas de prevenção", encontramos aspetos que em nosso entendimento são dos mais importantes do Anexo I. Já referimos anteriormente a grande utilidade deste tipo de abordagem e da informação que poderá ser transmitida para a fase subsequente de desenvolvimento, no âmbito da elaboração do plano de segurança e saúde para a obra.

O número 2 denominado "instalação e funcionamento de redes técnicas provisórias, nomeadamente de eletricidade, gás e comunicações, infraestruturas de abastecimento de água e sistemas de evacuação de resíduos", só pode ser entendido como um aviso sobre a necessidade de elaboração de um projeto de estaleiro contemplando essas vertentes. De facto, veremos mais adiante que o projeto de estaleiro é inclusivamente um componente obrigatório do futuro plano de segurança e saúde da obra e como tal deverá ser desenvolvido no âmbito das tarefas de preparação dos trabalhos, a realizar pela direção técnica da obra após adjudicação. Nesta fase de projeto o plano de segurança e saúde poderá elencar, por exemplo, a legislação, regulamentos ou normas que deverão ser tidas em conta para a concretização das redes técnicas provisórias do estaleiro. Pela sua perigosidade salienta-se aqui o cumprimento de disposições legais relativamente às instalações de eletricidade e gás. Para o cumprimento de regras ambientais salienta-se igualmente a definição da forma como se procederá à evacuação de resíduos.

O número 3, denominado "delimitação, acessos, circulações horizontais e verticais e permanência de veículos e pessoas", terá uma utilidade semelhante ao anterior, mais no domínio da informação genérica relativamente a esses aspetos que pela definição de algo em concreto. Essa definição ficará certamente a cargo da entidade executante e incorporará, em fase ulterior, o plano de segurança e saúde para a obra.

O número 4 denominado "movimentação mecânica e manual de cargas" é do mesmo tipo dos anteriores. Na fase de projeto, o plano de segurança e saúde referir-se-á sobretudo às seguintes prescrições mínimas legais:

- prescrições mínimas de segurança e saúde para a utilização pelos trabalhadores de equipamentos de trabalho[14];
- prescrições mínimas de segurança e saúde na movimentação manual de cargas[15];
- prescrições mínimas de segurança e saúde respeitantes à exposição dos trabalhadores aos riscos devidos a vibrações mecânicas[16].

Caberá posteriormente ao empreiteiro geral a definição dos meios concretos a colocar em obra e respetivas medidas de segurança e saúde para os trabalhos em causa.

O número 5 denominado "instalações e equipamentos de apoio à produção" é, na sua concretização, idêntico ao anterior, tendo-se também em atenção o que foi anteriormente referido no ponto 2.2.1 deste capítulo.

O número 6 denominado "informações sobre os materiais, produtos, substâncias e preparações perigosas a utilizar em obra" poderá conter informação muito importante para a fase seguinte de desenvolvimento do plano de segurança e saúde para a obra, tendo-se em conta o mencionado no ponto 2.2.3 deste capítulo.

O número 7 denominado "planificação das atividades que visem evitar riscos inerentes à sua sobreposição ou sucessão, no espaço e no tempo" deverá ser acatado como princípio para as atividades particularmente perigosas, a propósito das quais se deverão implementar medidas como a circunscrição do local de trabalho e a interdição de acesso ou circulação a trabalhadores não envolvidos nessas atividades.

---

[14] Patentes no Decreto-Lei 50/2005, de 25 de fevereiro.

[15] Veja-se o Decreto-Lei 330/93, de 25 de setembro.

[16] De igual modo, veja-se o Decreto-Lei 46/2006, de 24 de fevereiro.

Outros aspetos que condicionam o planeamento da obra e podem ter influência nas questões da sua segurança já foram referidos no ponto 2.1.3 deste capítulo.

O número 8 denominado "cronograma dos trabalhos a realizar em obra" interfere novamente com uma área que é claramente do domínio da entidade executante. É aqui válido o que anteriormente referimos no ponto 2.2.4, ou seja, nesta fase de projeto a elaboração do plano de segurança e saúde apenas poderá incorporar uma programação com um grau de detalhe rudimentar sendo que a programação detalhada deverá ser efetuada pela entidade executante.

O número 9 denominado "medidas de socorro e evacuação" refere-se a alguns mecanismos que deverão ser implementados nas obras em caso de acidente. Se é verdade que alguns dos procedimentos são genéricos, tais como os primeiros socorros que deverão existir nos estaleiros, entidades a contactar em caso de sinistro, etc., outros haverá que são específicos de cada obra como é o caso da fotografia 6.3.

Figura 6.4. Equipamento de socorro contra o risco de afogamento na ensecadeira de uma obra de construção de uma ponte. (*Foto do Autor*)

O número 10, denominado "arrumação e limpeza do estaleiro", refere-se a um conjunto de ações que poderão ser observadas na fase de execução. Tem a ver com a existência de espaços específicos para a colocação de materiais, de espaços para a triagem e arrumação diferenciada de resíduos ou com a existência de responsáveis pela manutenção do estaleiro. O número 11 denominado "medidas correntes de organização do estaleiro" é, em última análise, um conjunto de princípios genéricos a que deve obedecer a conceção do estaleiro. Trata-se de aspetos cuja definição em concreto será posteriormente assegurada pelo autor do plano de segurança e saúde para a obra.

O número 12 denominado "modalidades de cooperação entre a entidade executante, subempreiteiros e trabalhadores independentes" referir-se-á a um conjunto de sugestões a incorporar no futuro plano de segurança e saúde para a obra, bem com a sua implementação tendo como base os princípios de cooperação no domínio da segurança no trabalho da construção.

O número 13 denominado "difusão da informação aos diversos intervenientes, nomeadamente empreiteiros, subempreiteiros, técnicos de segurança e higiene do trabalho, trabalhadores por conta de outrem e trabalhadores independentes" pretenderá sugerir medidas que deverão ser implementadas em obra para uma efetiva difusão da informação de segurança. Poderá concretizar-se através da existência de vitrina onde se expõem informações, reuniões sobre aspetos de segurança, etc.

O número 14 denominado "instalações sociais para o pessoal empregado na obra, nomeadamente dormitórios, balneários, vestiários, instalações sanitárias e refeitórios" referir-se-á a um conjunto de princípios genéricos ou disposições legais[17] a que deve obedecer a conceção dessas instalações. Em nosso entendimento, a existência ou dimensionamento de algumas destas instalações está fortemente condicionada pelas opções do empreiteiro geral, como é o caso da eventual utilização de pessoal deslocado e necessidade de dormitórios. Será, pois, objeto de concretiza-

---

[17] Como o Decreto n.º 46.427, de 10 de julho de 1965, já referido no capítulo 3.

ção no projeto de estaleiro que, como veremos mais adiante, incorporará obrigatoriamente o plano de segurança e saúde para a obra.

2. Elaboração do Plano de Segurança e Saúde para a Fase de Obra

O plano de segurança e saúde para a obra deverá ser desenvolvido de acordo com o que se encontra prescrito no artigo 11.º do Decreto-Lei n.º 273/2003, de 29 de outubro.

2.1. Aspetos a ter em conta

Como vimos anteriormente é na fase de preparação de obra, após adjudicação, que a entidade executante deve desenvolver o plano de segurança e saúde para a obra, complementando e especificando os diversos aspetos do plano de segurança e saúde em projeto já analisados neste capítulo.

Nas empresas de menor dimensão, a elaboração deste plano deve ser executada pelo diretor de obra garantindo-se assim uma efetiva interligação com a produção. Nas empresas de maior dimensão o plano de segurança e saúde é elaborado pelos serviços de segurança devendo estes assegurar a sua coordenação com a direção de obra.

No desenvolvimento e especificação do plano de segurança e saúde para a execução da obra dever-se-á ter em conta[18]:

"a) As definições do projeto e outros elementos resultantes do contrato com a entidade executante que sejam relevantes para a segurança e saúde dos trabalhadores durante a execução da obra;

b) As atividades simultâneas ou incompatíveis que decorram no estaleiro ou na sua proximidade;

c) Os processos e métodos construtivos, incluindo os que exijam uma planificação detalhada das medidas de segurança;

---

[18] Segundo o n.º 1 do artigo supracitado.

d) Os equipamentos, materiais e produtos a utilizar;

e) A programação dos trabalhos, a intervenção de subempreiteiros e trabalhadores independentes, incluindo os respetivos prazos de execução;

f) As medidas específicas respeitantes a riscos especiais;

g) O projeto de estaleiro, incluindo os acessos, as circulações, a movimentação de cargas, o armazenamento de materiais, produtos e equipamentos, as instalações fixas e demais apoios à produção, as redes técnicas provisórias, a evacuação de resíduos, a sinalização e as instalações sociais;

h) A informação e formação dos trabalhadores;

i) O sistema de emergência, incluindo as medidas de prevenção, controlo e combate a incêndios, de socorro e evacuação de trabalhadores."

Verificamos que os aspetos supracitados são coincidentes com aquilo que anteriormente foi especificado para a elaboração do plano de segurança e saúde em projeto. Contudo, os objetivos fulcrais para o desenvolvimento e especificação do plano de segurança e saúde para a fase de execução da obra consistirão na adaptação à realidade e concretização dos aspetos que dependem das instalações de produção, métodos e processos construtivos, equipamento, mão-de-obra e aspetos organizacionais que o empreiteiro geral e a sua cadeia de subcontratação pretendam adotar.

Na prática, em especial nas obras particulares, verifica-se com frequência que o plano de segurança e saúde em projeto não foi elaborado, ou consiste num mero conjunto de fotocópias de um plano relativo a outra obra. Nesses casos, independentemente das ações a desencadear visando a responsabilização de outros intervenientes, o trabalho desta fase será mais difícil e moroso, envolvendo uma análise mais profunda de todos os elementos de projeto sob a perspetiva da segurança e saúde.

2.2. Estrutura definida no anexo II

O número 2 do artigo 11.º do Decreto-Lei n.º 273/2003, de 29 de outubro estabelece que o plano de segurança e saúde para a execução da obra deverá ter uma estrutura definida no anexo II da legislação.

A definição dessa estrutura, bem como o conteúdo que se dela se infere, são importantes sob o ponto de vista pragmático pois, se estes planos tiverem a informação estruturada sempre da mesma forma, será mais fácil e mais rápido organizá-la e encontrá-la por todos os intervenientes da obra. Em nosso entendimento, esta estrutura poderá ser também utilizada no desenvolvimento da fase anterior (plano de segurança e saúde em projeto) para que se obtenham os benefícios supracitados e para que o desenvolvimento para a execução da obra seja feito a partir de uma base comum.

Analisaremos de seguida os diversos pontos previstos no anexo II.

2.2.1. Avaliação e hierarquização dos riscos

De acordo com o número 1 do anexo II dever-se-á levar a cabo uma "avaliação e hierarquização dos riscos reportados ao processo construtivo, abordado operação a operação de acordo com o cronograma, com a previsão dos riscos correspondentes a cada uma por referência à sua origem, e das adequadas técnicas de prevenção que devem ser objeto de representação gráfica sempre que se afigure necessário."

À semelhança do que afirmámos para o plano de segurança e saúde em projeto[19], o levantamento dos riscos existentes e as respetivas medidas de prevenção constituem um dos aspetos mais importantes de um plano de segurança e saúde. Partindo então da informação recolhida dessa fase, já são conhecidos trabalhos, processos construtivos ou materiais apresentando riscos (inclusivamente os designados riscos especiais), condicionalismos locais, etc. Contudo, a abordagem deverá ser agora bem mais profunda, tendo como objetivo final a explicitação clara das medidas e técnicas de prevenção para cada operação prevista nos processos construtivos adotados, tal como analisámos no capítulo 3.

---

[19] No ponto 1.2.6 deste capítulo.

Tome-se como exemplo a operação que se mostra na figura 6.5, fazendo parte da construção da ponte metálica Pedro e Inês[20], em Coimbra.

Figura 6.5. Numa zona do estaleiro onde decorram operações de movimentação de elementos pré-fabricados pesados só deverá admitir-se o acesso e circulação aos trabalhadores envolvidos nas operações. Em primeiro plano vê-se a delimitação do espaço com rede de sinalização.

A operação consiste na movimentação em estaleiro de uma das peças metálicas que a compõem, executada externamente à obra em ambiente fabril. Após chegada ao estaleiro, a operação de colocação da peça no local definitivo apresenta perigos tais como a queda da grua, a rotura dos cabos ou das lingas, o esmagamento de operários, etc. O passo seguinte,

---

[20] Obra notável projetada pelo Professor António Adão da Fonseca e pelo Arquiteto Cecil Balmond.

DONO DA OBRA: ---	DATA: -- / -- /2019
EMPREITADA: ---	
EMPREITEIRO: ---	

RISCOS NA REALIZAÇÃO DE ATIVIDADE - MEDIDAS A IMPLEMENTAR

ATIVIDADE: Movimentação de componentes da estrutura / tabuleiro da ponte	RISCO: Muito elevado

VERIFICAÇÕES	METODOLOGIA	LEIS, NORMAS, DOC. TÉCNICOS
1- PELO MANOBRADOR		
Inspecionar a grua telescópica	Ver ficha de "Inspeção de Equipamento" – Grua Telescópica GROVE GMK 305	DL 50/2005
Requisitos de utilização de gruas de forma segura	Inspeção visual	ISO 12480-1:1997
Estabilidade da grua no local e seu nivelamento	Verificação das patolas sob tensão, distribuição da carga, capacidade do terreno	DL 50/2005 e ISO 12485:1998
Verificar lingas de corrente	Ver ficha de "Inspeção de Equipamento" – Grua Telescópica GROVE GMK 305	
Verificar adequação da natureza e configuração da lingada face às cargas a movimentar	Inspeção visual	DL 50/2005, Artº 33 e especific. técnicas do equipamento
Verificar indicação da carga máxima admissível (CMA) e da carga máxima de utilização (CMU) das lingas	CMU (função do ângulo dos ramais)=2xCMA/cos(ângulo/2)	
Verificação da existência de olhais adequados na peça a movimentar	Inspeção visual, atenção redobrada ao início da elevação	DL 50/2005, Artº 35
Percurso da carga e manobra desimpedidos, atenção a linhas elétricas	Inspeção visual prévia à movimentação com carga	DL 50/2005, Artº 31
Utilização de sinalização de segurança	Sinalização gestual	Portaria 1456-A/95
Operação com movimentação lenta da peça		DL 50/2005, Artº 32
Perceção de ruídos anómalos		
No final, colocar a grua em segurança		DL 50/2005, Artº 35
2- PELO ENCARREGADO		DL 50/2005, Artº 35
Manobrador com certificado adequado	Mobilização de manobrador com certificado válido	DL 50/2005, Artº 5
Delimitação da zona de trabalho e restrição de acesso aos intervenientes	Aviso na obra e utilização de rede de sinalização	DL 50/2005, Artº 33
Proibição de permanência sob cargas suspensas	Aviso aos intervenientes e utilização de sinalização	Portaria 1456-A/95 e ISO 13200:1995
Utilização de EPI específico (luvas de proteção mecânica) pelo pessoal de manobra das lingas e carga	Inspeção visual prévia à manipulação	NP EN 388:2003, qualif. mínima 3.2.2.1
Utilização de cabos guia na movimentação da peça	Mobilização de responsável e seguimento da operação	
Caso exista sinaleiro	Aferir o seu conhecimento da sinalização gestual	DL 50/2005, Artº 35 e Portaria 1456-A/95

Figura 6.6. Os riscos existentes numa atividade e as medidas a implementar.

INSPEÇÃO DE EQUIPAMENTO

| EQUIPAMENTO: Grua Telescópica GROVE GMK 305 | FICHA: |

VERIFICAÇÕES	METODOLOGIA	LEIS, NORMAS, DOC. TÉCNICOS
1- NSPEÇÃO DE GRUA TELESCÓPICA		
Marcação CE da grua	Inspeção visual	DL 50/2005
Declaração CE de conformidade do equipamento	Inspeção visual	DL 50/2005
Plano de manutenção	Inspeção visual	DL 50/2005 e ISO 12478-1:1997
Monitorização da grua	Inspeção visual	ISO 12482:2014
Registos de teste para gruas, ensaios de carga	Verificação dos registos	ISO 4319:2009
Registos de inspeção para gruas	Verificação dos registos	ISO 9927:2019
Componentes de segurança	Inspeção visual	Especific. técnicas do equipamento
Funcionamento dos avisos sonoros e luzes de posição	Inspeção visual e teste	Especific. técnicas do equipamento
Verificação dos fins de curso	Inspeção visual e teste	Especific. técnicas do equipamento
Estado dos tambores e roldanas	Inspeção visual	
Estado dos cabos da grua, desgaste e lubrificação	Inspeção visual	
Estado dos freios	Inspeção visual e teste	
Estado da patilha de segurança do gancho	Inspeção visual	
Verificação dos contrapesos	Inspeção visual	
Verificação dos dispositivos de estabilização da grua (patolas, hidráulicos)	Inspeção visual e teste	DL 50/2005, Artº 33 e ISO 12485:1998
2- INSPEÇÃO DE LINGAS, CINTAS E ESTROPOS		
Verificar lingas de corrente ou de cabo, cintas têxteis ou estropos	Inspeção visual	
Verificação da marcação CE	Inspeção visual	
Estado das lingas de corrente	Verificação do desgaste, corrosão, lubrificação	
Estado das lingas de cabo	Verificação do desgaste, corrosão, vincos, descerramento, fios partidos, lubrificação, aperto dos serra cabos	
Estado das lingas têxteis	Verificação da integridade das fibras, costuras, rasgamento longitudinal, existência de nós	
Verificação da utilização de estropo em nó	CMU reduzida em 20%	

Figura 6.7. Riscos específicos de um equipamento a utilizar na atividade analisada na figura anterior e respetivas medidas a implementar.

de avaliação e hierarquização, leva-nos a considerar que os riscos acima nomeados, se não forem controlados têm uma elevada probabilidade de ocorrência, para além de uma elevada severidade de danos possíveis.

Entre outras, as medidas e técnicas de prevenção que se impõem consistirão na verificação do equipamento (capacidade de carga e estabilização da grua telescópica), verificação da aptidão e estado de conservação de componentes como cabos e lingas, a delimitação da zona de trabalho, a restrição da circulação ao pessoal essencial à operação, a utilização de colete refletor pelos intervenientes, a movimentação lenta da peça, etc. (vejam-se as figuras 6.6 e 6.7).

2.2.2. Projeto do estaleiro

O número 2 previsto no anexo II refere que é necessário que o plano de segurança e saúde para a execução da obra inclua o "projeto do estaleiro e memória descritiva, contendo informações sobre sinalização, circulação, utilização e controlo dos equipamentos, movimentação de cargas, apoios à produção, redes técnicas, recolha e evacuação dos resíduos, armazenagem e controlo de acesso ao estaleiro."

A partir da transcrição acima efetuada não é difícil perceber o que é exigido nem as razões subjacentes a essa exigência. No fundo trata-se de antecipar a concretização de um ambiente de trabalho, o estaleiro, pleno de perigos potenciais. Salientamos a prescrição relativa à inclusão de um projeto das redes técnicas.

O livro de DIAS e FONSECA 1996 contém nos seus anexos alguns bons exemplos de elementos (nomeadamente peças desenhadas) do âmbito da segurança que devem ser incorporados em projetos de estaleiro.

Ainda não tínhamos abordado a questão dos resíduos produzidos em obra, parecendo-nos que este ponto da estrutura dos planos de segurança e saúde é o local certo para a introdução desta matéria. Salienta-se que alguns dos resíduos supracitados são potencialmente perigosos, para além do facto que a sua permanência em obra contribui em muitos casos para a desarrumação do estaleiro, afetação de espaço de circulação e degradação

157

dos locais de trabalho. Neste domínio há que ter em conta o Decreto-Lei n.º 46/2008, de 12 de março, que veio estabelecer o regime das operações de gestão de resíduos resultantes de obras ou demolições de edifícios ou de derrocadas, abreviadamente designados resíduos de construção e demolição ou RCD. As operações de gestão compreendem a prevenção e reutilização de resíduos, bem como as operações de recolha, transporte, armazenagem, triagem, tratamento, valorização e eliminação. Na legislação referida prevê-se que, nas empreitadas e concessões de obras públicas, o projeto de execução seja obrigatoriamente acompanhado de um Plano de Prevenção e Gestão de RCD (PPG), o qual assegura o cumprimento dos princípios gerais de gestão de RCD e das demais normas aplicáveis constantes do referido Decreto-Lei, bem como do Decreto-Lei n.º 178/2006, de 5 de setembro, estabelecendo o Regime Geral da Gestão de Resíduos[21]. Incumbe ao empreiteiro ou ao concessionário executar o PPG[22] assegurando:

- a promoção da reutilização de materiais e a incorporação de reciclados de RCD na obra;
- a existência na obra de um sistema de acondicionamento adequado que permita a gestão seletiva dos RCD;
- a aplicação em obra de uma metodologia de triagem de RCD ou, nos casos em que tal não seja possível, o seu encaminhamento para operador de gestão licenciado;
- que os RCD são mantidos em obra o mínimo tempo possível, sendo que, no caso de resíduos perigosos, esse período não pode ser superior a três meses.

O PPG deve estar disponível no estaleiro para efeitos de fiscalização pelas entidades competentes e ser do conhecimento de todos os intervenientes na execução da obra, entre os quais a respetiva coordenação de segurança. Deve incorporar o plano de segurança e saúde para a fase de obra.

---

[21] Esta legislação transpõe para a ordem jurídica interna a Diretiva n.º 2006/12/CE, do Parlamento Europeu e do Conselho, de 5 de abril, e a Diretiva n.º 91/689/CEE, do Conselho, de 12 de dezembro.

[22] Veja-se o artigo 11.º do Decreto-Lei n.º 46/2008, de 12 de março.

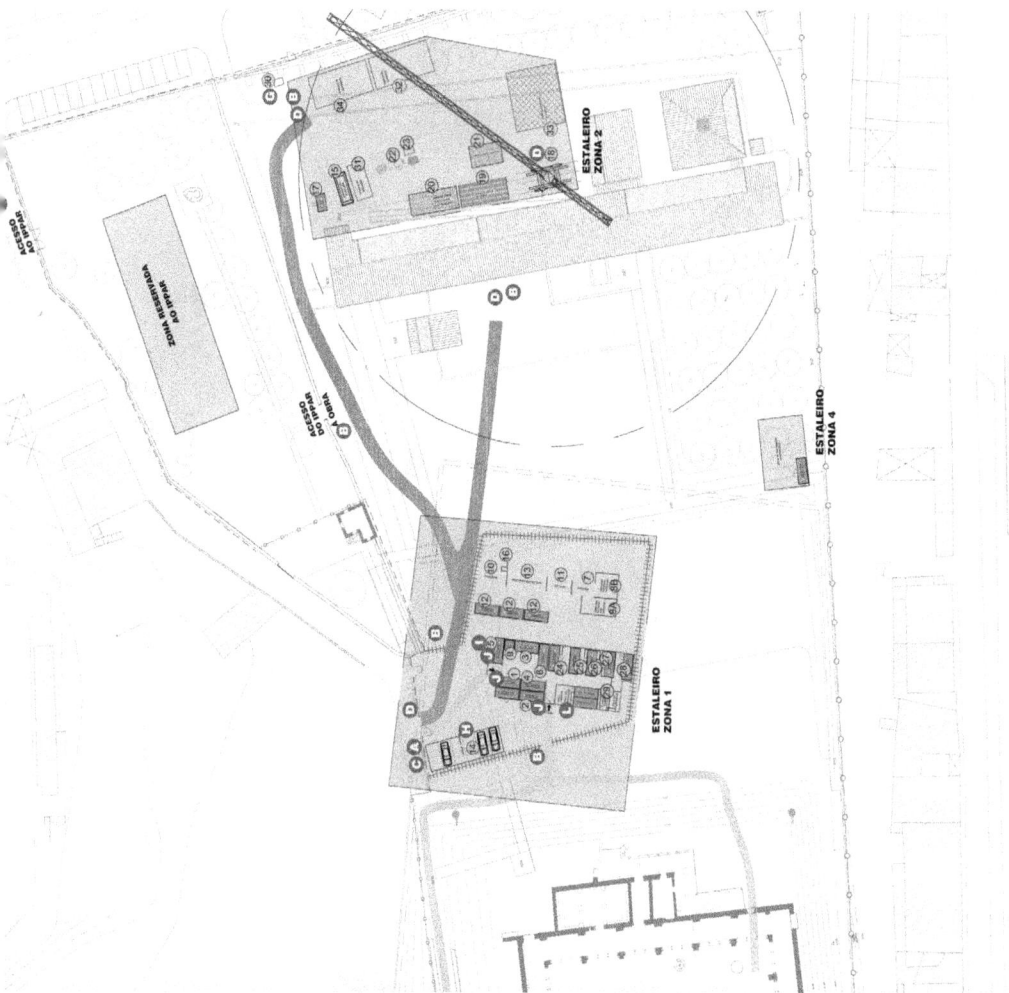

Figura 6.8. Uma das peças desenhadas do projeto de estaleiro da obra de reabilitação e construção do Museu do Mosteiro de Santa Clara-a-Velha, em Coimbra (gentilmente cedido pela empresa HCI Construções, S. A.).

Em muitas obras verifica-se que os estaleiros são bastante dinâmicos. O projeto do estaleiro incluído na versão inicial do plano de segurança e saúde para a obra poderá contemplar apenas os meses iniciais da execução dos trabalhos. Posteriormente, ao longo do tempo de execução da obra, deverão ser apresentadas novas versões que antecipem alterações significativas.

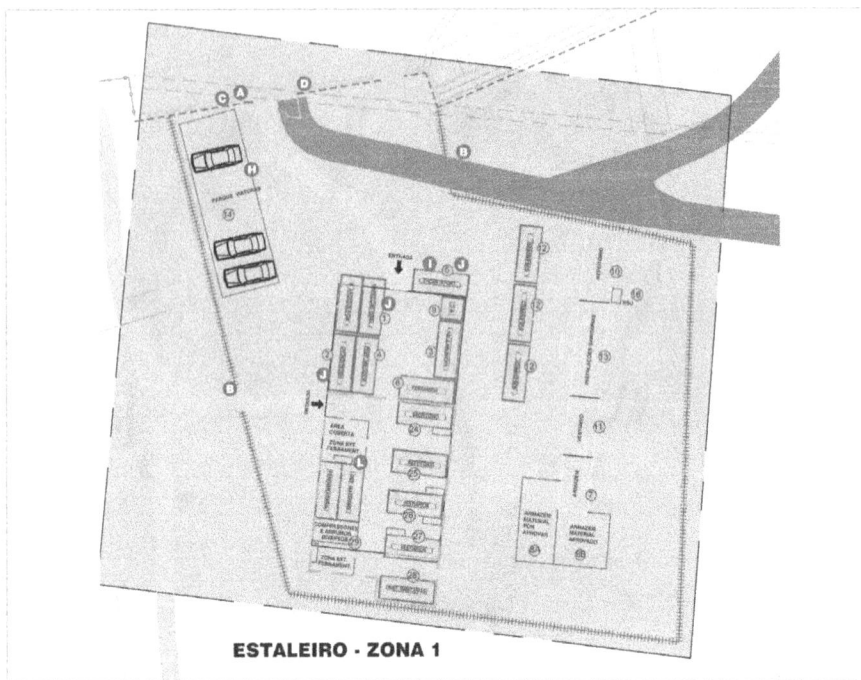

ESTALEIRO - ZONA 1

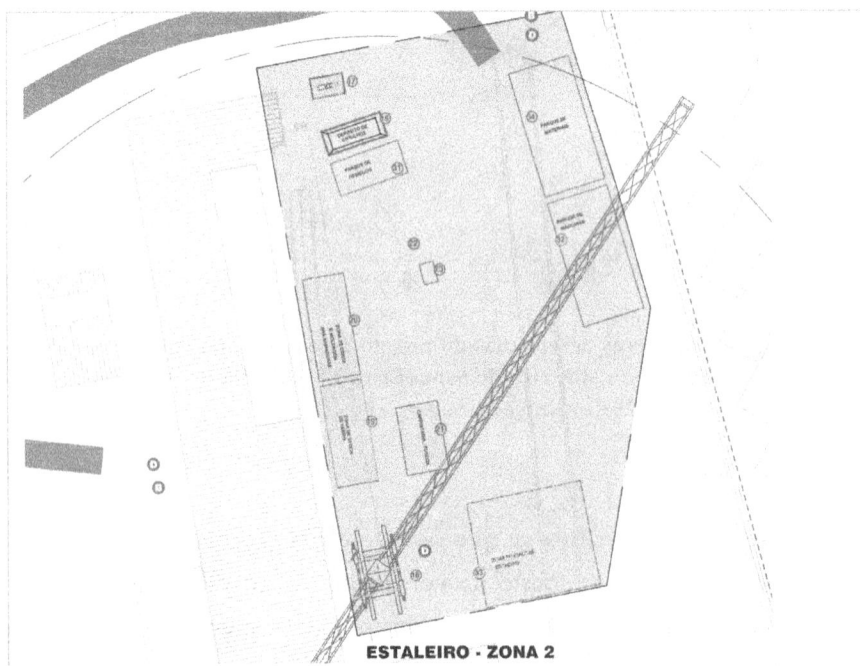

ESTALEIRO - ZONA 2

Figura 6.9. Detalhe do estaleiro da figura anterior relativa às instalações sociais (zona 1) e área de produção (zona 2).

2.2.3. Requisitos de segurança e saúde

Um outro ponto, menos explícito que o anterior, refere-se aos "requisitos de segurança e saúde segundo os quais devem decorrer os trabalhos." Em nosso entendimento, sem qualquer informação adicional, não é possível prescrever algo de concreto neste domínio.

Em vários planos de segurança que analisámos nos últimos anos, este ponto tem sido utilizado para elencar a vastíssima legislação em vigor no domínio. O que se afigura redundante face à necessidade de cumprimento imperativo das leis que nos regem.

Outros planos cingem-se apenas aos princípios gerais de prevenção da Diretiva Quadro, já analisados no ponto 5.1 do capítulo 3.

São também apresentados objetivos como a atribuição de valores a cumprir para os diversos índices de sinistralidade (incidência, frequência, gravidade e duração) referidos no número do 1.2 do capítulo 4. Embora seja importante um compromisso ou uma declaração de intenções em prol da segurança, qualquer valor previamente apontado para esses índices encontra-se fora de controlo efetivo. Mais ainda, como anteriormente referimos, a inexistência de dados fiáveis sobre acidentes, em termos de tipos de obra ou de trabalho não permite qualquer inferência com validade estatística.

Outros objetivos mais palpáveis são a inexistência de contraordenações por violação das condições de trabalho, ou a inexistência de mortes no trabalho durante a obra, etc.

2.2.4. Cronograma detalhado dos trabalhos

O ponto seguinte do anexo II apresenta a exigência da inclusão de um "cronograma detalhado dos trabalhos" expressando a programação prevista para a obra.

Embora a palavra "detalhado" seja ambígua é nosso entendimento que o cronograma a apresentar, para além de operacional, deve conter a informação que permita o planeamento da segurança e das atividades de coordenação. Por exemplo, em qualquer obra com atividades envolvendo riscos de queda em altura será necessário verificar a evolução dessas atividades. Outros aspetos que será necessário aferir incluem a permanência em obra dos equipamentos de produção mais importantes, as cargas de mão-de-obra ao longo das diversas fases de trabalho, etc.

Num tipo de cronograma utilizado nas obras, conhecido como Gantt[23], as atividades são representadas como um conjunto de barras horizontais ao longo de uma escala temporal. A extremidade esquerda corresponde à data prevista para o seu início e a extremidade direita à data prevista para o seu fim. As atividades podem ser ligadas sequencialmente ou executadas em paralelo, num encadeamento geralmente obtido através de metodologias do tipo PERT/CPM[24]. A fácil perceção da cronologia de eventos e do confronto do projetado versus executado, faz com que este tipo de diagramas seja o mais utilizado em obras correntes[25].

Porém, em obras de grande desenvolvimento longitudinal, como por exemplo em vias de comunicação, a programação deve ser apresentada sob a forma de gráficos cartesianos designados como harmonogramas, utilizando a metodologia da chamada linha de equilíbrio[26]. Neste tipo de representação cada atividade apresenta-se como um segmento de reta inclinado cuja duração e local de execução podem ser obtidos através da sua projeção nos eixos do tempo versus espaço[27].

Um aspeto que deverá ser tido em conta, e que decorre da realidade da execução das obras, consiste nas diversas alterações ao ritmo (e até ao encadeamento) previsto para a execução das atividades. Assim, a utilidade da programação será sustentada por uma atualização periódica efetuada pela direção de obra. Os restantes intervenientes, entre os quais os responsáveis pela segurança, deverão ter conhecimento atempado dessas

---

[23] De Henry Gantt, seu autor na primeira década do século XX.

[24] Veja-se RODRIGUES 2005.

[25] Em BRANCO e FARINHA 1980 podem verificar-se várias aplicações ao planeamento e controle de obras.

[26] Do inglês *line of balance*, metodologia criada por George Fouch nos anos 40 do século XX

[27] Veja-se LUTZ 1990.

atualizações sob a forma de Gantts ou harmonogramas consoante o tipo de obra, tal como atrás explicitámos.

2.2.5. Seleção da subcontratação, fornecedores e equipamentos

Um outro ponto do anexo II refere que se devem explicitar as "condicionantes à seleção de subempreiteiros, trabalhadores independentes, fornecedores de materiais e equipamentos de trabalho." No caso dos subempreiteiros e trabalhadores independentes as condicionantes podem consistir na inclusão, no plano de segurança e saúde para a obra, de imposições quanto aos documentos que deverão ser produzidos ou patenteados. Os mais comuns são:

* comprovativo da relação contratual estabelecida entre as partes;
* alvará adequado ao tipo e dimensão dos trabalhos;
* evidência de seguro atualizado;
* comprovativo do pagamento da segurança social;
* ficha de aptidão médica dos trabalhadores;
* ficha de distribuição de equipamento de proteção individual (veja-se a figura 6.10);
* registo diário das horas de laboração por trabalhador.

Os equipamentos a utilizar deverão cumprir disposições como as patentes no Decreto-Lei n.º Lei n.º 50/2005, de 25 de fevereiro, relativo às prescrições mínimas de segurança e saúde para a utilização pelos trabalhadores de equipamentos de trabalho já referido num capítulo anterior.

Entre muitos aspetos nele referidos e que poderão ser incluídos no plano de segurança e saúde para a obra salienta-se a obrigatoriedade de:

* plano de manutenção;
* livro de registo de intervenções;
* lista de verificações periódicas;
* certificação acústica;

- proteção da cabina do operador contra a penetração de objetos em queda bem como em caso de capotamento.

| | Empresa | Obra: |
| | | Ref: |

FICHA DE DISTRIBUIÇÃO DE EPI

NOME DO TRABALHADOR	

DESIGNAÇÃO DO EPI	RISCOS	RECEÇÃO	ENTREGA
		Data: ___/___/___	Data: ___/___/___
		Ass:	Ass:
		Data: ___/___/___	Data: ___/___/___
		Ass:	Ass:
		Data: ___/___/___	Data: ___/___/___
		Ass:	Ass:
		Data: ___/___/___	Data: ___/___/___
		Ass:	Ass:

RISCOS A PROTEGER		
1 - Queda em Altura	7 - Choque ou esmagamento ao nível dos membros superiores	14 - Olhos
2 - Queda ao mesmo nível		15 - Ruído
3 - Queda de objectos	8 - Pancadas na cabeça	16 - _____
4 - Queda por escorregamento	9 - Cortes e estilhaços	17 - _____
5 - Objectos pontiagudos ou cortantes	10 - Eletrocussão	18 - _____
	11 - Atropelamento	19 - _____
6 - Choque ou esmagamento ao nível dos membros inferiores	12 - Projeção de fragmentos	20 - _____
	13 - Vias Respiratórias	

DECLARAÇÃO

Declaro que recebi os Equipamentos de Proteção Individual acima mencionados, comprometendo-me a utilizá-los corretamente de acordo com as instruções recebidas, a conservá-los e mantê-los em bom estado, e a participar todas as avarias ou deficiências de que tenha conhecimento.

Assinatura do Trabalhador: _____   Data: ___/___/___

Técnico de Segurança:	Diretor de Obra:

Figura 6.10. Ficha que comprovará a distribuição de equipamento de proteção individual ao trabalhador por parte da entidade empregadora.

Outras disposições importantes no domínio do equipamento são as constantes do Decreto-Lei n.º 103/2008, de 24 de junho, igualmente referido em capítulo anterior, estabelecendo as regras a que deve obedecer a colocação no mercado e a entrada em serviço das máquinas, bem como a colocação no mercado das quase – máquinas. Entre outros requisitos essenciais que deverão ser incluídos no plano de segurança e saúde para a obra, salienta-se a obrigatoriedade de marcação de conformidade CE. Esta legislação inclui igualmente uma lista indicativa dos componentes de segurança para as máquinas que, no plano de segurança e saúde para a obra, deverá ser confrontada de uma forma sistemática com o equipamento a utilizar.

Finalmente, no caso dos materiais, poderão exigir-se fichas de conformidade com o previsto no projeto de execução. Sempre que se coloquem questões de segurança e saúde relativamente aos materiais a utilizar, o plano para a execução da obra deverá definir a informação relevante a apresentar pelos fornecedores.

2.2.6. Diretrizes para a subcontratação

Nas obras realizadas em Portugal a subcontratação tem-se acentuado ao longo das últimas décadas, permitindo diminuir os custos fixos das empresas e simultaneamente utilizar mão-de-obra e equipamento especializado. Contudo, aumentaram as necessidades de coordenação entre os diversos intervenientes, bem como da existência de uma cadeia de comando eficaz. O problema também se coloca relativamente ao domínio que estamos a tratar e um ponto importante dos planos de segurança e saúde para a fase de execução da obra serão as "diretrizes da entidade executante relativamente aos subempreiteiros e trabalhadores independentes com atividade no estaleiro em matéria de prevenção de riscos profissionais."

Grande parte das empresas subcontratadas tem um conhecimento muito limitado dos requisitos legais a cumprir neste domínio. Nesse sentido, algumas diretrizes para a obra terão como objetivo o enquadramento em regras básicas como a vinculação ao cumprimento do plano de segurança e saúde para a obra pelos subempreiteiros e trabalhadores independentes[28], assim como toda a legislação em vigor no domínio.

Por seu turno o empreiteiro geral, enquanto entidade executante responsável pela globalidade da obra, poderá comprometer-se nesse plano com a promoção das seguintes ações em obra:

- divulgação do plano de segurança e saúde para a obra e sua disponibilização;
- receção e acolhimento a todos os novos trabalhadores, abordando o tema da segurança a cumprir no estaleiro e na execução dos trabalhos, envolvendo os serviços de segurança da empresa e um administrativo pertencente ao estaleiro;
- realização de sessões de informação e formação sobre segurança em trabalhos específicos a realizar pelos subcontratados;
- fiscalização das medidas de segurança efetivamente implementadas pelos subempreiteiros.

Por outro lado, a cadeia de subcontratação ficará sujeita às ações visando o cumprimento das condicionantes à seleção da subcontratação que foram expressas no número anterior. Nesse sentido, ficará claro que a laboração no estaleiro apenas será permitida a trabalhadores identificados e com ficha aberta no estaleiro, utilizando equipamento de proteção adequado, etc.

2.2.7. Cooperação entre os vários intervenientes

Já em ocasiões anteriores salientámos a atuação simultânea de vários intervenientes (entidade executante, subempreiteiros, trabalhadores independentes, fiscalização, coordenação de segurança, etc.) e a interpenetração da sua atuação nos trabalhos realizados nas obras. Bastaria esse

---

[28] Com menção obrigatória nos contratos celebrados, de acordo com o número 4 do artigo 13.º do
Decreto-Lei n.º 273/2003, de 29 de outubro.

facto para podermos afirmar que, num estaleiro, a segurança e saúde é uma matéria da responsabilidade de todos. É assim compreensível que o anexo II do decreto-Lei n.º 273/2003, de 29 de outubro inclua um ponto específico sobre os "meios para assegurar a cooperação entre os vários intervenientes na obra, tendo presentes os requisitos de segurança e saúde estabelecidos".

Das ações a prever neste domínio poderão constar:

- o acompanhamento do desenrolar da obra e do cumprimento do respetivo plano de segurança e saúde, por parte dos serviços de segurança do empreiteiro geral em cooperação com a coordenação de segurança nomeada pelo dono da obra;
- a inclusão de assuntos relativos à segurança nas reuniões de coordenação que se realizam periodicamente em obra;
- a realização de reuniões regulares com a direção de obra para o tratamento de questões específicas da segurança e à qual deverão assistir, quando tal for relevante, representantes dos subempreiteiros (figura 6.11);
- a eventual criação de uma Comissão de Segurança envolvendo os vários intervenientes, em função da dimensão da obra e de necessidades especiais no domínio.

2.2.8. Sistema de gestão de informação e comunicação

É cada vez mais difícil gerir o grande volume de informação que vai sendo produzido ao longo da realização dos trabalhos de uma obra, problema que se tem avolumado nas últimas décadas. De facto, à maior complexidade das obras e seus componentes acresce uma maior exigência em termos técnicos e legais. O domínio da segurança não foge a esta regra devendo o plano de segurança e saúde para a execução da obra prever, segundo a legislação que temos vindo a seguir (anexo II do Decreto-Lei n.º 273/2003, de 29 de outubro), um "sistema de gestão de informação e comunicação entre todos os intervenientes no estaleiro em matéria de prevenção de riscos profissionais."

DONO DA OBRA:	DATA: / /2019
EMPREITADA:	
EMPREITEIRO:	

ATA DE REUNIÃO DE COORDENAÇÃO DE SEGURANÇA

LOCAL:	Folha de

1- PRESENÇAS E DISTRIBUIÇÃO

Nomes	Entidade	Assinatura	Distribuição

2- ASSUNTOS PENDENTES

Nº	Assunto	Aspetos relevantes	Responsável

3- ASSUNTOS NOVOS

Nº	Assunto	Aspetos relevantes	Responsável

4- NOTIFICAÇÕES DE SEGURANÇA PRODUZIDAS DESDE A ÚLTIMA REUNIÃO

Nº	Tipo (aviso, proibição, etc.)	Fundamentação	Responsável

5- DOCUMENTAÇÃO EM FALTA

Nº	Tipo (normativa, compilação técnica, comunicação prévia, etc.)	Descrição	Responsável

6- OUTROS

Observações

7- ANEXOS

Nº	Assunto	Resumo do conteúdo	Nº Páginas

Figura 6.11. Esquema tipo de uma ata de reunião de coordenação de segurança.

A informação manipulada é em regra bastante diversificada podendo ser veiculada através dos meios convencionais de comunicação (formais ou informais) podendo proceder-se ao seu registo em obra e arquivo. Podem também ser instruções diretas, realizadas nas frentes de obra e posteriormente objeto do mesmo tratamento. Há, contudo, uma recomendação transversal a todas as áreas de atuação segundo a qual, qualquer informação que não seja efetivamente registada acabará por se perder ou adulterar, mesmo a curto prazo. Há que ter em conta a importância dessa informação em termos técnicos e financeiros.

A gestão da informação e da sua comunicação compete ao empreiteiro geral, com garantia de acesso pleno e sua duplicação pela coordenação de segurança, facto que se justifica não só pela efetividade da implementação e fiscalização dos aspetos da segurança, mas também pela necessidade de dirimir conflitos futuros.

Uma forma de organizar a informação é a utilização de códigos WBS (*Work Breakdown Structure*)[29] atribuídos por um programa informático que permite identificar e controlar diversos registos (ficheiros) utilizando uma série de códigos alfabéticos ou numéricos segundo estruturas hierárquicas.

Outra forma semelhante de organização segundo uma estrutura hierárquica, não necessitando contudo de um programa informático, pode ser implementada através da criação de um conjunto de pastas e sub pastas num meio de acumulação de informação partilhada e acessível aos participantes, como por exemplo uma aplicação da internet do tipo DROPBOX ou equivalente.

Uns registos que deverão existir desde o início da obra são os que tratam das alterações ao plano de segurança e saúde da fase de execução. Essas alterações deverão ser objeto de formalização através de registos contendo:

• propostas de alteração;
• alterações efetuadas;
• alterações recusadas.

---

[29] Para uma abordagem pragmática veja-se BUCHTIK 2010.

Muitos outros registos poderão ser mantidos, no âmbito da segurança no trabalho em estaleiros da construção. Alguns exemplos, baseados em assuntos que já foram versados, serão:

- movimentação de subcontratados;
- apólices de seguro de acidentes de trabalho;
- controlo das inspeções médicas;
- distribuição de equipamento de proteção individual;
- acidentes de trabalho.

Para a elaboração e manutenção dos registos, as empresas poderão pré-definir procedimentos a aplicar nas suas diversas obras e que deverão ser introduzidos no plano de segurança e saúde para a execução da obra. Por exemplo, relativamente à metodologia de inspeção e prevenção de riscos inerentes à utilização de dado equipamento de estaleiro, pode prever-se a seguinte tramitação e responsáveis:

- conceção e elaboração – Técnico de Segurança da empresa;
- validação interna – Gestor de Segurança da empresa;
- aprovação interna para a obra – Diretor Técnico da empreitada;
- validação em obra – Coordenador de Segurança em Obra;
- aprovação – Dono da Obra;
- implementação – Técnico de Segurança, Encarregado
- execução dos registos – Técnico de Segurança, Encarregados, Manobradores, etc.

Outro aspeto importante é a comunicação da informação existente. Não basta que a informação exista, é necessário que seja transmitida ao longo de toda a cadeia de produção. Nas frentes de trabalho deve assegurar-se o conhecimento pelo encarregado e representante dos trabalhadores. No adjudicatário deverá ser do conhecimento da direção de obra e do técnico de segurança a ela afeto. Do lado do dono de obra, a coordenação de segurança e a fiscalização contratada serão necessariamente destinatários da informação relevante.

2.2.9. Sistemas de informação e formação

No domínio dos "sistemas de informação e de formação de todos os trabalhadores presentes no estaleiro, em matéria de prevenção de riscos profissionais" as empresas podem desenvolver ações significativas. Na prática, diversos planos de segurança e saúde de obra que analisámos apontam para a existência de planos de formação e informação que incluem:

* ações de sensibilização de âmbito geral;
* reuniões periódicas por grupos de trabalhadores;
* formação específica de segurança aos trabalhadores;
* afixação de material informativo nos locais de trabalho.

As ações de sensibilização de âmbito geral constituem-se frequentemente como procedimentos de rotina, tendo em vista o cumprimento de prescrições no âmbito da legislação laboral[30]. Passam pela existência de uma convocatória, são sujeitas a registos de presenças e entrega de documentação sobre as matérias versadas. Ações de formação e informação correntes nas empresas incluem temas como:

* trabalhos com riscos especiais;
* prevenção de acidentes de trabalho, atitudes e comportamentos de risco;
* promoção da segurança;
* equipamentos de proteção coletiva;
* equipamentos de proteção individual;
* segurança no trabalho com máquinas e equipamentos;
* sinalização de segurança e saúde nos locais de trabalho;
* primeiros socorros em obra;
* prevenção do alcoolismo[31].

---

[30] Veja-se o artigo 15.º do Regime Jurídico da Promoção da Segurança e Saúde no Trabalho, Lei n.º 102/2009, de 10 de setembro.

[31] Tema muito em voga nos anos 80 e 90 do século passado, dado o elevado consumo *per capita*. Entretanto em anos recentes, e à semelhança de outros países (veja-se COBBLE e GENAUER 1996), apareceu o problema do consumo de drogas.

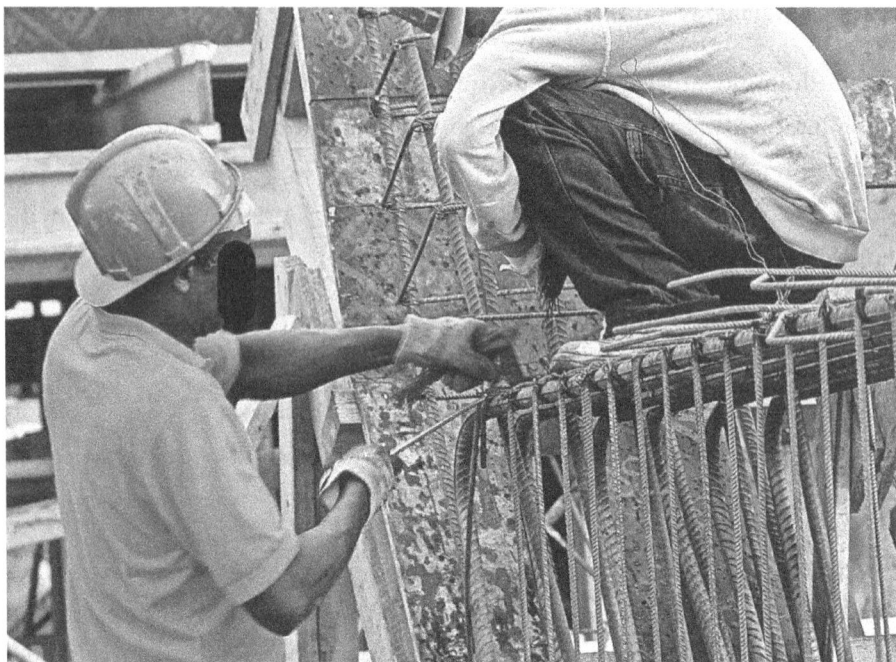

Figura 6.12. Há um enorme campo de ação nas necessidades de formação dos operários, mesmo em questões básicas como a forma correta de usar um equipamento de proteção individual. (*Foto do Autor*)

A nossa experiência de formação em empresas leva-nos a pensar que alguma da formação acima referida não é muito profícua, em especial se se tratar de um elevado número de formandos pertencentes à base da hierarquia dos operários (serventes e oficiais de 2.ª) em contexto de sala de aula.

Consideravelmente mais produtiva será a formação e informação prestada em estaleiro a pequenos grupos de trabalhadores, enquadrando sobretudo encarregados e arvorados, nas quais sejam divulgadas diretrizes de ação.

Outras situações de formação e informação, em contexto de obra e com grande relevância para a prevenção, poderão abranger trabalhadores que irão desenvolver determinada tarefa com riscos especiais, sujeitos a uma transferência ou mudança de funções, numa mudança de equipamento de trabalho ou envolvidos na introdução de uma nova tecnologia.

É também importante a formação e fornecimento de informação aos trabalhadores em certas ocasiões específicas, como a sessão de acolhimento, onde se pretenderá explicitar normas básicas para a obra. Este tipo de procedimento poderá ser adotado na admissão de um novo operário ou colaborador, sendo-lhe fornecida uma brochura de formação que o acompanha e elucida sobre as principais regras de prevenção.

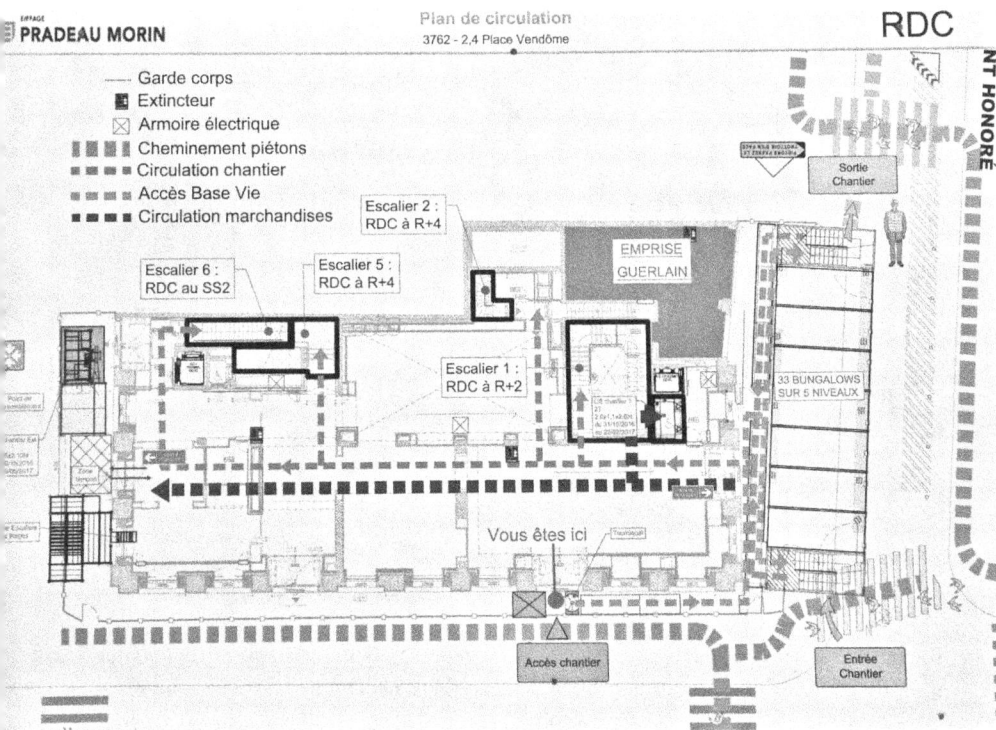

Figura 6.13. Plano de circulação de uma obra afixado à entrada do estaleiro. (*Foto do Autor*)

Tendo em conta a fragilidade da condição de imigrante, há alguns anos, o então Instituto de Desenvolvimento e Inspeção das Condições de Trabalho IDICT, com a colaboração do Alto Comissário para a Imigração e Minorias Étnicas, editou um conjunto de prospetos em várias línguas (romeno, ucraniano, russo, etc.) ilustrando situações de obra com risco e contendo os respetivos conselhos básicos de segurança[32]. No mesmo sentido editou igualmente um guia de acolhimento em várias línguas[33]. Finalmente, a afixação de material informativo nos locais de trabalho poderá realizar-se através de vitrina contendo contactos de emergência planta de sinalização de segurança, procedimentos de segurança, instruções de trabalho, índices de sinistralidade, informação e convocatória para as ações de formação.

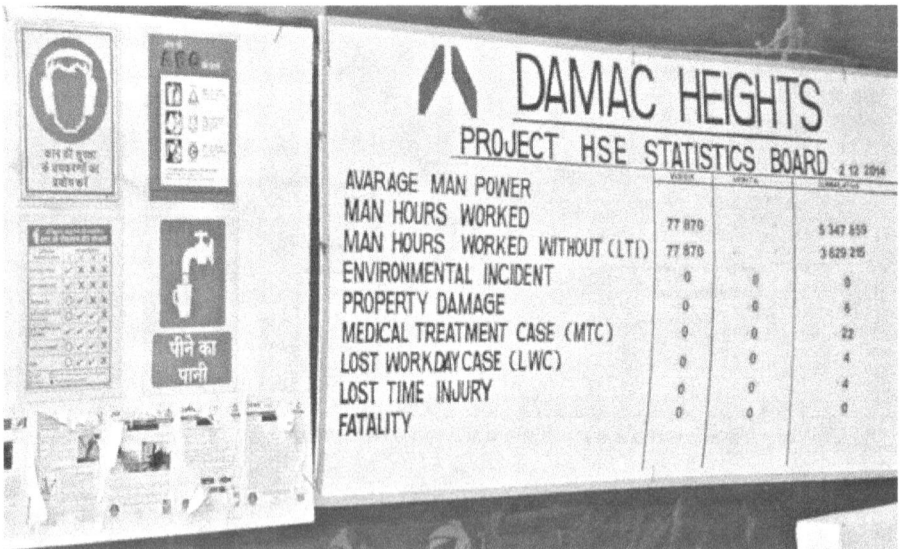

Figura 6.14. Informação sobre segurança e estatísticas de acidentes afixadas na portaria de obra do empreendimento DAMAC Heights no Dubai. (*Foto do Autor*)

2.2.10. Procedimentos de emergência

Um outro ponto que deverá igualmente constar do plano de segurança e saúde para a execução da obra conterá os "procedimentos de

---

[32] Folhetos adaptados de DGHST 82 que, por sua vez, se baseou na obra original (dos anos 60) de Lucien Loge.

[33] Veja-se IDICT 2002.

emergência, incluindo medidas de socorro e evacuação". Estes procedimentos deverão permitir enfrentar situações que possam ocorrer na obra em questão, nomeadamente acidentes com diversos tipos de gravidade, doença súbita, incêndio, explosões, sismos, inundações.

Neste domínio, um procedimento básico, consiste na elaboração de uma lista de contactos de emergência que será afixada em locais do estaleiro como as instalações administrativas, ou na portaria. É corrente a indicação do número nacional de emergência (112), da delegação mais próxima do Instituto Nacional de Emergência Médica (INEM), da corporação de bombeiros, hospital, centro de saúde ou polícia existentes na proximidade. Entidades fornecedoras de eletricidade, gás, água e esgotos, ou outras, também constam frequentemente destas listas. Finalmente, os contactos diretos dos serviços de segurança da empresa, bem como da coordenação de segurança também devem estar acessíveis.

Para além do alerta imediato, outra diligência que deverá ser cumprida nos instantes iniciais após acidente grave será o isolamento da zona do acidente. O plano de segurança e saúde para a execução da obra incorporará instruções nesse sentido e a disponibilização de meios para o efeito no estaleiro. A prevenção contra incêndios deverá merecer especial atenção por parte do empreiteiro. Essa atenção deverá ser redobrada nas zonas de armazenamento de combustíveis, instalações sociais e em particular nos dormitórios e cozinha. Neste caso os procedimentos de emergência terão em conta a colocação de extintores e a formação do pessoal em termos da utilização de meios de primeira intervenção. A prevenção noutros domínios será tratada em função dos potenciais perigos existentes em cada obra específica como já se ilustrou anteriormente na figura 6.4.

Outro aspeto a prever consistirá nos meios de primeiro socorro no estaleiro. Estes devem ser dimensionados em função da dimensão da obra e do número de trabalhadores envolvidos. Empreendimentos há que, pela sua dimensão, justificam a existência de técnicos de saúde em permanência[34]. Em empreendimentos de menor dimensão convirá existir alguém com conhecimentos e acesso a meios adequados de prestação

---

[34] O empreendimento do Parque das Nações para a EXPO 98, em Lisboa, foi um deles.

de primeiros socorros. Também deverão existir instruções claras em caso de evento catastrófico prevendo, por exemplo, caminhos de fuga e refúgio dos trabalhadores. Tais instruções deverão ser elaboradas para cada empreendimento e evento específico tendo em conta as condições locais e o tipo de obra.

A sinalização do estaleiro deverá compreender os aspetos acima enunciados no que respeita à existência de sinalização de segurança, emergência, caminhos de circulação, meios de combate a incêndio, meios de alerta e primeiros socorros. Estes aspetos também deverão ser explicitamente contemplados no projeto e planta do estaleiro referido em ponto anterior.

O plano de segurança e saúde deverá prever igualmente um "sistema de comunicação da ocorrência de acidentes e incidentes no estaleiro".

No caso de acidente ou incidente haverá que considerar em primeiro lugar a situação de alerta. O plano de segurança e saúde para a execução da obra salientará que o contacto com qualquer entidade seja feito com prontidão. Prever-se-á igualmente que o diretor de obra, encarregados de frente ou socorrista tenham meios (telemóvel, telefone, comunicação via rádio) e sejam instruídos para transmitir informação relevante. Por exemplo, na ocorrência de acidente grave envolvendo um ou mais trabalhadores, as instruções fornecidas deverão compreender os seguintes passos:

- comunicar com o número nacional de emergência (112);
- identificar a obra e o local, sempre que possível com a indicação de pontos de referência conhecidos;
- descrever o tipo de ocorrência e gravidade aparente da situação (queda de 6m, por exemplo);
- referir o número e idade aparente das pessoas necessitando de socorro;
- alertar para a existência de qualquer situação que exija a deslocação de determinados meios para o local, por exemplo, existência da libertação de gás, perigo de eletrocussão, incêndio, etc.;
- fornecer número de contacto.

O plano de segurança e saúde para a execução da obra também incorporará os procedimentos a efetuar depois de se ter dado o alerta. Em regra, a comunicação de acidente ou incidente deverá ser transmitida de imediato à hierarquia da cadeia de produção, à coordenação de segurança em obra e aos serviços de segurança da empresa. Igual comunicação deverá ser feita ao dono da obra ou à sua fiscalização. Um acidente grave ou mortal comunicar-se-á de imediato à Autoridade para as Condições do Trabalho e às autoridades policiais, tendo em vista a realização de inquéritos, apuramento de responsabilidades e eventuais ilícitos criminais. A entidade empregadora de trabalhador que tenha sido vítima de acidente comunicará o facto à respetiva companhia de seguros.

A informação relativa a um acidente ou incidente deverá ser sempre objeto de análise e produção de documentação escrita. Sem prejuízo de outros objetivos que a lei ou o contrato tornem necessários, trata-se de informação relevante para a futura prevenção. O plano de segurança e saúde para a obra deverá então prever:

- inquérito ao acidente ou incidente pelos serviços de segurança da entidade executante;
- elaboração de relatório pelos mesmos serviços de segurança;
- análise do relatório em reunião de segurança, em particular das ilações obtidas e medidas a implementar, não apenas na obra em causa mas também em trabalhos futuros.

2.2.12. Informação para a compilação técnica

A legislação que temos vindo a analisar é clara, no seu artigo 16.º, quanto à obrigatoriedade da entidade executante fornecer documentação ao coordenador de segurança em obra para a elaboração da comunicação prévia. Contudo, o anexo II prevê que o plano de segurança e saúde para a execução da obra contenha um "sistema de transmissão de informação ao coordenador de segurança em obra para a elaboração da compilação técnica da obra".

O referido sistema de transmissão da informação poderá corresponder ao estabelecimento de um protocolo de entrega da documentação que foi referida no ponto 4 do capítulo anterior.

Esse protocolo poderá prever por exemplo que, quando qualquer equipamento elétrico ou eletromecânico seja instalado em obra a direção técnica da obra entregará livro de instruções e manutenção ao coordenador de segurança, sendo esse procedimento acompanhado de registo e recibo.

Outra regra poderá consistir na obrigatoriedade de entrega de umas determinadas telas finais em data anterior à receção provisória, com uma antecedência que permita aferir a sua validade. Este procedimento também deverá ser acompanhado de registo e recibo.

2.2.13. Instalações sociais

Finalmente, a estrutura prevista para o plano de segurança e saúde da obra prevê a indicação das "instalações sociais para o pessoal empregado na obra, de acordo com as exigências legais, nomeadamente dormitórios, balneários, vestiários, instalações sanitárias e refeitórios".

Conquanto essas instalações devam ser incluídas no projeto de estaleiro abordado no ponto 2.2.2 deste capítulo, caberá aqui elaborar uma memória descritiva e justificativa do cumprimento da conceção e dimensionamento efetuados, de acordo com os parâmetros previstos na lei.

Como vimos no capítulo 3, a legislação que se encontra em vigor neste domínio já é antiga. Alguns dos seus aspetos poderão ser atualizados, entre os quais salientamos os que dizem respeito a instalações sanitárias.

2.3. Elementos a adicionar referidos no anexo III

No ponto anterior analisámos a estrutura de um plano de segurança e saúde para a obra bem como o respetivo conteúdo. Contudo, o Decreto-Lei n.º 273/2003, de 29 de outubro, refere ainda, no n.º 2 do artigo 11.º que se deverá adicionar um conjunto de elementos suplementares referidos no seu anexo III.

2.3.1. Peças de projeto para a prevenção de riscos

Os primeiros elementos nomeados na legislação[35] são as "peças de projeto com relevância para a prevenção de riscos profissionais".

Caso a conceção e projeto tenham sido feitas tendo em conta os riscos evidenciados e a prescrição das respetivas medidas preventivas, o objetivo que agora se pretende atingir consistirá na disponibilização desses elementos no local mais adequado. Tal será feito no plano de segurança e saúde para a obra, uma vez que aí se encontrará acessível a todos os intervenientes.

2.3.2. Trabalhos com riscos especiais

Outros elementos referidos no anexo III deverão ser os de "pormenor e especificação relativos a trabalhos que apresentem riscos especiais"[36]. Vimos anteriormente que, na indústria da construção, há muitos trabalhos que envolvem riscos especiais. Não só na fase de projeto, mas também na fase de execução existirão elementos escritos e desenhados visando a sua prevenção ou minimização.

Na execução de viadutos em várias vias do país verificou-se, em anos recentes, a queda de estruturas deste tipo devida ao menosprezo de algumas dessas questões técnicas e tendo como consequência a morte de vários operários. Este assunto merecerá a nossa atenção no capítulo seguinte.

2.3.3. Organograma do estaleiro

Um outro elemento a adicionar ao plano de segurança e saúde para a execução da obra será o "organograma do estaleiro com definição

---

[35] Veja-se o número 1 do anexo III do Decreto-Lei n.º 273/2003 de 29 de outubro.
[36] No número 2 do anexo III da legislação supracitada.

de funções, tarefas e responsabilidades"[37]. Este deverá definir a cadeia de responsabilidades no domínio da segurança e saúde no trabalho da construção

Vimos num capítulo anterior que a comunicação prévia de abertura de estaleiro já incorpora a definição de alguns dos principais responsáveis pela obra e mais especificamente pela segurança dos trabalhos, elementos que devem ser atualizados periodicamente, com comunicação obrigatória à ACT – Autoridade para as Condições de Trabalho. O organograma do estaleiro contudo, permite um maior detalhe quanto à estrutura e composição da hierarquia de comando da obra e respetiva cadeia de responsabilidades. Deve explicitar as funções de intervenientes como diretores de produção, direção técnica da obra, diretores adjuntos,

encarregados de frente e técnicos de segurança alocados à obra pelo empreiteiro geral.

2.3.4. Registo das atividades de prevenção pelo executante

Ao longo de toda a obra, e conforme refere o ponto 4 do Anexo III, a entidade executante deverá adicionar ao plano de segurança e saúde o "registo das atividades inerentes à prevenção de riscos profissionais"[38]. À luz de uma política de qualidade inspirada na Norma NP EN ISO 9001:2008 esses registos, tal como os que se referem no ponto seguinte, podem ser encarados como evidências das ações desenvolvidas em prol da implementação efetiva de medidas de segurança. A legislação supracitada refere explicitamente os seguintes:

• fichas de controlo de equipamentos e instalações;
• relatórios de avaliação das condições de segurança no estaleiro;
• fichas de inquérito de acidentes de trabalho;
• notificação de subempreiteiros e de trabalhadores independentes.

---

[37] Número 3 do anexo III da legislação supracitada.
[38] Veja-se o número 4 do anexo III da legislação supracitada.

2.3.5. Registo das atividades de coordenação

Finalmente, no ponto 5 do anexo III, prescreve-se que também se devem adicionar ao plano de segurança e saúde da obra elementos constituindo o registo das atividades de coordenação. Esse registo poderá ser efetuado por entidades como a coordenação de segurança em obra, a entidade executante e os autores de auditorias de avaliação de riscos profissionais que tenham sido efetuadas no estaleiro.

A coordenação de segurança em obra deve então apensar registos das suas atividades de[39]: promoção e verificação do cumprimento do plano de segurança e saúde pela entidade executante, subempreiteiros e trabalhadores independentes; coordenação das atividades desses intervenientes tendo em vista a prevenção dos riscos profissionais; promoção da divulgação recíproca, entre todos os intervenientes, de informações sobre riscos profissionais e a sua prevenção. Estes registos constituem o cerne da atividade da coordenação de segurança em obra, assunto que será tratado em detalhe no capítulo seguinte. Nele veremos alguns exemplos de situações e formas de atuação da coordenação de segurança tendo em vista a prossecução destes objetivos.

Por seu turno, a entidade executante deverá adicionar ao plano de segurança e saúde os registos das suas atividades tendo em vista[40]: promover e verificar o cumprimento do plano de segurança e saúde, bem como das obrigações dos empregadores e dos trabalhadores independentes; assegurar que as entidades empregadoras e trabalhadores independentes cumpram as suas obrigações previstas na lei, em particular as previstas nos artigos 22.º e 23.º; documentar as reuniões efetuadas entre os intervenientes na obra sobre a prevenção de riscos profissionais, com indicação de datas, participantes e assuntos tratados.

---

[39] De acordo com a alínea a) do número 5 do anexo III do Decreto-Lei número273/2003, de 29 de outubro.

[40] Veja-se a alínea b) do número 5 do anexo III da legislação atrás referida.

DONO DA OBRA: ---	DATA: -- / -- /2019
EMPREITADA: ---	
EMPREITEIRO: ---	

PROCEDIMENTOS DE INSPEÇÃO PERIÓDICA DE EQUIPAMENTO

EQUIPAMENTO: Andaimes de pés fixos	Refª

VERIFICAÇÕES	METODOLOGIA	LEIS, NORMAS, DOC. TÉCNIC.	PERIODICI.
Marcação CE	Acompanha o equipamento	DL 50/2005	NA
Documento de certificação	Acompanha o equipamento	DL 50/2005	NA
Especificações técnicas e configuração prevista	Acompanha o equipamento	DL 50/2005, Artº 40, nº 4	NA
Limitações em função de condições atmosféricas adversas (pressão dinâmica do vento, neve)	Verificação de conformidade	DL 50/2005, Artº 40, nº 1	Diária
Existência de componentes auxiliares como vigas ponte ou extensões da plataforma	Na conceção e montagem	EN 12810-1:2003	No início da conceção
Manual de instruções	Acompanha o equipamento	DL 50/2005, Artº 40, nº 4	Na montagem
Classe de largura	Na conceção	EN 12810-1:2003	Na conceção
Possibilidade de uso fora das configurações previstas (outras geometrias, retirada provisória de ancoragens, por exemplo), andaimes reconvertidos	Na conceção, montagem e uso	DL 50/2005, Artº 40, nº 1	Diária
Plano de manutenção	Acomp. o equip.	DL 50/2005	NA
Acessos adequados	Na montag. e uso	DL 50/2005	Diária
Cálculo de resistência e estabilidade em andaime sem nota de cálculo do fabricante ou em caso de reconversão de andaime	Na conceção, nos casos indicados	DL 50/2005, Artº 40, nº 3	No início de uso
Termo de responsabilidade por técnico habilitado	Idem	DL 50/2005, Artº 40	Idem
Carga de serviço efetiva e de acordo com cálculo?	Idem	DL 50/2005, Artº 40, nº 1, EN 12810-2:2003 e EN 12811-3:2003	Idem
Capacidade de carga do solo	No início da montagem e uso	DL 50/2005, Artº 41 e EN 12810-2:2003	Diária
Bases ou fundações do andaime de acordo com a capacidade de carga do solo	Idem	DL 50/2005, Artº 41, EN 12810-2:2003 e EN 12811-3:2003	Idem
Fixação à estrutura	Idem	EN 12810-1:2003	Idem
Barras contra assentamentos diferenciais	Idem	EN 12810-1:200333	Idem
Bases niveladas, afinação dos pés em altura	Idem	EN 12810-1:2003	Idem
Distância entre a plataforma e o plano de trabalho inferior a 30cm	Idem	DL 50/2005, Artº 42 e EN 12810-1:2003	Idem
Plataformas antiderrapantes	Idem	DL 50/2005, Artº 42 e EN 12810-1:2003	Idem
Guarda corpos frontal e de topo (à altura de 45 e 90cm)	Idem	DL 50/2005, Artº 40, nº 1, EN 12811-1:2003	Idem
Rodapé de segurança, frontal e de topo (com alturas de 15cm)	Idem	DL 50/2005, Artº 40, nº 1, EN 12811-1:2003	Idem
Acessos a níveis superiores adequados (escadas desencontradas, por exemplo)	Idem	DL 50/2005, Artº 40, nº 1, EN 12810-1:2003 e EN 12811-1:2003	Idem
Alçapão (fechado se não em uso)	Idem	DL 50/2005, Artº 40, nº 1, EN 12811-1:2003	Idem
Montagem e desmontagem por operários com formação e com utilização de arnês anti queda	Na montagem e desmontagem	DL 50/2005, Artº 40, nº 1 e nº 4	Na montagem
Perigo de eletrização ou eletrocussão por contacto com instalações em tensão ou incumprimento de distâncias de segurança	Na montagem e durante a obra	DL 273/2003	Diária
Sinalização e balizamento da zona de implantação dos andaimes	Na montagem	DL 273/2003	Diária

Figura 6.15. Ficha tipo de inspeções periódicas a efetuar numa grua torre.

Finalmente, nas obras realizam-se por vezes auditorias de avaliação de riscos profissionais. No caso mais frequente essas auditorias são levadas a efeito pelos próprios serviços de segurança (internos ou externos) das empresas de construção. Devem ser anexadas ao plano de segurança e saúde da obra[41] com indicação das datas em que foram realizadas, quem as efetuou, os trabalhos objeto de análise, os riscos identificados e as medidas de prevenção preconizadas.

---

[41] Em cumprimento da alínea c) do número 5 do anexo atrás referido.

CAPÍTULO 7

A COORDENAÇÃO DE SEGURANÇA

Mesmo as leis bem ordenadas
são impotentes diante dos costumes.

Nicolau Maquiavel

Para além do Plano de Segurança e Saúde que abordámos no capítulo anterior, a Coordenação de Segurança tem uma importância fundamental no âmbito da problemática da segurança no trabalho da construção. Essa importância decorre da necessidade de haver alguém que, desde a fase de conceção de um empreendimento, garanta a efetiva implementação da legislação o domínio, bem como a documentação específica (PSS, por exemplo) que tenha sido produzida para esse empreendimento.

Essa vertente humana é desempenhada em duas fases de atuação, geralmente por técnicos distintos. Na primeira fase, de projeto, tratar-se-á em regra de um membro da equipa projetista. Posteriormente, na fase de obra, a coordenação de segurança será levada a cabo por técnicos em regime liberal ou integrados numa equipa mais vasta de fiscalização. Em qualquer caso, a coordenação de segurança será sempre levada a cabo por alguém independente da entidade executante.

Como o próprio nome indica, muito do trabalho a efetuar por esses técnicos reside na coordenação de diversas pessoas ou entidades, envolvendo igualmente ações que se podem caracterizar como sendo de fiscalização, controlo, e dinamização de atividades no domínio da segurança e saúde no trabalho.

Neste capítulo analisaremos detalhadamente a atuação da coordenação de segurança, o seu relacionamento com os restantes intervenientes do processo construtivo, a documentação e os registos produzidos.

1. Coordenação de Segurança em Projeto

A coordenação de segurança em projeto tem como missão principal desenvolver esforços no sentido de integrar, nesta fase do processo, os princípios gerais de prevenção de riscos profissionais quando existam opções arquitetónicas, bem como escolhas técnicas de diversas especialidades, que impliquem alguma complexidade e necessidades de compatibilização.

O problema tem particular acuidade nos casos em que se preveja que os trabalhos a executar na obra envolvam riscos especiais[1], o que acontece em quase todos os grandes empreendimentos construídos de raiz.

Ter-se-á como principal objetivo da sua ação garantir a segurança e saúde no trabalho da construção a todos os intervenientes no estaleiro. Em acréscimo, deve perspetivar-se a segurança no trabalho em fases subsequentes, quer durante a utilização e respetivas operações de manutenção, quer em futuros trabalhos de reabilitação ou de alteração da obra construída.

Em termos legais, as obrigações e atuação da coordenação de segurança em projeto encontram-se estabelecidas no número 1 do artigo 19.º do Decreto-Lei n.º 273/2003, de 29 de outubro. Analisaremos de seguida as suas diversas vertentes.

---

[1] Veja-se o ponto 2 do capítulo 4.

1.1. Integração dos princípios gerais de prevenção

Em primeiro lugar, a coordenação de segurança desta fase deverá assegurar que as opções tomadas na conceção e projeto da obra sejam norteadas pela integração dos princípios gerais de prevenção de riscos profissionais[2] com génese na Diretiva Quadro[3]. A supracitada integração deverá ter em conta uma diversidade de aspetos que analisamos de seguida.

O primeiro diz respeito às opções arquitetónicas[4] que irão ser seguidas no projeto. Em muitos empreendimentos (envolvendo por exemplo a construção de edifícios) a conceção arquitetónica tem um papel determinante na dimensão e tipo de riscos presentes na obra. De facto, a construção em altura, os vãos a vencer, a necessidade de realizar escavações, etc., determinam a existência ou não de trabalhos com determinados riscos para a segurança e saúde dos trabalhadores.

Outro aspeto da integração dos princípios gerais de prevenção tem a ver com escolhas técnicas[5], desenvolvidas nesta fase, e relativamente às quais o coordenador de segurança em projeto deve ter um papel ativo. De facto, nas metodologias relativas aos processos e métodos construtivos dever-se-á ter também em vista a escolha de procedimentos de construção que não impliquem, ou que minimizem, riscos de execução. Por outro lado, os próprios materiais e equipamentos a incorporar na edificação poderão suscitar a existência de riscos que deverão ser detetados pela coordenação de segurança em projeto e eliminados ou minimizados, incluindo-se então a sua prevenção nos diversos elementos de projeto. A coordenação de segurança deverá inclusivamente intervir na elaboração das especificações técnicas do caderno de encargos, formulando prescrições atinentes ao equipamento de segurança a considerar e estabelecimento de penalizações por incumprimento das regras de segurança e saúde.

---

[2] Veja-se a alínea a) do n.º 1 do artigo 19.º do Decreto-Lei n.º 273/2003, de 29 de outubro, conjugada com o artigo 4.º da mesma legislação

[3] Anteriormente analisados no ponto 1.3 do capítulo 4.

[4] Veja-se a alínea a) do n.º 2 do artigo 4.º do Decreto-Lei n.º 273/2003, de 29 de outubro.

[5] Veja-se a alínea b) do n.º 2 do artigo 4.º do Decreto-Lei n.º 273/2003, de 29 de outubro.

A atuação da coordenação de segurança abarcará então todas as fases do projeto desde o programa base até ao projeto de execução. Essa atuação deverá ser transversal a todas as especialidades de arquitetura e engenharia, desde as definições relativas aos processos de execução[6] previstos para a obra, bem como as condições de implantação da construção e os condicionalismos envolventes da execução dos trabalhos. Um exemplo desses condicionalismos poderá ser o das vias de comunicação da envolvente da obra que poderão ser afetadas, levando inclusivamente à necessidade de proceder a alterações à circulação. Outro caso poderá ser a existência de instituições na proximidade do estaleiro, tais como hospitais, unidades de cuidados continuados ou escolas, que requeiram limitações ao ruído, à produção de poeiras, ao trabalho noturno ou à circulação de veículos.

O aspeto do planeamento e programação da obra também não pode ser negligenciado. É necessário que a coordenação de segurança preveja ou supervisione soluções organizativas da realização dos trabalhos ou das suas fases, bem como o prazo da sua realização[7]. Deve contudo salientar-se que, esta previsão não está centrada nas preocupações correntes da produção em obra, ou seja, no planeamento que apenas terá em vista a alocação de recursos para minimização de custos e prazos. Na verdade, o planeamento que interessa à segurança no trabalho, traduzir-se-á na previsão de equipamento e proteção adequada aos trabalhadores, tendo em vista os procedimentos de construção a realizar, evitando soluções de improviso para situações apenas detetadas em obra (e que geralmente são mal resolvidas). Entre outros aspetos, certamente será necessário alocar equipamento de proteção coletiva, prioritário em relação à proteção individual. A alocação desse tipo de recursos inerentes à segurança das obras (guarda corpos, redes, escudos de trincheira, etc.) implicará, à semelhança de qualquer equipamento de produção, a sua mobilização atempada a partir do estaleiro central ou a necessidade do seu aluguer.

---

[6] Veja-se a alínea c) do n.º 2 do artigo 4.º da legislação que temos vindo a analisar.
[7] Veja-se a alínea d) do n.º 2 do artigo 4.º do mesmo diploma legal.

Outra situação no quadro do planeamento da execução da obra poderá consistir na previsão da instalação de escadas de acesso provisórias (mas com caraterísticas de segurança), ou mesmo a instalação das definitivas em fase inicial da obra, de modo a obstar à realização de soluções improvisadas em obra.

Com o que acima se escreveu cremos que ficou claro que a coordenação de segurança em projeto deve ter uma atuação em várias frentes, decorrentes das escolhas efetuadas em várias áreas de projeto, na perspetiva da aplicação dos princípios gerais de prevenção. Sendo certo que muitas vezes não é possível evitar os riscos, salientam-se as diligências da equipa projetista e coordenação de segurança em projeto, no sentido deles serem identificados, elaborando-se as correspondentes medidas de prevenção.

O tratamento dessa informação pode ser feito através de fichas de registo de verificação do projeto como a que se reproduz em baixo (figura 7.1), adaptada de TEIXEIRA 2002. Basicamente analisam-se as atividades previstas para a obra a partir dos elementos projetados referenciados através de um código que poderá ser um código WBS[8].

Referência ou Código WBS	Actividade	Riscos Identificados	Medidas de Prevenção	Soluções Complementares de Projeto	Informação para o Plano de Segurança e Saúde em Projeto	Informação para a Compilação Técnica

Figura 7.1. Ficha de registo para verificação de projeto.

---

[8] Veja-se o ponto 2.2.8 do capítulo 6.

A coordenação de segurança, conjuntamente com o projetista, deve também intervir na busca de soluções complementares das definições consagradas no projeto[9], em particular no caso dos riscos especiais para a segurança e saúde dos trabalhadores.

Figura 7.2. Bailéu previsto em projeto não só para a realização de operações na fase de construção em curso, mas também para a limpeza e manutenção dos envidraçados fixos do edifício. (*Foto do Autor*)

---

[9] Veja-se a alínea e) do n.º 2 do artigo 4.º do Decreto-Lei n.º 273/2003, de 29 de outubro.

Na fase de projeto também não se deverão menosprezar aspetos de segurança relativos a trabalhos a realizar na fase da vida útil da obra. A coordenação de segurança em projeto deverá prever as definições neste domínio relativas à utilização, manutenção e conservação das construções[10]. Um exemplo deste tipo de preocupações poderá consistir em contemplar, no projeto, a acessibilidade aos trabalhadores que venham a realizar operações de inspeção da obra em serviço, bem como operações de manutenção e conservação. Tal poderá ser feito através da instalação de equipamento e dispositivos de segurança a utilizar nessas ocasiões. Como exemplos correntes podemos apontar os bailéus para limpeza e conservação de fachadas de edifícios (veja-se a figura 7.2), a colocação de dispositivos de fixação de plataformas de trabalho temporárias, pontos de amarração de andaimes ou a instalação de olhais para linhas de vida em locais com risco de queda em altura (pontes, coberturas, etc.).

1.2. Assessoria ao dono da obra

A atividade da coordenação de segurança em projeto não cessa com a elaboração deste[11]. De facto, incumbe ainda à coordenação de segurança desta fase assessorar o dono da obra na preparação dos procedimentos de concurso ou negociação da empreitada, atuação essa que será limitada ao âmbito da segurança e saúde no trabalho.

Uma das diligências a efetuar consistirá em garantir (conjuntamente com o dono da obra) a inclusão do plano de segurança e saúde em projeto nos elementos que venham a ser patenteados no concurso[12] ou na negociação da empreitada.

---

[10] Veja-se a alínea f) do n.º 2 do artigo 4.º do Decreto-Lei n.º 273/2003, de 29 de outubro.

[11] Veja-se a alínea b) do n.º 1 do artigo 19.º do Decreto-Lei n.º 273/2003, de 29 de outubro.

[12] Na contratação pública esses elementos são obrigatoriamente patenteados no concurso, tal como se referiu no ponto 1.3.2 do capítulo 5.

No próprio concurso, a segurança a implementar em obra poderá ser um dos fatores que densificam[13] o critério de adjudicação das propostas dos concorrentes. Também poderá aparecer como um subfator incorporado na apreciação de uma designada "valia técnica". Esse fator ou subfator, bem como a respetiva metodologia e parâmetros de valoração, devem ser previamente definidos no programa do procedimento[14], com a intervenção do coordenador de segurança. Posteriormente, na fase de avaliação das propostas, a assessoria da coordenação de segurança deverá incluir a valoração dos supracitados fatores ou subfatores.

Nas obras públicas, a coordenação de segurança em projeto deverá elucidar o dono da obra sobre a obrigação de anexar o plano de segurança e saúde (desta fase) ao contrato a celebrar com a empresa adjudicatária[15]. Nas obras particulares deverá garantir que os empreiteiros a consultar terão acesso ao plano de segurança e saúde da fase de projeto.

1.3. Plano de segurança e saúde e compilação técnica

Em capítulos anteriores já tínhamos visto que cabe ao coordenador de segurança em projeto elaborar o plano de segurança e saúde desta fase[16]. Em alternativa, se esse plano for elaborado por outro técnico nomeado pelo dono da obra, o coordenador de segurança deve proceder à sua validação técnica.

Também já tínhamos afirmado que na fase de projeto o coordenador de segurança tem a seu cargo iniciar a organização da compilação técnica da obra[17]. Este poderá definir, logo à partida, um conjunto de elementos que

---

[13] Segue-se aqui a nomenclatura do Código da Contratação Pública (Decreto-Lei n.º 18/2008, de 29 de janeiro, alterado por diversos diplomas até ao Decreto-Lei n.º 111-B/2017, de 31 de agosto) e em particular o prescrito no seu artigo 70.º.

[14] Nas obras públicas, é obrigatória a cabal definição prévia desses elementos. Veja-se o anteriormente referido Código da Contratação Pública, em particular o seu artigo 75.º.

[15] Veja-se o artigo 8.º do Decreto-Lei n.º 273/2003, de 29 de outubro.

[16] De acordo com a alínea c) do n.º 1 do artigo 19.º do Decreto-Lei n.º 273/2003, de 29 de outubro.

[17] Veja-se a alínea d) do n.º 1 do artigo 19.º do Decreto-Lei n.º 273/2003, de 29 de outubro.

sejam importantes para o cumprimento dos objetivos supracitados. É de resto o que é referido na alínea d) do n.º 1 do artigo 19.º do Decreto-Lei n.º 273/2003, de 29 de outubro, segundo a qual, cabe ao Coordenador de Segurança em projeto "iniciar a organização da compilação técnica da obra" e também "completá-la nas situações em que não haja coordenador de segurança em obra". Esta última prescrição corresponderá na prática a uma situação muito rara mas, caso ocorra, obrigará o coordenador de segurança em projeto a assumir um compromisso de prestação de serviços até ao final da obra.

1.4. Informação ao dono da obra

A legislação anteriormente referida estabelece[18] que uma das obrigações da coordenação de segurança em projeto consiste em informar o dono da obra sobre as suas responsabilidades no domínio.

Tal justificar-se-á plenamente, pelo facto de existirem bastantes donos de obra que não têm o mínimo conhecimento da indústria da construção ou do seu domínio técnico. De facto, ao longo dos anos temos verificado o desconhecimento destas questões mesmo em empreiteiros e promotores imobiliários. O problema deverá resolver-se se, numa fase inicial do empreendimento, o projetista alertar o dono da obra para a necessidade de nomeação de um coordenador de segurança em projeto. Após nomeação desse coordenador de segurança, a informação e detalhe das obrigações do dono da obra poderão ser apresentadas com recurso ao texto que se encontra prescrito no artigo 17.º da legislação supracitada e sugestivamente designado de "obrigações do dono da obra".

Tal poderá fazer-se sob a forma escrita e contra a apresentação de recibo, atestando-se desse modo quer a tomada de conhecimento pelo dono da obra, quer o cumprimento das obrigações previstas na lei para a atuação do coordenador de segurança em projeto.

---

[18] Nos termos da alínea e) do n.º 1 do artigo 19.º do Decreto-Lei n.º 273/2003, de 29 de outubro.

2. Coordenação de Segurança em Obra

Como vimos anteriormente[19], durante os trabalhos de execução de praticamente todos os empreendimentos é necessário que exista uma coordenação de segurança contratada pelo dono da obra. Para o cumprimento de alguns aspetos da sua atuação (comunicação prévia, validação técnica do plano de segurança e saúde para a obra) essa coordenação deverá iniciar funções assim que se proceda à adjudicação da empreitada a uma determinada empresa construtora.

Neste ponto analisar-se-ão as obrigações e atuação da coordenação de segurança em obra nas suas diversas vertentes, tendo em conta o estabelecido no número 2 do artigo 19.º do Decreto-Lei n.º 273/2003, de 29 de outubro

2.1. Apoio à elaboração da comunicação prévia

Como analisámos anteriormente[20], a comunicação prévia de abertura do estaleiro é o documento que assinala a existência do local onde, temporariamente, se realizarão trabalhos de construção. A sua elaboração e apresentação à ACT Autoridade para as Condições do Trabalho, antes mesmo da montagem do estaleiro, é um ato obrigatório em praticamente todas as obras.

Este documento é da responsabilidade do dono da obra, cabendo contudo ao coordenador de segurança desta fase assessorá-lo na sua elaboração. Conquanto contenha apenas informação sucinta relativa a diversos aspetos da obra, tais como responsáveis, subempreiteiros, trabalhadores, etc., esses dados alteram-se ao longo da fase de execução. Essas alterações deverão ser comunicadas à ACT Autoridade para as Condições do Trabalho, procedendo-se assim à atualização dos elementos iniciais entregues. A coordenação de segurança deve assessorar o dono de obra

---

[19] Veja-se o ponto 2.2 do capítulo 5.
[20] Veja-se o ponto 3 do capítulo 5.

nas diligências de compilação da informação atualizada que deverá ser igualmente do conhecimento da entidade executante.

As alterações relativas à obra (natureza e utilização, data estimada para a conclusão, etc.), dono da obra, técnicos envolvidos (direção técnica, fiscais, coordenação de segurança) e trabalhadores mobilizados, deverão ser comunicadas com uma certa celeridade, prevendo-se para tal o prazo legal de quarenta e oito horas. A lista de subempreiteiros que forem sendo selecionados ao longo da obra deve igualmente ser comunicada à ACT Autoridade para as Condições do Trabalho com uma periodicidade mensal[21].

À semelhança da comunicação prévia inicial, a entidade executante também deverá afixar cópias das atualizações entregues em local bem visível do estaleiro.

2.2. Validação técnica do plano de segurança e saúde

Uma atividade importante na fase inicial da coordenação de segurança em obra[22] consiste em apreciar o desenvolvimento do plano de segurança e saúde para a execução da obra, tendo em vista a sua validação técnica. Tal será feito previamente à montagem do estaleiro onde decorrerá a execução dos trabalhos.

Podem existir várias razões para que um plano de segurança e saúde para a obra não seja considerado tecnicamente válido.

Em termos formais tal acontecerá se, por exemplo, esse plano não obedecer à estrutura prevista no Anexo II do Decreto-Lei n.º 273/2003, de 29 de outubro[23].

Em termos do seu conteúdo, aspeto que consideramos mais relevante, verifica-se que os planos de segurança e saúde para a obra nem sempre

---

[21] Prazos estipulados nos números 4 e 5 do artigo 15.º do Decreto-Lei n.º 273/2003, de 29 de outubro.

[22] Veja-se o ponto 1.4 do capítulo 5.

[23] Aspetos que já foram analisados em detalhe no capítulo anterior.

contêm a avaliação de todos os riscos existentes, mesmo dos que são considerados como riscos especiais, não procedendo em consequência à identificação das correspondentes medidas preventivas.

Outro elemento frequentemente omisso ou incompleto, em muitos planos de segurança e saúde para a obra, é o projeto de estaleiro. Conquanto a legislação defina claramente o seu conteúdo, é frequente não contemplarem aspetos como a conceção das redes técnicas ou a sinalização, elementos que deverão ser supridos durante esta fase de validação técnica. Neste domínio [DIAS e FONSECA 1996][24] apresentam um exemplo elucidativo e bem pormenorizado de um projeto de estaleiro.

A exigência legal de um cronograma detalhado dos trabalhos é também outra fonte de omissões. Na maior parte dos casos verificamos que não apresentam um grau de detalhe adequado ao planeamento da segurança, não se tratando de planos verdadeiramente operacionais para a execução. Para a sua elaboração (mesmo em empreendimentos complexos ou com prazos de execução apertados) é por vezes necessário salientar, junto da direção técnica da obra, outras vantagens inerentes à sua obtenção como sendo a deteção do caminho crítico, a atempada contratação de subempreitadas, a alocação de recursos, etc.

O plano de segurança e saúde para a obra poderá ser objeto de uma validação técnica parcial, tendo em conta os elementos (adequados) que tenham sido apresentados. Contudo, as deficiências detetadas terão que ser colmatadas antes do início dos trabalhos.

Durante a fase de validação técnica a coordenação de segurança em obra poderá propor as alterações que deverão ser efetuadas ou a apresentação de elementos complementares. A realização de diligências nesse sentido permitirá uma resolução mais célere das deficiências do plano de segurança e saúde para a obra.

---

[24] Obra que podemos considerar como seminal no nosso meio técnico, dada a enorme quantidade de planos que foram produzidos de acordo com o seu modelo.

2.3. Fichas de procedimentos de segurança

Em obras de pequena dimensão, sem projeto ou outras condicionantes previstas na lei[25], não será necessário elaborar um plano de segurança e saúde para a obra. Contudo, a existência de trabalhos com riscos especiais obriga a que a entidade executante elabore as designadas "fichas de procedimentos de segurança".

Estas fichas serão analisadas pela coordenação de segurança em obra, com procedimentos semelhantes aos da validação dos planos de segurança e saúde. Assim, o coordenador de segurança em obra deve, em primeira instância, analisar a adequabilidade das fichas de procedimentos de segurança[26]. Em seguida, caso seja necessário, deverá propor à entidade executante as alterações julgadas adequadas. Posteriormente deverá informar o dono de obra acerca das diligências efetuadas e do seu resultado.

2.4. Coordenação das atividades

Um dos aspetos importantes para a prevenção dos riscos profissionais consiste na coordenação das atividades desenvolvidas pelas várias empresas e pelos trabalhadores independentes que atuam no estaleiro[27]. Neste domínio, a coordenação de segurança pode ter uma atuação em várias frentes, desde o acompanhamento das atividades até à divulgação da documentação, passando pela promoção de reuniões entre intervenientes.

Quanto à primeira questão, verificamos muitas vezes em obra que, na execução de uma dada atividade, participam recursos (mão de obra, equipamentos) de empresas distintas. A coordenação deverá estar particularmente atenta à implementação efetiva de medidas de segurança e também à definição de responsabilidades nessa implementação. Um

---

[25] Veja-se o ponto 5 do capítulo 5.

[26] Alínea c) do n.º 2 do artigo 19.º do Decreto-Lei n.º 273/2003, de 29 de outubro.

[27] Veja-se a a alínea d) do n.º 2 do artigo 19.º do Decreto-Lei n.º 273/2003, de 29 de outubro.

aspeto crítico a ter em conta é o facto das empresas subempreiteiras e os trabalhadores independentes que se encontram numa determinada obra estarem economicamente dependentes do empreiteiro geral, sujeitando-se muitas vezes à execução de trabalhos sem que estejam reunidas as necessárias condições de segurança. Uma situação corrente consiste na utilização, pelos subempreiteiros, de andaimes montados pelo empreiteiro geral em que, muitas vezes, só com uma intervenção ativa da coordenação de segurança em obra se obtêm condições de segurança adequadas.

No domínio da prevenção dos riscos profissionais verificamos que a coordenação entre empresas e trabalhadores independentes pode ser significativamente incrementada pela promoção de reuniões juntando os vários intervenientes na execução de atividades comuns. Na maior parte dos casos estas reuniões serão informais, resultando de uma atitude de alerta permanente por parte da coordenação de segurança em obra na deteção e na resolução (tanto quanto possível imediata) de desconformidades verificadas in loco. Contudo, há atividades delicadas, (como por exemplo a realização de um tabuleiro de viaduto com uma viga de lançamento ou com um carro de avanço) em que a coordenação dos intervenientes deve ser particularmente cuidada. Nestes últimos casos deverão existir reuniões formais (prévias) de coordenação, introduzindo-se também, muitas vezes, aspetos de formação e informação mútua aos intervenientes.

Na área documental há também um vasto campo de atuação para implementar e assegurar a coordenação entre intervenientes. Uma das vertentes é a verificação da disponibilização do plano de segurança e saúde a subempreiteiros e trabalhadores independentes em atividade no estaleiro. Outro exemplo será a verificação da existência de registos que demonstrem o efetivo controle dos subempreiteiros e trabalhadores independentes.

Um exemplo dos registos acima referidos é o que deve ser mantido pela entidade executante relativamente a cada subempreiteiro ou trabalhador independente que tenha laborado no estaleiro durante um prazo superior a 24 horas, devendo conter os seguintes dados[28]:

---

[28] De acordo com o n.º 1 do artigo 21 .º do Decreto-Lei n.º 273/2003, de 29 de outubro.

- a identificação completa, residência ou sede e número fiscal de contribuinte;
- o número do registo ou da autorização para o exercício da atividade de empreiteiro de obras públicas ou de industrial da construção civil, bem como de certificação exigida por lei para o exercício de outra atividade realizada no estaleiro;
- a atividade a efetuar no estaleiro e a sua calendarização;
- a cópia do contrato em execução do qual conste que exerce atividade no estaleiro, quando for celebrado por escrito;
- o responsável do subempreiteiro no estaleiro.

Outro registo do mesmo tipo deverá ser efetuado por cada empregador relativamente aos seus trabalhadores e aos trabalhadores independentes por si contratados[29], salientando "as apólices de seguros de acidentes de trabalho relativos a todos os trabalhadores respetivos que trabalhem no estaleiro e a trabalhadores independentes por si contratados, bem como os recibos correspondentes."

Nestes casos concretos a coordenação entre as empresas, reforçada pela lei, permitirá efetuar o controlo do enquadramento dos trabalhadores em mecanismos de proteção (segurança social, seguro, etc.) ao mesmo tempo que se impede a existência de trabalhadores ilegais.

2.5. Cumprimento do plano de segurança e saúde

No ponto anterior referimos que um dos aspetos importantes da ação da coordenação de segurança seria a verificação da disponibilização do plano de segurança e saúde aos subempreiteiros e trabalhadores independentes. Ainda mais importante será a sua promoção junto desses intervenientes, conjuntamente com a verificação do seu cumprimento. Neste domínio, os principais aspetos a verificar pela coordenação de segurança

---

[29] Segundo o n.º 2 do artigo 21.º do Decreto-Lei n.º 273/2003, de 29 de outubro.

referidos na lei[30] são a organização do estaleiro, o sistema de emergência, as condicionantes existentes no estaleiro e na área envolvente, os trabalhos que envolvam riscos especiais, os processos construtivos especiais, as atividades que possam ser incompatíveis no tempo ou no espaço e o sistema de comunicação entre os intervenientes na obra.

No que se refere à organização do estaleiro, já vimos que um plano de segurança e saúde tecnicamente válido[31] conterá um projeto de estaleiro[32] e que esse projeto deverá retratar a sua organização. Ao longo da execução dos trabalhos de uma obra é necessário proceder a alterações na configuração do estaleiro obrigando à reformulação de alguns dos seus componentes, como é o caso das instalações de produção, das vias de circulação, da sinalização e até das instalações sociais. Alterações significativas a estes elementos deverão ser do conhecimento prévio atempado da coordenação de segurança pois estarão sempre sujeitas a validação técnica. Em obra, o trabalho da coordenação de segurança será no sentido de verificar se as premissas da organização do estaleiro se mantêm, avaliar as alterações previstas e proceder à sua validação técnica, verificar a conformidade e adequação do estaleiro como local de trabalho seguro.

A verificação do sistema de emergência previsto para a obra também deverá ser objeto de ações por parte da coordenação de segurança. Esta deverá aferir a operacionalidade dos meios existentes, preferencialmente prescritos desde a elaboração do plano de segurança e saúde[33], quer se trate de meios provisórios ou da instalação antecipada dos definitivos.

O mesmo se passa relativamente às condicionantes existentes no estaleiro e na área envolvente. As primeiras têm sobretudo a ver com a evolução dos trabalhos e a evolução (contínua) do estaleiro. As segundas decorrem da eventual alteração da envolvente, quer por questões estranhas à obra, quer por interferência dos trabalhos em curso no estaleiro com o

---

[30] Veja-se a alínea e) do n.º 2 do artigo 19.º do Decreto-Lei n.º 273/2003, de 29 de outubro.

[31] Veja-se o ponto 2.2 deste capítulo.

[32] Veja-se o ponto 2.2.2 do capítulo 6.

[33] Veja-se o ponto 2.2.10 do capítulo 6.

meio exterior. Os trabalhos que envolvam riscos especiais exigem, pela sua perigosidade, atuação particularmente atenta por parte da coordenação de segurança. Um exemplo auxiliará a perceber melhor esta afirmação. Na figura 7.3 apresenta-se parte de uma estrutura de suporte de cimbre ao solo para execução de um viaduto, tratando-se de um tipo de estrutura onde já ocorreram bastantes acidentes mortais[34]. Independentemente da necessidade de determinados cuidados na montagem[35], é preciso ter em conta aspetos ligados à conceção e cálculo deste tipo de equipamentos. O dimensionamento irá resolver questões como as cargas existentes na altura da betonagem, a encurvadura das barras constituintes e a respetiva carga crítica de Euler, as fundações dos apoios no solo, etc.

Figura 7.3. Fundação e parte inferior da estrutura de suporte de um cimbre ao solo na obra de construção de um viaduto. (*Foto do Autor*)

---

[34] Um deles, particularmente grave, ocorreu em março de 2001 na construção de um viaduto, ao quilómetro 5 da A5 (ligação entre Caldas da Rainha e Rio Maior). Daí resultaram 4 mortos e 11 feridos, alguns deles com gravidade.

[35] Veja-se REIS 2008.

Como é facilmente compreensível a perceção de muitos destes problemas no ambiente de um estaleiro em plena laboração requer uma formação de base em engenharia civil. É por isso que defendemos que a coordenação de segurança em obra deve ter uma sólida formação nessa área, de outro modo, num estaleiro, não terá capacidade para detetar situações anómalas. Os próprios procedimentos de validação prévia do plano de segurança e saúde, por parte dos coordenadores de segurança em obra, exigem essa formação.

Figura 7.4. Descarga de uma das peças metálicas da ponte Pedro e Inês, em Coimbra. Movimentação da peça na posição deitada.

No domínio dos processos construtivos especiais acontece o mesmo, sendo que, as reflexões supracitadas são válidas quer para o acompanhamento dos processos construtivos pré-determinados na fase de projeto, quer para as situações em que cabe ao empreiteiro a sua definição.

A título de exemplo mostra-se outro aspeto da movimentação em obra de uma das peças metálicas da ponte referida no capítulo anterior[36]. Para além da necessidade de movimentação da peça tal como é colocada no local definitivo, para a retirada do transporte viário encontra-se prevista a situação da manipulação da peça "deitada", (figura 7.4).

Figura 7.5. A peça da figura anterior prestes a ser colocada no local definitivo. Sob a peça vêm-se os apoios provisórios na ensecadeira.

Entre outros pormenores, tal previsão consistiu na colocação prévia de olhais para a fixação dos cabos de sustentação. Foi igualmente previsto o sistema de apoios na ensecadeira, através de uma estrutura metálica provisória (figura 7.5), sendo este um exemplo igualmente ilustrativo

---

[36] Ponto 2.2.1 do capítulo 6.

do tipo de elementos cujas peças de projeto têm importância para a segurança e prevenção de riscos[37] e que devem acompanhar o plano de segurança e saúde para a obra.

Noutro ponto deste livro já tínhamos referido a importância da programação e planeamento[38] para o domínio da segurança nas obras. Entre outros aspetos a coordenação de segurança em obra terá sobretudo como objetivo assinalar as atividades que possam ser incompatíveis no tempo ou no espaço. Tal ocorrerá tanto no ato de validação técnica do plano de segurança e saúde, como também ao longo da execução dos trabalhos uma vez que, em regra, não há obra que não tenha alterações significativas à sua programação ao longo da execução. Quer se trate de alterações imprevistas ou não, é claro que as diversas versões do planeamento terão que demonstrar, com alguma antecipação, a cabal resolução de aspetos com influência na segurança tais como alterações de frentes de trabalho, alterações na alocação de equipamentos ou outros recursos, prazos irrealisticamente curtos, menosprezo do planeamento de medidas de segurança, etc.

Para terminar a análise dos aspetos mais importantes a verificar no cumprimento do plano de segurança e saúde, não poderíamos deixar de abordar o sistema de comunicação entre os intervenientes. É um facto que a segurança numa obra incumbe a todos contudo, em obra, é muitas vezes difícil "obrigar" operários ou técnicos de empresas diferentes a estabelecer contactos entre si. Em regra, os mecanismos e os procedimentos de comunicação entre intervenientes (reuniões, notificações, formação, etc.) são desencadeados pelo empreiteiro geral devendo a coordenação de segurança assegurar a sua existência, privilegiando a elaboração de documentação escrita como modo de vincular os intervenientes. Os vários tipos de documentos produzidos tais como notificações de segurança, atas de reuniões, relatórios de inspeção, etc., devem ser registados em protocolos elaborados e controlados pelo empreiteiro geral da obra e verificados pela coordenação de segurança em obra.

---

[37] De acordo com os pontos 2.3.1 e 2.3.2 do capítulo 6.
[38] Veja-se o ponto 1.1 deste capítulo.

2.6. Controlo dos métodos de trabalho

Na atuação da coordenação de segurança em obra, a lei refere uma tarefa essencial que consiste em "coordenar o controlo da correta aplicação dos métodos de trabalho, na medida em que tenham influência na segurança e saúde no trabalho"[39]. Neste domínio exige-se sobretudo uma ação inspetiva sobre a execução dos trabalhos, por parte da coordenação de segurança em obra, visando a deteção de situações anómalas.

Na prática verifica-se que os erros e as falhas na segurança dos estaleiros são na maior parte dos casos repetitivos, com muitos aspetos merecendo uma verificação sistemática por parte da coordenação de segurança em obra. Assim, é corrente utilizar-se uma lista de verificações[40] (*check list*) como auxiliar de memória. Uma lista de verificações contém diversos itens a analisar, geralmente agrupados em capítulos tais como, documentos e registos, estaleiro, instalações sociais, proteção coletiva, proteção individual, equipamentos de produção, equipamentos móveis, etc.

Na figura 7.6 apresenta-se um extrato de uma dessas listas, relativo a uma grua torre. O coordenador de segurança deve efetuar uma apreciação do grau de cumprimento de cada item apondo uma cruz no quadrado (do lado direito) considerado correto. As alternativas são: NA corresponde a uma situação inexistente ou não aplicável; 1 corresponde a um estado inaceitável, solicitando-se ação corretiva imediata; 2 corresponde a um estado aceitável, devendo proceder-se, contudo, à sua melhoria; 3 corresponde a uma situação que não necessita de intervenção.

A utilização adequada de uma lista de verificações implica a sua adaptação prévia à obra específica (tipo de obra, métodos de trabalho, equipamentos a utilizar, etc.), a colmatação de itens em falta, a atualização dos aspetos legais envolvidos, a transposição da experiência da coordenação de segurança em obra, etc. Os itens em apreciação devem ser sustentados em aspetos concretos e decorrentes da lei, tanto quanto possível livres de apreciações idiossincráticas.

---

[39] Alínea f) do n.º 2 do artigo 19.º do Decreto-Lei n.º 273/2003, de 29 de outubro.
[40] Em PINTO 2012 podem consultar-se várias listas deste tipo.

1 – Arrumação e limpeza das áreas circundantes ao quadro geral	NA	1	2	3
2 – Robustez e qualidade da construção da instalação do quadro geral	NA	1	2	3
3 – Ordem e limpeza no interior da instalação do Q.G.	NA	1	2	3
4 – Restrição do acesso de estranhos ao interior da instalação do Q.G.	NA	1	2	3
5 – Sinalização de segurança	NA	1	2	3
6 – Estado geral dos quadros volantes: caixas, portas, apoios, etc.	NA	1	2	3
7 – Adequação do disjuntores térmicos e disjuntores diferenciais	NA	1	2	3
8 – Estado geral dos cabos	NA	1	2	3
9 – Fichas e tomadas: estado de conservação, inexistência de ligações improvisadas	NA	1	2	3
10 – Adequação do cruzamento de caminhos por vias térrea e/ou por via aérea	NA	1	2	3
11 – Utilização de lâmpadas portáteis, gambiarras e projetores seguros com estrutura isolada	NA	1	2	3
12 – Locais de trabalho corretamente iluminados	NA	1	2	3

Figura 7.6. Aspeto parcial de uma lista de verificações.

Na prática verifica-se que muitos dos aspetos que necessitam de correção, ou estão em falta, são de simples deteção em obra. A título meramente ilustrativo referem-se algumas situações correntes:

Andaimes sem condições objetivas de segurança (apoios deficientes, falta de guarda corpos, plataformas incompletas, por exemplo);

Inexistência de guarda corpos em bordaduras ou implementação com deficiências (veja-se a figura 7.7);

Utilização de equipamentos não certificados ou com falhas diversas face ao Decreto-Lei n.º 50/2005, de 25 de fevereiro (falta de plano de manutenção, por exemplo);

Falta de equipamento de proteção individual adequado ou uso de equipamento em más condições;

Quadro elétrico sem disjuntor diferencial;

Instalações elétricas com ligações deficientes (ligações diretas com condutores à vista, por exemplo).

Figura 7.7. Zona de uma obra com elevado risco de queda em altura sem equipamento de proteção coletiva instalado. (*Foto do Autor*)

2.7. Divulgação recíproca de informações

Um outro aspeto da atuação da coordenação de segurança diz respeito à divulgação, entre todos os intervenientes no estaleiro, de informações sobre riscos profissionais e a sua prevenção[41].

Essa divulgação poderá surgir no decurso das reuniões de coordenação que se realizem periodicamente nas obras. Outro local privilegiado são as reuniões específicas de segurança, promovidas em regra em obras de grande dimensão, complexas ou com grandes riscos. Como estratégia motivacional deverão ser objeto de particular atenção alguns casos

---

[41] Veja-se alínea g) do n.º 2 do artigo 19.º do Decreto-Lei n.º 273/2003, de 29 de outubro.

concretos da obra em curso e, em particular, os que apresentem riscos especiais. Este processo deverá envolver sempre o empreiteiro geral e os aspetos abordados deverão ser incorporados no plano de segurança e saúde da obra. A observação da experiência leva-nos a afirmar que esse procedimento força a atualização constante desse plano e aumenta a sua efetividade.

Temos também observado que, durante o processo de divulgação de informações sobre riscos profissionais e sua prevenção, a coordenação de segurança deve ter uma atitude pedagógica, independentemente da necessidade de fazer cumprir o estabelecido na lei. Só assim se conseguem incrementar aspetos da segurança no trabalho da construção que, muitas vezes, implicam a mudança de atitudes enraizadas no cerne da própria sociedade.

2.8. Registo das atividades de coordenação

A coordenação de segurança deverá proceder ao registo das suas atividades de coordenação. Esses registos devem ser efetuados no livro de obra[42] ou num sistema de registos apropriado[43], constituindo evidências de uma atuação diligente. Note-se que o livro de obra é um documento que se deverá conservar no local de execução dos trabalhos, destinando--se a conter o registo[44] de todos os factos relevantes relativos à execução da mesma.

Os registos efetuados pelo coordenador de segurança devem referenciar as suas atividades de coordenação e os registos referidos no número 5 do anexo III do Decreto-Lei número 273/2003, de 29 de outubro[45].

---

[42] Num modelo que atualmente é definido na Portaria n.º 1268/2008, de 6 de novembro.

[43] Alínea h) do n.º 2 do artigo 19.º do Decreto-Lei n.º 273/2003, de 29 de outubro.

[44] Entre outros intervenientes, os registos podem ser lavrados pelo diretor de obra, fiscal camarário, projetista, coordenador de segurança em obra, etc.

[45] Veja-se o ponto 2.3.5 do capítulo 5.

De entre as atividades mais comuns a registar salientamos as seguintes:

- avaliação das condições de segurança mediante listas de verificações;
- inspeção da documentação relativa à mão-de-obra (segurança, social, seguros, etc.);
- inspeção de equipamentos presentes no estaleiro;
- atas de reuniões de coordenação e de segurança;
- notificações aos intervenientes;
- informações escritas e orais;
- ações de formação.

No livro de obra é também obrigatório o registo de dados de RCD, conforme se prescreve na alínea f) do artigo 11.º do Decreto-Lei n.º 46/2008 de 12 de março. O modelo de registo encontra-se patenteado no Anexo II dessa legislação e compreende a contabilização dos materiais reutilizados e RCD produzidos. Independentemente do facto de constituírem matérias do âmbito de atuação da fiscalização, a coordenação de segurança em obra tem voz ativa neste domínio, atendendo à necessidade de garantir no estaleiro condições de segurança (arrumação e circulação) e saúde (no caso da existência de resíduos perigosos) no trabalho.

2.9. Acesso ao estaleiro reservado

A coordenação de segurança em obra deverá "assegurar que a entidade executante tome as medidas necessárias para que o acesso ao estaleiro seja reservado a pessoas autorizadas"[46].

De facto, é importante que assim seja pois, como já vimos anteriormente, os estaleiros são locais perigosos e com riscos muito variados.

O desconhecimento da obra e a não observância de princípios básicos de segurança poderá ser fatal para alguém estranho à realização dos trabalhos.

---

[46] Alínea i) do n.º 2 do artigo 19.º do Decreto-Lei n.º 273/2003, de 29 de outubro.

Normalmente, a obra deve estar fechada e a coordenação de segurança deve verificar a existência de uma vedação adequada. Em regra, e especialmente em meios urbanos, a obra deve ter apenas uma entrada para acesso a veículos e uma "porta de homem" lateral. Quando exista grande movimento de entrada e saída de veículos deverá ponderar-se a existência de uma portaria com um segurança que controle a passagem e proceda à identificação de visitantes. Este deve ser instruído no sentido de verificar se a sua entrada é autorizada, bem como determinar qual o destino e qual a pessoa que enquadrará o visitante na obra. A entrada no estaleiro implica o uso de equipamento de proteção individual adequado aos locais visitados.

2.10. Informação a prestar ao dono da obra

Uma das obrigações da coordenação de segurança consiste em informar regularmente o dono da obra sobre o resultado da avaliação da segurança e saúde existente no estaleiro[47].

Geralmente, essa informação é prestada através da entrega de relatórios de segurança. Estes devem ter uma periodicidade adequada à obra em questão que, nos casos correntes, é mensal. Obviamente que, em certas circunstâncias, como é o caso de um acidente, a informação ao dono da obra terá que ser imediata.

Os relatórios de segurança abordam em regra os seguintes pontos principais:

* evolução da obra e trabalhos em curso;
* fichas de verificações;
* análise de equipamentos de proteção coletiva instalados;
* utilização de equipamento de proteção individual adequado pelos trabalhadores (veja-se a figura 7.8);
* situações particularmente graves que foram detetadas;

---

[47] Alínea j) do n.º 2 do artigo 19.º do Decreto-Lei n.º 273/2003, de 29 de outubro.

- aspetos menos graves, mas a reformular com urgência;
- notificações formais efetuadas desde o último relatório;
- relatórios de incidentes ou acidentes ocorridos;
- índices de sinistralidade[48];
- alterações à comunicação prévia;
- registos adicionados ao plano de segurança e saúde;
- registos efetuados no livro de obra;
- auditorias de segurança realizadas por técnicos externos à obra;
- inspeções realizadas pela ACT – Autoridade para as Condições de Trabalho.

Figura 7.8. Um trabalhador utilizando um equipamento de proteção individual adequado à atividade desempenhada. Trata-se de um fato e máscara completa, com tomada de ar nas costas, na realização de uma operação de micro abrasão com partículas de óxido de alumínio. (*Foto do Autor*)

---

[48] Referidos no ponto 2.1.2 do capítulo 3.

Em toda a atuação neste domínio deve salientar-se que deverá existir uma boa articulação entre a fiscalização[49] e a coordenação de segurança em obra. Saliente-se que esta fiscalização representa o dono da obra no local dos trabalhos.

2.11. Responsabilidades do dono da obra

A coordenação de segurança em obra deve também informar o dono da obra acerca das suas responsabilidades no âmbito do Decreto-Lei n.º 273/2003, de 29 de outubro[50].

Num ponto anterior deste capítulo vimos que o dono de obra poderia ser elucidado acerca das suas responsabilidades através de um documento contendo uma súmula dos aspetos referidos na legislação do domínio[51]. Nesta fase do empreendimento pretende-se que a coordenação de segurança em obra efetue de novo essa diligência informativa.

No que diz respeito à atuação do dono da obra serão tarefas porventura mais simples de realizar e com maior possibilidade de êxito pelo facto de, na legislação supracitada, grande parte dessas responsabilidades se encontrarem partilhadas com a própria coordenação de segurança em obra.

2.12. Análise das causas de acidentes

Caso ocorra algum acidente grave no estaleiro, a coordenação de segurança em obra investigará as suas causas[52].

Terá também em observação as obrigações do empregador no âmbito desta legislação[53], bem como as que constam na legislação geral sobre a segurança e saúde no trabalho e as previstas no Código do Trabalho.

---

[49] Contratada pela entidade dona da obra para genericamente garantir o cumprimento de aspetos como a qualidade e os prazos de execução cingidos a um determinado orçamento.

[50] Veja-se a alínea l) do n.º 2 do artigo 19.º da legislação supracitada.

[51] Trata-se do ponto 1.4 deste capítulo.

[52] Alínea m) do n.º 2 do artigo 19.º do Decreto-Lei n.º 273/2003, de 29 de outubro.

[53] Nomeadamente as do artigo 24.º do Decreto-Lei n.º 273/2003, de 29 de outubro.

Assim, o acidente de trabalho de que resulte a morte ou lesão grave do trabalhador, ou que assuma particular gravidade na perspetiva da segurança no trabalho, deve ser comunicado pelo respetivo empregador à ACT – Autoridade para as Condições de Trabalho[54] e ao coordenador de segurança em obra, no mais curto prazo possível, não podendo exceder vinte e quatro horas. Atualmente, o modelo de participação encontra-se no Anexo I da Portaria n.º 14/2018, de 11 de janeiro, que regula[55] os modelos de participação relativa a acidentes de trabalho.

Na realidade, qualquer acidente (leve, grave ou mortal) deve ser comunicado por escrito pelo respetivo empregador (ou entidade que o tiver contratado no caso de trabalhador independente) ao fiscal da obra e ao coordenador de segurança em obra. Todos os acidentes deverão ser objeto de um inquérito que apurará as circunstâncias relacionadas com o mesmo, de modo a permitir inferir as suas causas e consequências.

O inquérito buscará os seguintes dados:

- local exato e hora do acidente;
- identificação dos trabalhadores envolvidos, entidade empregadora, situação laboral, seguros;
- consequências do acidente para os trabalhadores, parte(s) do corpo atingida(s), tipo de lesão;
- outras consequências do acidente.

No processo de inquérito serão ouvidas testemunhas dos factos. Os seus relatos e outros dados deverão permitir apurar factos sobre os eventos ocorridos, as medidas de prevenção implementadas e não implementadas. Será então possível inferir as causas do acidente.

---

[54] Esta comunicação é essencial para que a ACT – Autoridade para as Condições de Trabalho possa proceder à "realização de inquérito em caso de acidente de trabalho mortal ou que evidencie uma situação particularmente grave", prescrita no n.º 2 do artigo 14.º da Lei 102/2009, de 10 de setembro.

[55] No âmbito do Decreto-Lei n.º 106/2017, de 29 de agosto, que regula a recolha, publicação e divulgação da informação estatística sobre acidentes de trabalho.

No respetivo relatório a elaborar, deverão constar os dados previstos no supracitado modelo de participação entre os quais salientamos:

- descrição pormenorizada do acidente;
- local onde se encontrava o sinistrado no momento do acidente;
- natureza principal do trabalho que o sinistrado estava a executar no momento do acidente;
- tarefa que o sinistrado executava no momento do acidente;
- materiais e/ou objetos que o sinistrado manipulava nesse momento;
- acontecimentos na origem do acidente (o que aconteceu de errado, desviante do normal);
- materiais e/ou objetos associados ao acontecimento que esteve na origem do acidente;
- acontecimentos que conduziram à lesão (modo como a vítima foi lesionada, contacto);
- materiais e/ou objetos que estiveram associados ao acontecimento que conduziu à lesão;
- grau de experiência do sinistrado na tarefa em causa;
- conhecimento do sinistrado quanto ao posto de trabalho;
- número de horas executadas ininterruptamente pelo sinistrado até ao momento do acidente;
- número total de horas executadas até ao momento do acidente.

2.13. Compilação técnica

Para a obtenção da compilação técnica da obra nos termos da legislação, caberá ao coordenador de segurança desta fase "integrar na compilação técnica da obra os elementos decorrentes da execução dos trabalhos que dela não constem"[56].

Assim, durante a fase de execução, o respetivo coordenador de segurança deverá desenvolver diligências junto da entidade executante para

---

[56] Alínea n) do n.º 2 do artigo 19.º do Decreto-Lei n.º 273/2003, de 29 de outubro.

a entrega dos elementos pré definidos. Recordamos que a especificação dos elementos a entregar deverá ser efetuada desde a fase de projeto. Se esses elementos não estiverem claramente definidos, ou sejam julgados insuficientes, deverão ser complementados com os que a coordenação de segurança julgue adequados.

Figura 7.9. Uma linha de vida instalada na cobertura de um edifício, tendo em vista futuras operações de manutenção ou reparação, será certamente identificada numa compilação técnica. (*Foto do Autor*)

Muitos dos elementos que integrarão a compilação técnica[57] deverão ser obtidos ao longo da execução da obra e não no seu final. Referimos seguidamente dois exemplos paradigmáticos da importância desse procedimento. As telas finais relativas a uma rede de cabos elétricos enterrados deverão ser executadas de imediato pois, uma vez decorridos alguns meses de obra, poderá não ser possível obter informação acerca do seu trajeto preciso. Os equipamentos a instalar em obra vêm muitas

---

[57] No ponto 4 do capítulo 5 já vimos o elenco dos elementos importantes a incorporar na compilação técnica.

vezes acompanhados de documentação técnica que, se não for recolhida na sua chegada à obra, irá extraviar-se.

Para além das diligências relativas à incorporação dos diversos elementos relevantes da compilação técnica e da sua validação, a coordenação de segurança em obra deverá manter um registo da documentação obtida segundo um dado protocolo que deverá constar do plano de segurança e saúde da fase de projeto[58] (ou da fase de obra, se tal não se encontrar previamente acautelado).

---

[58] Veja-se o ponto 2.2.12 do capítulo 6.

BIBLIOGRAFIA

ACT – Autoridade para as Condições do Trabalho, Relatório de Atividades 2011, Autoridade para as Condições do Trabalho, Ministério da Economia e do Emprego, Lisboa, 2012

ACT, A Autoridade para as Condições do Trabalho e os inquéritos de acidente de trabalho e doença profissional, Autoridade para as Condições do Trabalho, Direção de Serviços de Apoio à Atividade Inspetiva, Lisboa, 2015

AECOPS, Organização do estaleiro – Sinalização de obras – Segurança na construção, Lisboa, AECOPS – Associação de Empresas de Construção e Obras Públicas, Lisboa, 1989

ALEGRE, Carlos, Acidentes de Trabalho e Doenças Profissionais – Regime Jurídico Anotado, Edit. Almedina, Coimbra, 2009

AMARAL, Gandra do, Manual de Segurança no Estaleiro, APET-Associação Portuguesa de Engenheiros Técnicos e IDICT – Instituto de Desenvolvimento e Inspeção das Condições de Trabalho, Lisboa, 1996

ANDRADE, Ana Paula da Silva Jacinto, A Aplicação das Diretivas Comunitárias no Domínio da Segurança da Construção, Tese de Mestrado, Departamento de Engenharia Civil da Faculdade de Ciências e Tecnologia da Universidade de Coimbra, Coimbra, 2007

BRANCO, J. Paz, FARINHA, J.S. Brazão, Manual de Estaleiros de Construção de Edifícios, 3 Volumes, LNEC – Laboratório Nacional de Engenharia Civil, Lisboa, 1980

BSI – British Standards Institution, BS 8800:2004, Occupational Health and Safety Management Systems – Guide, julho de 2004

BUCHTIK, Liliana, Secrets to mastering the WBS in real-world projects, Project Management Institute, Inc., Pennsylvania, 2010

CABRAL, Fernando, VEIGA, Rui, – Higiene, segurança, saúde e prevenção de acidentes de trabalho, Verlag Dashöfer, Lisboa, 2000

CABRAL, Fernando, ROXO, Manuel, Segurança e Saúde do Trabalho, Legislação Anotada, Almedina, Coimbra, 2008

CABRITO, Arlindo José Ribeiro Mendes, A Segurança e Saúde no Trabalho da Construção e a aplicação dos Princípios Gerais de Prevenção na fase de Projeto, Tese de Mestrado em Gestão da Construção e do Património Imobiliário, Universidade do Minho, Braga, Novembro de 2002

CARVALHO, Filipa, MELO, Rui Bettencourt, Avaliação de Riscos: Comparação entre vários Métodos de Avaliação de Risco de Natureza Semi-Quantitativa, Revista Territorium n.º 18, pag 43-54, 2011

COBLE, Richard J., GENAUER, Gabriel, Creating a drug free culture on construction sites, Rotterdam, Proceedings of the first International Conference of CIB Working Comission W99 – Implementation of Safety and Health on Construction Sites, Lisbon 1996, Alves Dias & Coble editors, A A Balkema, Rotterdam, 1996

DIAS, Luís Manuel Alves e FONSECA, Manuel Santos, Construção Civil, Plano de Segurança e de Saúde na Construção, Instituto de Desenvolvimento e Inspeção das Condições de Trabalho e Instituto Superior Técnico, Lisboa, 1996

DGHST, Conselhos de Segurança – Edifícios e Obras Públicas, Direção Geral de Higiene e Segurança no Trabalho, Ministério do Trabalho, Lisboa, 1982

ESPERTO, Sílvia, Coordenação de Segurança em Obra, Relatório de Estágio, ISEC, Coimbra, 2013

EUROSTAT, Estatísticas Europeias de Acidentes de Trabalho (EEAT) – Metodologia, Doc. ESTAT/E3/HSW/2001/1130, Bruxelas, 2001

EUROSTAT, Facts 19, Agência Europeia para a Segurança e Saúde no Trabalho, Bruxelas, 2001

FERNANDES, Maria Carlos, SOEIRO, Alfredo, LOPES, Jorge Pedro, Análise do Perfil de Competências da Coordenação de Segurança na Construção, 7.º Congresso Internacional de Segurança, Higiene e Saúde do Trabalho, Porto, 2007

GADD, S., Good practice and pitfalls in risk assessment, Health & Safety Executive, Shefield, 2003

GEP, Séries Cronológicas ACIDENTES DE TRABALHO 2000 – 2007, GEP – Gabinete de Estratégia e Planeamento, Ministério do Trabalho e da Solidariedade Social, Lisboa, 2010

GONELHA, Luís Maldonado, SALDANHA, Ricardo Azevedo, Segurança Higiene e Saúde no Trabalho em Estaleiros de Construção – Decreto-Lei n.º 273/2003 de 29 de Outubro, anotado e comentado, Edit. Vida Económica, Lisboa, 2006

GRAÇA, Luís, Enquadramento histórico da produção legislativa no domínio da Segurança, Higiene e Saúde no Trabalho (SH&ST), Disciplina de Sociologia da Saúde/ Disciplina de Psicossociologia do Trabalho e das Organizações de Saúde, Grupo de Disciplinas de Ciências Sociais em Saúde, Escola Nacional de Saúde Pública, Universidade Nova de Lisboa, Texto policopiado 75 + 18, Lisboa, 1999

HEINRICH, Herbert William, PETERSEN, Dan, ROOS, Nestor, Industrial accident prevention: a safety management approach, Edit. McGraw-Hill, New York, 1980

HYOUNG, J. et al. The characteristics of fatal occupational injuries in Korea's construction industry, 1997-2004, Safety Science, vol. 47, num. 8, pag. 1159-1162, 2009

HSE, Health and Safety Statistics. Annual Report for Great Britain 2013/14, HSE – Health and Safety Executive. Disponível em http://www.hse.gov.uk/statistics/ overall/hssh1314.pdf

IDICT, Coordenação de Segurança na Construção: perspetivas de desenvolvimento, Ministério do Trabalho e da Solidariedade. IDICT – Instituto de Desenvolvimento e Inspeção das Condições de Trabalho, Porto, 1999

IDICT, Trabalhar e Viver em Portugal – Guia de Acolhimento a Imigrantes, Ministério do Trabalho e da Solidariedade. IDICT – Instituto de Desenvolvimento e Inspeção das Condições de Trabalho, Lisboa, 2002

IDICT, Manual de certificação: técnico superior de segurança e higiene do trabalho, técnico de segurança e higiene do trabalho, IDICT – Instituto de Desenvolvimento e Inspeção das Condições de Trabalho, Instituto de Emprego e Formação Profissional; Lisboa, 2002

IEC/ISO 31010:2019 – Risk management – Risk assessment techniques, International Electrotechnical Commission, 2019

IGT, Inspeção Geral do Trabalho, A Inspeção do Trabalho e os Inquéritos de Acidente de Trabalho e Doença Profissional, Lisboa 2005

ILO – International Labour Organization, Décima Sexta Conferência Internacional dos Estaticistas do Trabalho – Relatório da Conferência, Genebra, 6 – 15 de Outubro de 1998. Acessível a partir de http://www.ilo.org/

ISO 9001:2015 – Quality Management Systems, International Standards Organization, 2015

INSHTE, NTP 330: Sistema simplificado de evaluación de riesgos de accidente, Instituto Nacional de Seguridad e Higiene em el Trabajo de Espanha, 199?

JACINTO, C. et al., Causas e circunstâncias dos acidentes de trabalho em Portugal, Lisboa: MTSS/GEP, col. Cogitum, n.º 27, 2007

LEHDER, Gunter, SKIBA, Reinald, Taschenbuch Arbeitssicherheit, Eric Schmidt Verlag, 2005

LIMA, Teresa, Trabalho e risco no sector da Construção civil em Portugal: Desafios a uma cultura de prevenção, CES – Centro de Estudos Sociais, Coimbra, 2003

LIMA, T. M. (2005), Risco de acidentes de trabalho: desafios a uma cultura de prevenção – O Sector da Construção Civil em Portugal, Atas do V Congresso Português de Sociologia, Sociedades Contemporâneas: Reflexividade e Ação, APS.

LUCAS, Francisco José Freire, Construção civil e obras públicas: escavações em solos e sua estabilidade, IDICT – Instituto de Desenvolvimento e Inspeção das Condições do Trabalho, Lisboa, 1996

LUTZ, James D., Planning of linear construction projects using simulation and line of balance. Ph. D. Thesis, Purdue University, Lafayette, 1990

MACHADO, Luís Fontes, Construção Civil – Manual de Segurança no Estaleiro, IDICT – Instituto de Desenvolvimento e Inspeção das Condições do Trabalho, Lisboa, 1996

MELIÁ, J. L. et al., Safety climate responses and the perceived risk of accidents in the construction industry, Safety Science, vol. 46, num. 6, pag. 949-958, 2008

MIGUEL, Alberto Sérgio, Manual de Higiene e Segurança do Trabalho – 12.ª Edição, Porto Editora, Porto, 2012

MTSS – Ministério do Trabalho e da Solidariedade Social (2007), Causas e Circunstâncias dos Acidentes de Trabalho em Portugal – Alguns fatores determinantes dos acidentes de trabalho nos sectores económicos com maior densidade de emprego e maior incidência, Lisboa: GEP/MTSS, n.º 27.

OIT, A Prevenção das Doenças Profissionais, Organização Internacional do Trabalho, Lisboa, 2013

PEREIRA, Telmo Dias, Gestão de Projeto e Contratação de Empreitadas de Obras – 2.ª edição, Imprensa da Universidade de Coimbra, Coimbra 2015

PEREIRA, Telmo Dias, Modelo Informático para o Diagnóstico de Defeitos de Construção, Tese de Doutoramento, Universidade de Coimbra, Coimbra 1999

PINTO, J. M. (1996), "Contributos para uma análise dos acidentes de trabalho na construção civil", Cadernos de ciências sociais, n.º 15, pp. 121-131

PINTO, Abel, Manual de Segurança – Construção, Conservação e Restauro de Edifícios, 4.ª edição, Edições Sílabo, Lisboa, 2012

PINTO, Abel, Sistemas de Gestão da Segurança e Saúde no Trabalho – Guia para a sua implementação, 3.ª edição, Edições Sílabo, Lisboa, 2017

REIS, Arnaldo, Planeamento da segurança na execução de cimbre ao solo em tabuleiros betonados "in situ", 8.º Congresso Internacional de Segurança, Higiene e Saúde do Trabalho, Porto, 2008

REIS, Cristina Madureira dos, SOEIRO, Alfredo, Economia da segurança e dos acidentes na construção: Simulação e Análise, ISHST – Instituto para a Segurança, Higiene e Saúde no Trabalho, Série Estudos, N.º 07, 2005

RODRIGUES, Maria Fernanda da Silva, A Formação dos Coordenadores de Segurança e Saúde na Construção, Tese de Mestrado em Engenharia Humana, Universidade do Minho, Guimarães, Setembro de 1999

RODRIGUES, Germano. Segurança na Construção: Glossário. 1.ª Edição, Instituto de Desenvolvimento e Inspeção das Condições de Trabalho, Lisboa, 1996

RODRIGUES, João Manuel Coutinho, Aplicações da Teoria de Sistemas – Uma Introdução a Técnicas de IO e suas Aplicações, 4.ª edição, ed. Ediliber, Coimbra 2005

ROXO, Manuel, Avaliação de riscos profissionais: Problemas e desafios, 7.º Congresso Internacional de Segurança, Higiene e Saúde do Trabalho, Porto, 2007

SANTOS, José Manuel, RODRIGUES, Fernanda, BAPTISTA, Maria Antónia; REIS, Sandra, ROXO, Manuel, Coordenação de segurança na construção: perspetivas de desenvolvimento; IDICT – Instituto de Desenvolvimento e Inspeção das Condições de Trabalho; Série Estudos, N.º 02, Lisboa, 2001

SANTOS, José Manuel; BAPTISTA, Maria Antónia; PALOS, Fátima; ROXO, Manuel, Coordenação de Segurança na Construção: que rumo?, Inspeção Geral do Trabalho, Lisboa, 2003

SANTOS, Fernando de Almeida, SOUSA, Hipólito de, ALMEIDA, António Matos de, Segurança do Trabalho na Construção, Sector da construção civil e obras públicas – Visão da política nacional de Segurança do Trabalho, Revista INFO,

Boletim Trimestral da Ordem dos Engenheiros, Região Norte, n.º 16, Porto, Novembro de 2008

SILVERSTEIN, B. et al., Claims incidence of work-related disorders of the upper extremities: Washington state, 1993-1999, American Journal of Public Health, vol. 88, pag. 1827-1833, 1998.

SOEIRO, Alfredo, Segurança na Construção (e-book), FEUP Edições, ISBN: 972-752-072-3, Porto, 2005

SOEIRO, Alfredo, Economia da Segurança e dos Acidentes na Construção – Simulação e Análise, IDICT – Instituto de Desenvolvimento e Inspeção das Condições de Trabalho; Série Estudos, N.º 07, Lisboa, 2005

TAM, C. M.; ZENG, S. X.; DENG, Z. M., Identifying elements of poor construction safety management in China, Safety Science, vol. 42, pag. 569-586, 2004

TEIXEIRA, José M. Cardoso, Coordenação de Segurança e Saúde durante a realização do Projeto, Guimarães, Universidade do Minho, Revista Engenharia Civil, número 13, Janeiro de 2002

ACRÓNIMOS E ABREVIATURAS

ACT – Autoridade para as Condições do Trabalho

AESST – Agência Europeia para a Segurança e Saúde no Trabalho

AECOPS – Associação de Empresas de Construção e Obras Publicas e Serviços

AICCOPN – Associação dos Industriais da Construção Civil e Obras Públicas

AICE – Associação Dos Industriais De Construção De Edifícios

ANPC – Autoridade Nacional de Proteção Coletiva

APSEI – Associação Portuguesa de Segurança

AR – Assembleia da República

CAE – Classificação Portuguesa das Atividades Económicas

CEN – European Committee for Standardization

CNPD – Comissão Nacional de Proteção de Dados

CS – Coordenador de Segurança

DGS – Direcção-Geral da Saúde

DP – Doenças Profissionais

DPRP – Departamento de Proteção contra Riscos Profissionais do Instituto de Segurança Social, I.P.

DSPSST – Direção de Serviços para a Promoção da Segurança e Saúde no Trabalho

EEAT – Estatísticas Europeias de Acidentes de Trabalho

EEE – Espaço Económico Europeu

EPC – Equipamento de Proteção Coletiva

EPI – Equipamento de Proteção Individual

EUROSTAT – Statistical Office of the European Union

GEP – Gabinete de Estratégia e Planeamento do Ministério do Trabalho e Solidariedade Social

IGT – Inspeção Geral do Trabalho

INE – Instituto Nacional de Estatística

IPQ – Instituto Português da Qualidade

ISO – International Organization for Standardization

ISHST – Instituto para a Segurança e Saúde no Trabalho

ISS – Instituto de Segurança Social, I.P.

MTSSS – Ministério do Trabalho, Solidariedade e Segurança Social

OIT – Organização Internacional do Trabalho

PME – Pequenas e Médias Empresas

PROAP – Programa Operacional de Apoio à Promoção da Segurança e Saúde no Trabalho

PSP – Polícia de Segurança Pública

PSS – Plano de Segurança e Saúde

RCD – Resíduos de construção e demolição

REACH – Registration, Evaluation, Authorization and Restriction of Chemicals

SETACCOP – Sindicato da Construção, Obras Públicas e Serviços

SPMT – Sociedade Portuguesa de Medicina do Trabalho

SST – Segurança e Saúde no Trabalho

TST – Técnico de Segurança no Trabalho

TSST – Técnico Superior de Segurança no Trabalho

UE – União Europeia

ANEXO I

LEGISLAÇÃO NO DOMÍNIO

Notas:

- Contém legislação em vigor à data de dezembro de 2019;
- A legislação encontra-se organizada por assuntos e, dentro de cada assunto, por ordem cronológica.

Conteúdo:

1 ACIDENTES E DOENÇAS PROFISSIONAIS

Decreto-Lei 362/93, de 15 de outubro

Estabelece as regras relativas à informação estatística sobre acidentes de trabalho e doenças profissionais. Pelo Decreto-Lei 106/2017, de 29 de agosto foi revogada a parte relativa ao regime de informação estatística sobre acidentes de trabalho no setor privado incluindo o cooperativo e o social, e a trabalhadores independentes.

Portaria 137/94, de 8 de março

Aprova o modelo de participação de acidente de trabalho e o mapa de encerramento de processo de acidente de trabalho, previsto no Decreto-Lei n.º 362/93, de 15 de outubro.

Decreto-Lei 142/99, de 30 de abril

Cria o Fundo de Acidentes de Trabalho, dotado de autonomia administrativa e financeira, designado abreviadamente por FAT.

No artigo 6.º estabelece que as pensões por incapacidade permanente e por morte resultantes de acidente de trabalho são atualizadas anualmente.

Decreto-Lei 16/2003, de 3 de fevereiro

Procede à interpretação autêntica do n.º 1 do artigo 6.º do Decreto-Lei 142/99, de 30 de abril, que cria o Fundo de Acidentes de Trabalho.

Decreto-Lei 185/2007, de 10 de maio

Altera o Decreto-Lei 142/99, de 30 de abril, que cria o Fundo de Acidentes de Trabalho.

Decreto Regulamentar 76/2007, de 17 de julho

Aprova a lista das doenças profissionais e o respetivo índice codificado. Altera o Decreto Regulamentar 6/2001, de 5 de maio.

Decreto-Lei 352/2007, de 23 de outubro

Aprova a nova Tabela Nacional de Incapacidades por Acidentes de Trabalho e Doenças Profissionais.

Revoga o Decreto-Lei 341/93, de 30 de setembro.

Lei 98/2009 de 4 de setembro

Regulamenta o regime de reparação de acidentes de trabalho e de doenças profissionais, incluindo a reabilitação e reintegração profissionais, nos termos do artigo 284.º do Código do Trabalho, aprovado pela Lei n.º 7/2009, de 12 de fevereiro. Revoga a Lei n.º 100/97, de 13 de setembro, aprovando o regime jurídico dos acidentes de trabalho e das doenças profissionais. Revoga o Decreto-Lei 143/99, de 30 de abril, regulamentando a Lei n.º 100/97, de 13 de setembro, no que respeita à reparação de danos emergentes de acidentes de trabalho. Revoga o Decreto-Lei 248/99, de 2 de julho procedendo à reformulação e aperfeiçoamento global da regulamentação das doenças profissionais em conformidade com o novo regime jurídico aprovado pela Lei n.º 100/97, de 13 de setembro, e no desenvolvimento do regime previsto na Lei n.º 28/84, de 14 de agosto).

Decreto-Lei 107/2015, de 16 de junho

Suspende o regime de atualização anual das pensões por incapacidade permanente e por morte resultantes de acidente de trabalho, previsto no artigo 6.º do Decreto-Lei 142/99, de 30 de abril.

Decreto-Lei 106/2017, de 29 de agosto

Regula a recolha, publicação e divulgação da informação estatística sobre acidentes de trabalho. Revoga o Decreto-Lei n.º 362/93, de 15 de outubro, na parte relativa ao regime de informação estatística sobre acidentes de trabalho no setor privado incluindo o cooperativo e o social, e a trabalhadores independentes

Declaração de Retificação 25/2017, de 22 de setembro

Retifica o Decreto-Lei n.º 106/2017, de 29 de agosto, do Trabalho, Solidariedade e Segurança Social, que regula a recolha, publicação e divulgação da informação estatística sobre acidentes de trabalho, publicado no Diário da República, 1.ª série, n.º 166, de 29 de agosto de 2017.

Portaria 14/2018, de 11 de janeiro

Portaria que regula os modelos de participação relativa a acidentes de trabalho.

Revogou a Portaria 137/94, de 8 de março, no que respeita ao modelo de participação de acidente de trabalho e do mapa de encerramento de processo de acidente de trabalho no setor privado incluindo o cooperativo e o social e trabalhadores independentes ou de serviço doméstico

Portaria 23/2018, de 18 de janeiro

Portaria que procede à atualização anual das pensões e de outras prestações sociais atribuídas pelo sistema de segurança social, das pensões do regime de proteção social convergente atribuídas pela CGA e das pensões por incapacidade permanente para o trabalho e por morte decorrentes de doença profissional, para o ano de 2018

Declaração de Retificação 4/2018, de 13 de fevereiro

Retifica a Portaria n.º 23/2018, de 18 de janeiro, das Finanças e Trabalho, Solidariedade e Segurança Social que procede à atualização anual das pensões e de outras prestações sociais atribuídas pelo sistema de segurança social, das pensões do regime de proteção social convergente atribuídas pela CGA e das pensões por incapacidade permanente para o trabalho e por morte decorrentes de doença profissional, para o ano de 2018, publicada no Diário da República, n.º 13, 1.ª série, de 18 de janeiro de 2018

Portaria 23/2019, de 17 de Janeiro

Portaria que procede à atualização anual das pensões de acidentes de trabalho para o ano de 2019. As pensões por incapacidade permanente e por morte resultantes de acidente de trabalho são atualizadas, anualmente, nos termos do disposto no artigo 6.º do Decreto-Lei 142/99, de 30 de abril, na redação dada pelos Decretos-Leis 185/2007, de 10 de maio e 18/2016, de 13 de abril.

2 ACÚSTICA, RUÍDO E POLUIÇÃO SONORA

Decreto-Lei 146/2006, de 31 de julho

Avaliação e gestão do ruído ambiente, procedendo à transposição para o ordenamento jurídico interno da Diretiva n.º 2002/49/CE, do Parlamento Europeu e do Conselho, de 25 de junho.

Retificado pela Declaração de Retificação 57/2006 de 31 de agosto.

Foi alterado e republicado pelo Decreto-Lei 136-A/2019, de 6 de setembro.

Decreto-Lei 182/2006, de 6 de setembro

Estabelece prescrições mínimas de segurança e de saúde em matéria de exposição dos trabalhadores aos riscos devidos aos agentes físicos (ruído). Transpõe para o direito interno a Diretiva n.º 2003/10/CE, de 6 fevereiro, que revogou a Diretiva 86/188/CEE, de 12 de maio. Revoga o Decreto-Lei 72/92 de 28 de abril e o Decreto-Regulamentar 9/92 de 28 de abril.

Decreto-Lei 221/2006, de 8 de novembro
Estabelece as regras em matéria de emissões sonoras de equipamento para utilização no exterior. Aplica-se apenas a equipamentos para utilização no exterior, colocados no mercado ou em serviço como uma unidade integral. Transpõe: a Diretiva n.º 2005/88/CE, de 14 dezembro. Revoga o Decreto-Lei 76/2002, de 26 de março.

Decreto-Lei 9/2007, de 17 de janeiro
Aprova o Regulamento Geral do Ruído.

Revoga o regime legal da poluição sonora, aprovado pelo Decreto-Lei 292/2000, de 14 de novembro.

Foi alterado pelo Decreto-Lei 278/2007, de 1 de agosto

Decreto-Lei 278/2007, de 1 de agosto
Altera o Regulamento Geral do Ruído, Decreto-Lei 9/2007, de 17 de janeiro

Decreto-Lei 136-A/2019, de 6 de setembro
Altera o regime de avaliação e gestão do ruído ambiente, transpondo a Diretiva (EU) 2015/996.

Altera e republica o Decreto-Lei 146/2006, de 31 de julho

3 ALVARÁS DAS EMPRESAS DE CONSTRUÇÃO

Lei 41/2015, de 3 de junho
Estabelece o regime jurídico aplicável ao exercício da atividade da construção, em conformidade com o estabelecido no Decreto-Lei 92/2010, de 26 de julho, que transpôs a Diretiva n.º 2006/123/CE, do Parlamento Europeu e do Conselho, de 12 de dezembro de 2006, relativa aos serviços no mercado interno. Revoga o Decreto-Lei 12/2004, de 9 de janeiro, a Portaria 14/2004, de 10 de janeiro, a Portaria 16/2004, de 10 de janeiro, a Portaria 18/2004, de 10 de janeiro, a Portaria 19/2004, de 10 de janeiro.

4 AMIANTO

Decreto-Lei 266/2007, de 24 de julho

Proteção sanitária dos trabalhadores expostos ao amianto durante o trabalho. Transpõe para a ordem jurídica interna a Diretiva n.º 2003/18/CE, do Parlamento Europeu e do Conselho, de 27 de março, que altera a Diretiva n.º 83/477/CEE, do Conselho, de 19 de setembro.

Revoga o Decreto-Lei 284/89, de 24 de agosto, a Portaria 1057/89 de 7 de dezembro e o Decreto-Lei 389/93, de 20 de novembro.

Lei 2/2011, de 9 de fevereiro

Estabelece procedimentos e objetivos com vista à remoção de produtos que contêm fibras de amianto ainda presentes em edifícios, instalações e equipamentos públicos.

Portaria 40/2014, de 17 de fevereiro

Estabelece as normas para a correta remoção dos materiais contendo amianto e para o acondicionamento, transporte e gestão dos respetivos resíduos de construção e demolição gerados, tendo em vista a proteção do ambiente e da saúde humana.

5 ASCENSORES E INSTALAÇÕES ELETROMECÂNICAS

Decreto-Lei 320/2002, de 28 de dezembro

Estabelece as disposições aplicáveis à manutenção e inspeção de ascensores, monta-cargas, escadas mecânicas e tapetes rolantes. São revogados os Decretos-Leis n.ºs 404/86, de 3 de dezembro, 131/87, de 17 de março, e 110/91, de 18 de março.

Decreto-Lei 176/2008, de 26 de agosto

Princípios gerais de segurança relativos aos ascensores e respetivos componentes, transpondo parcialmente para a ordem jurídica interna a Diretiva n.º 2006/42/CE do Parlamento Europeu e do Conselho, de 17 de maio, relativa às máquinas, que altera a Diretiva n.º 95/16/CE do Parlamento Europeu e do Conselho, de 29 de junho, relativa à aproximação das legislações dos Estados membros respeitantes aos ascensores. Altera o Decreto-Lei 295/98 de 22/9.

Lei 65/2013, de 27 de agosto

Aprova os requisitos de acesso e exercício das atividades das empresas de manutenção de instalações de elevação (EMIE)e das entidades inspetoras de instalações de elevação (EIIE), e seus profissionais, conformando-os com a disciplina da Lei 9/2009, de 4 de março, e do Decreto-Lei 92/2010, de 26 de julho, que transpuseram as Diretivas n.ºs 2005/36/CE, relativa ao reconhecimento das qualificações profissionais, e 2006/123/CE, relativa aos serviços no mercado interno. Revoga alguns artigos do Decreto-Lei 320/2002 de 22/12.

Despacho 3084/2015, de 26 de março

Lista das normas portuguesas que transpõem as normas harmonizadas no âmbito da Diretiva 95/16/CE do Parlamento Europeu e do Conselho, de 29 de junho de 1995, relativa a ascensores.

6 CÓDIGO DO TRABALHO E QUESTÕES LABORAIS

Lei 19/2007, de 22 de maio

Aprova um novo regime jurídico do trabalho temporário. Revoga o Decreto-Lei 358/89, de 17 de outubro, alterado pelas Leis n.ºs 39/96, de 31 de agosto, 146/99, de 1 de setembro, e 99/2003, de 27 de agosto.

Lei 23/2007, de 4 de julho

Aprova o regime jurídico de entrada, permanência, saída e afastamento de estrangeiros do território nacional.

Lei 7/2009, de 12 de fevereiro

Aprova o Código do Trabalho transpondo para a ordem jurídica interna, total ou parcialmente, várias diretivas comunitárias, entre as quais a Diretiva do Conselho n.º 91/533/CEE, de 14 de outubro, relativa à obrigação de a entidade patronal informar o trabalhador sobre as condições aplicáveis ao contrato ou à relação de trabalho, a Diretiva n.º 94/33/CE, do Conselho, de 22 de junho, relativa à proteção dos jovens no trabalho, a Diretiva n.º 2003/88/CE, do Parlamento Europeu e do Conselho, de 4 de novembro, relativa a determinados aspetos da organização do tempo de trabalho. Revoga a Lei 99/2003 de 27/8 na redação dada pela Lei 9/2006 de 20/3, pela Lei 59/2007 de 4/9 e pela Lei 12-A/2008 de

27/2. Revoga a Lei 35/2004 de 29 de julho na redação dada pela Lei 9/2006 de 20/3 e pelo Decreto-Lei 164/2007 de 3/5. Revoga vários artigos e alíneas da Lei 19/2007 de 22/5 e da Lei 35/2004 de 29/7.

Lei 98/2009, de 4 de setembro

Regulamenta o regime de reparação de acidentes de trabalho e de doenças profissionais, incluindo a reabilitação e reintegração profissionais, nos termos do artigo 284.º do Código do Trabalho, aprovado pela Lei 7/2009, de 12 de fevereiro. Revoga a Lei 100/97, de 13 de setembro, o Decreto-Lei 143/99, de 30 de abril e o Decreto-Lei 248/99, de 2 de julho.

Lei 105/2009, de 14 de setembro

Regulamenta e altera o Código do Trabalho, aprovado pela Lei 7/2009, de 12 de fevereiro, e procede à primeira alteração da Lei 4/2008, de 7 de fevereiro.

Lei 53/2011, de 14 de outubro

Procede à segunda alteração ao Código do Trabalho, aprovado em anexo à Lei 7/2009, de 12 de fevereiro, estabelecendo um novo sistema de compensação em diversas modalidades de cessação do contrato de trabalho, aplicável apenas aos novos contratos de trabalho.

Lei 23/2012, de 25 de junho

Procede à terceira alteração ao Código do Trabalho, aprovado pela Lei 7/2009, de 12 de fevereiro.

Retificada pela Declaração de Retificação 38/2012, de 23 de julho.

Lei 29/2012, de 9 de agosto

Altera (primeira alteração) à Lei n.º 23/2007, de 4 de julho, que aprovou o regime jurídico de entrada, permanência, saída e afastamento de estrangeiros do território nacional, e republica-a em anexo, na redação atual. Implementa a nível nacional o Regulamento (CE) n.º 180/2009 (EUR-Lex), do Parlamento Europeu e do Conselho, de 13 de julho, e transpõe para a ordem jurídica interna o disposto na Diretiva n.º 2008/115/CE, do Parlamento Europeu e do Conselho de 16 de dezembro, na Diretiva n.º 2009/50/CE, do Conselho, de 25 de maio, na Diretiva n.º 2009/52/CE, do Parlamento Europeu e do Conselho, de 18 de junho, na Diretiva n.º 2011/51/UE, do Parlamento Europeu e do Conselho, de 11 de maio, e na Diretiva n.º 2011/98/UE, do Parlamento Europeu e do Conselho, de 13 de dezembro.

Lei 47/2012, de 29 de agosto

Procede à quarta alteração ao Código do Trabalho, aprovado pela Lei 7/2009, de 12 de fevereiro, por forma a adequá-lo à Lei 85/2009, de 27 de agosto.

Lei 69/2013, de 30 de agosto

Procede à quinta alteração ao Código do Trabalho, aprovado pela Lei 7/2009, de 12 de fevereiro. Ajusta o valor da compensação devida pela cessação de contrato de trabalho.

Lei 27/2014, de 8 de maio

Procede à sexta alteração ao Código do Trabalho, aprovado pela Lei 7/2009, de 12 de fevereiro.

Lei 55/2014, de 25 de agosto

Procede à sétima alteração ao Código do Trabalho, aprovado pela Lei 7/2009, de 12 de fevereiro.

Lei 56/2015, de 23 de junho

Segunda alteração à Lei n.º 23/2007, de 4 de julho, que aprova o regime jurídico de entrada, permanência, saída e afastamento de estrangeiros do território nacional.

Decreto-Lei 59/2015, de 21 de abril

Aprova o novo regime do Fundo de Garantia Salarial, previsto no artigo 336.º do Código do Trabalho, aprovado pela Lei n.º 7/2009, de 12 de fevereiro, transpondo a Diretiva n.º 2008/94/CE, do Parlamento Europeu e do Conselho, de 22 de outubro de 2008, relativa à proteção dos trabalhadores assalariados em caso de insolvência do empregador.

Os artigos 317.º a 326.º do Regulamento do Código do Trabalho, aprovado pela Lei n.º 35/2004, de 29 de julho, mantiveram-se em vigor, por força do artigo 12.º, n.º 6 al. o), da Lei n.º 7/2009, de 12 de fevereiro, até serem revogados pelo artigo 4.º al. a) do presente diploma.

Lei 63/2015, de 30 de junho

Terceira alteração à Lei n.º 23/2007, de 4 de julho, que aprova o regime jurídico de entrada, permanência, saída e afastamento de estrangeiros do território nacional.

Lei 120/2015, de 1 de setembro

Procede à nona alteração ao Código do Trabalho, aprovado pela Lei n.º 7/2009, de 12 de fevereiro, reforçando os direitos de maternidade e paternidade, à terceira alteração ao Decreto-Lei 91/2009, de 9 de abril, e à segunda alteração ao Decreto-Lei 89/2009, de 9 de abril.

Portaria 11/2016, de 29 de janeiro

Determina a extensão dos contratos coletivos entre a AECOPS – Associação de Empresas de Construção e Obras Públicas e Serviços e outras e a FE – Federação dos Engenheiros e entre as mesmas associações de empregadores e a Federação dos Sindicatos da Indústria e Serviços – FETESE (Federação dos Sindicatos da Indústria e Serviços), publicados no Boletim do Trabalho e Emprego (BTE) n.º 30, Volume 82, de 15 de agosto de 2015, com as retificações publicadas no BTE n.º 37, de 8 de outubro de 2015

Lei 8/2016, de 1 de abril

Procede à décima alteração ao Código do Trabalho, aprovado pela Lei n.º 7/2009, de 12 de fevereiro, restabelecendo feriados nacionais

Portaria 88/2016, de 14 de abril

Determina a extensão das alterações (publicadas no Boletim do Trabalho e Emprego, n.º 39, de 22 de outubro de 2015) do contrato coletivo entre a APCOR – Associação Portuguesa da Cortiça e a Federação Portuguesa dos Sindicatos da Construção, Cerâmica e Vidro – FEVICCOM e outros (pessoal fabril).

Boletim do Trabalho e Emprego, n.º 30, Volume 83, de 15 de agosto de 2016

Contrato coletivo entre a AECOPS – Associação de Empresas de Construção e Obras Públicas e Serviços e outras e a Federação dos Sindicatos da Indústria e Serviços – FETESE e outros – Revisão global

Lei 28/2016, de 23 de agosto

Combate as formas modernas de trabalho forçado, procedendo à décima primeira alteração ao Código do Trabalho, aprovado pela Lei n.º 7/2009, de 12 de fevereiro, à quinta alteração ao regime jurídico da promoção da segurança e saúde no trabalho, aprovado pela Lei n.º 102/2009, de 10 de setembro, e à terceira alteração ao regime jurídico do exercício e licenciamento das agências privadas de colocação e das empresas de trabalho temporário, aprovado pelo Decreto-Lei 260/2009, de 25 de setembro

Lei 55/2017, de 17 de julho
Alarga o âmbito da ação especial de reconhecimento da existência de contrato de trabalho e os mecanismos processuais de combate à ocultação de relações de trabalho subordinado, procedendo à segunda alteração à Lei n.º 107/2009, de 14 de setembro, e à quinta alteração ao Código de Processo do Trabalho, aprovado pelo Decreto-Lei n.º 480/99, de 9 de novembro

Lei 14/2018, de 19 de março
Altera o regime jurídico aplicável à transmissão de empresa ou estabelecimento e reforça os direitos dos trabalhadores, procedendo à décima terceira alteração ao Código do Trabalho, aprovado em anexo à Lei n.º 7/2009, de 12 de fevereiro.

Decreto-Lei 117/2018, de 27 de dezembro
Fixa em 600€ o valor da retribuição mínima mensal garantida a partir de 1 de janeiro de 2019, a que se refere o n.º 1 do artigo 273.º do Código do Trabalho, aprovado pela Lei 7/2009, de 12 de fevereiro.

Lei 93/2019, de 4 de setembro
Altera o Código de Trabalho, aprovado pela Lei 7/2009, de 12 de fevereiro, e respetiva regulamentação, e o Código dos Regimes Contributivos do Sistema Previdencial de Segurança Social, aprovado pela Lei 110/2009, de 16 de setembro.

7 CONTRATAÇÃO PÚBLICA

Decreto-Lei 18/2008, de 29 de janeiro
Aprova o Código dos Contratos Públicos, que estabelece a disciplina aplicável à contratação pública e o regime substantivo dos contratos públicos que revistam a natureza de contrato administrativo. Procede à transposição das Diretivas n.ºs 2004/17/CE e 2004/18/CE, ambas do Parlamento Europeu e do Conselho,

de 31 de março, alteradas pela Diretiva n.º 2005/51/CE, da Comissão, de 7 de setembro, e retificadas pela Diretiva n.º 2005/75/CE, do Parlamento Europeu e da Comissão, de 16 de novembro

Altera o Decreto-Lei 33/99, de 5 de fevereiro (revogado pelo Decreto-Lei 104/2011, de 6 de outubro), a Lei 18/2003, de 11 de junho, com as alterações introduzidas pelo Decreto-Lei 219/2006, de 11 de fevereiro, o Decreto-Lei 12/2004, de 9 de janeiro, o Decreto-Lei 25/2007, de 7 de fevereiro.

Revoga o Decreto-Lei 59/99, de 2 de março, o Decreto-Lei 223/2001, de 9 de agosto, Decreto-Lei 104/2002, de 12 de abril, o Decreto-Lei 245/2003, de 7 de outubro, o Decreto-Lei 1/2005, de 4 de janeiro.

Portaria 959/2009, de 21 de agosto

Em cumprimento do previsto no artigo 46.º do CCP, aprova e publica o formulário (sem caráter vinculativo) de caderno de encargos relativo aos contratos de empreitadas de obras públicas.

Revoga a Portaria 104/2001, de 21 de fevereiro.

Decreto-Lei 111-B/2017, de 31 de agosto

Procede à nona alteração ao Código dos Contratos Públicos, aprovado pelo Decreto- Lei n.º 18/2008, de 29 de janeiro, alterado pela Lei n.º 59/2008, de 11 de setembro, pelo Decreto- Lei n.º 223/2009, de 11 de setembro, pelo Decreto -Lei n.º 278/2009, de 2 de outubro, pela Lei n.º 3/2010, de 27 de abril, pelo Decreto -Lei n.º 131/2010, de 14 de dezembro, pela Lei n.º 64 -B/2011, de 30 de dezembro, e pelos Decretos- Leis n.ºs 149/2012, de 12 de julho, e 214 -G/2015, de 2 de outubro.

Transpõe as Diretivas: a) Diretiva n.º 2014/23/UE, do Parlamento Europeu e do Conselho, de 26 de fevereiro de 2014, relativa à adjudicação de contratos de concessão; b) Diretiva n.º 2014/24/UE, do Parlamento Europeu e do Conselho, de 26 de fevereiro de 2014, relativa aos contratos públicos e que revoga a Diretiva n.º 2004/18/CE; c) Diretiva n.º 2014/25/UE, do Parlamento Europeu e do Conselho, de 26 de fevereiro de 2014, relativa aos contratos públicos celebrados pelas entidades que operam nos setores da água, da energia, dos transportes e dos serviços postais e que revoga a Diretiva n.º 2004/17/CE; d) Diretiva n.º 2014/55/ UE, do Parlamento Europeu e do Conselho, de 16 de abril de 2014, relativa à faturação eletrónica nos contratos públicos.

Declaração de Retificação n.º 36-A/2017, de 30 de outubro

Retifica o Decreto-Lei n.º 111-B/2017, de 31 de agosto, do Planeamento e das Infraestruturas, que procede à nona alteração ao Código dos Contratos Públicos, aprovado pelo Decreto-Lei n.º 18/2008, de 29 de janeiro.

Declaração de Retificação n.º 42/2017, de 30 de novembro

Retifica a Declaração de Retificação n.º 36-A/2017, de 30 de outubro, da Presidência do Conselho de Ministros, que retifica o Decreto-Lei n.º 111-B/2017, de 31 de agosto, do Planeamento e das Infraestruturas, que procede à nona alteração ao Código dos Contratos Públicos, aprovado pelo Decreto-Lei n.º 18/2008, de 29 de janeiro.

Portaria 72/2018, de 9 de março

Define os termos em que a entidade adjudicante pode exigir rótulos e relatórios de ensaio, certificação e outros meios de prova, nos termos do disposto no artigo 49.º-A do Código dos Contratos Públicos (CCP), aprovado pelo Decreto-Lei 18/2008, de 29 de janeiro, e alterado e republicado pelo Decreto-Lei 111-B/2017, de 31 de agosto.

8 DIRETIVA QUADRO DE SEGURANÇA

Portaria 467/2002, de 23 de abril

Regula a instrução do requerimento de autorização de serviços externos ou de alteração de autorização, a vistoria prévia e os parâmetros a ter em conta na decisão, de acordo com o regime legal de organização e funcionamento das atividades de segurança, higiene e saúde no trabalho.

Lei 102/2009, de 10 de setembro

Regulamenta o regime jurídico da promoção e prevenção da segurança e da saúde no trabalho de acordo com o Código do Trabalho.

Transpõe para a ordem jurídica interna a Diretiva n.º 89/391/CEE, do Conselho, de 12 de junho, relativa à aplicação de medidas destinadas a promover a melhoria da segurança e da saúde dos trabalhadores no trabalho, alterada pelo Regulamento (CE) n.º 1882/2003, do Parlamento Europeu e do Conselho, de 29 de setembro, pela Diretiva n.º 2007/30/CE, do Parlamento Europeu e do Conselho, de 20 de junho, e pelo Regulamento (CE) n.º 1137/2008, do Parlamento Europeu e do Conselho, de 22 de outubro.

Complementa ainda a transposição de diversas diretivas comunitárias como a proteção contra agentes químicos, físicos e biológicos. São revogados os Decreto--Lei 441/91 de 14/11, Decreto-Lei 26/94 de 1/2, Decreto-Lei 29/2002 de 14/2 e a Portaria 1179/95 de 26/9.

Portaria n.º 55/2010, de 21 de janeiro

Regula o conteúdo e o prazo de apresentação da informação sobre a atividade social da empresa, por parte do empregador, ao serviço com competência inspetiva do ministério responsável pela área laboral. Inclui o quadro de pessoal, comunicação trimestral de celebração e cessação de contratos de trabalho a termo, relação semestral dos trabalhadores que prestaram trabalho suplementar, relatório da formação profissional contínua, relatório da atividade anual dos serviços de segurança e saúde no trabalho e balanço social.

Revogou a Portaria n.º 288/2009, de 20 de março.

Portaria 255/2010, de 5 de maio

Aprova o modelo de requerimento de autorização de serviço comum, serviço externo e dispensa de serviço interno, referente à organização dos serviços de segurança e saúde no trabalho previstos na Lei 102/2009, de 10 de setembro, que aprovou o regime jurídico da promoção da segurança e saúde no trabalho.

Portaria 275/2010, de 19 de maio

Fixa os valores das taxas devidas pelos serviços prestados pelos organismos, no âmbito dos ministérios responsáveis pelas áreas laboral e da saúde, competentes para a promoção da segurança e saúde no trabalho.

Lei 42/2012, de 28 de agosto

Aprova os regimes de acesso e de exercício das profissões de técnico superior de segurança no trabalho e de técnico de segurança no trabalho. Revoga o Decreto-Lei 110/2000 de 30/6 alterado pela Lei 14/2001 de 4/6. Procede à primeira alteração à Lei 102/2009, de 10 de setembro revogando o seu n.º 3.

Lei 3/2014, de 28 de janeiro

Procede à segunda alteração à Lei 102/2009, de 10 de setembro, que aprova o regime jurídico da promoção da segurança e saúde no trabalho. Transpõe a Diretiva n.º 2006/123/CE, do Parlamento Europeu e do Conselho, de 27 de dezembro (transposição total), relativa aos serviços no mercado interno e procede à sua republicação.

Portaria 71/2015, de 10 de março

Aprova o modelo de ficha de aptidão para o trabalho no âmbito da Lei 102/2009, de 10 de setembro, alterada pelas Leis n.ºs 42/2012, de 28 de agosto e 3/2014, de 28 de janeiro, que aprova o regime jurídico da promoção da segurança e da saúde no trabalho. Revoga a Portaria 299/2007 de 16 de março.

Portaria 121/2016, de 4 de maio

Regula a prestação de cuidados de saúde primários do trabalho através dos Agrupamentos de Centros de Saúde visando assegurar a promoção e vigilância da saúde a grupos de trabalhadores específicos, de acordo com o previsto no artigo 76.º da Lei n.º 102/2009, de 10 de setembro, e suas alterações.
Revoga a Portaria 112/2014, de 23 de maio.

9 ESTALEIROS DAS OBRAS

Decreto-Lei 41820, de 11 de agosto de 1958

Diploma sobre a Segurança no Trabalho da Construção Civil.

Decreto-Lei 41821, de 11 de agosto de 1958

Promulga o Regulamento de Segurança no Trabalho da Construção Civil. Promulga várias disposições e estabelece normas relativas à segurança e proteção do trabalho nas obras de construção civil.

Decreto n.º 46427, de 10 de julho de 1965

Regulamento das Instalações Provisórias Destinadas ao Pessoal Empregado nas Obras.

Decreto-Lei 49/82, de 18 de fevereiro

Aprova o Regulamento de Higiene e Segurança do Trabalho nos Caixões de Ar Comprimido.

Decreto-Lei 141/95, de 14 de junho

Transpõe para a ordem jurídica interna a Diretiva 92/58/CEE (EUR-Lex), do Conselho, de 24 de junho, relativa as prescrições mínimas para a sinalização de segurança e de saúde no trabalho. Remete para o artigo 2.º do Decreto-Lei 441/91, de 14 de novembro (regime jurídico do enquadramento da segurança, higiene e saúde no trabalho), o âmbito de aplicação do presente diploma. Revoga o Decreto-Lei 310/86, de 23 de setembro.

Portaria 1456-A/95, de 11 de dezembro

Regulamenta as prescrições mínimas de colocação e utilização da sinalização de segurança e de saúde no trabalho. Revoga a Portaria 434/83, de 15 de abril.

Decreto Regulamentar 22-A/98, de 1 de outubro

Aprova o Regulamento de Sinalização do Trânsito. Revoga o Decreto Regulamentar 33/88, de 12 de setembro que disciplinava a sinalização temporária de obras e obstáculos na via pública.

Portaria 762/2002, de 1 de julho

Aprova o Regulamento de Segurança, Higiene e Saúde no Trabalho na Exploração dos Sistemas Públicos de Distribuição de Água e de Drenagem de Águas Residuais.

Decreto-Lei 273/2003, de 29 de outubro

Estabelece regras gerais de planeamento, organização e coordenação para promover a segurança, higiene e saúde no trabalho em estaleiros da construção e transpõe para a ordem jurídica interna a Diretiva n.º 92/57/CEE, do Conselho, de 24 de junho (conhecida como Diretiva Estaleiros), relativa às prescrições mínimas de segurança e saúde no trabalho a aplicar em estaleiros temporários ou móveis. Revoga o Decreto-Lei 155/95, de 1 de julho, na redação dada pela Lei 113/99, de 3 de agosto.

Lei 25/2010, de 25 de fevereiro

Estabelece as prescrições mínimas para proteção dos trabalhadores contra os riscos para a saúde e a segurança devidos à exposição, durante o trabalho, a radiações óticas de fontes artificiais, publica em anexo os valores limite de exposição a radiações não coerentes e para radiações laser e transpõe a Diretiva n.º 2006/25/CE (EUR-Lex), do Parlamento Europeu e do Conselho, de 5 de abril.

Decreto Regulamentar 2/2011, de 3 de março

Quarta alteração ao Regulamento de Sinalização do Trânsito, aprovado pelo Decreto Regulamentar 22-A/98, de 1 de outubro, alterado pelos Decretos Regulamentares n.ºs 41/2002, de 20 de agosto, e 13/2003, de 26 de junho, e pelo Decreto-Lei 39/2010, de 26 de abril.

Decreto-Lei 88/2015, de 28 de maio

Procede à alteração do Decreto-Lei n.º 141/95, de 14 de junho, que estabelece as prescrições mínimas para a sinalização de segurança e de saúde no trabalho, alterado pela Lei n.º 113/99, de 3 de agosto.

Portaria 178/2015, de 15 de junho

Primeira alteração à Portaria 1456-A/95, de 11 de dezembro, que regulamenta as prescrições mínimas de colocação e utilização da sinalização de segurança e saúde no trabalho.

10 EQUIPAMENTOS DE PROTEÇÃO INDIVIDUAL

Decreto-Lei 348/93, de 1 de outubro

Prescrições mínimas de segurança e de saúde para a utilização pelos trabalhadores de equipamento de proteção individual no trabalho. Transpõe para a ordem jurídica interna a Diretiva n.º 89/656/CEE, do Conselho, de 30 de novembro.

Portaria 988/93, de 6 de outubro

Regulamenta as prescrições mínimas de segurança e de saúde dos trabalhadores na utilização de equipamento de proteção individual, previstas no Decreto-Lei 348/93, de 1 de outubro, que transpôs para a ordem interna o disposto na Diretiva numero 89/656/CEE (EUR-Lex), do conselho, de 30 de novembro. Publica em anexo I o 'Esquema indicativo para o inventário dos riscos com vista à utilização de proteção individual', em anexo II a 'Lista indicativa e não exaustiva dos equipamentos de proteção individual".

Portaria 1131/93, de 4 de novembro

Estabelece as exigências técnicas essenciais de segurança a observar pelos equipamentos de proteção individual (EPI), com vista a preservar a saúde e a segurança dos seus utilizadores.

Alterada pelas Portarias n.º 109/96, de 10 de Abril, e n.º 695/97, de 19 de Agosto

Decreto-Lei 139/95, de 14 de junho

Altera diversa legislação no âmbito dos requisitos de segurança e identificação a que devem obedecer o fabrico e comercialização de determinados produtos e equipamentos. Altera os artigos 1.º, 2.º, 8.º e 9.º do Decreto-Lei 128/93, de 22 de abril.

Portaria 109/96, de 10 de abril

Altera os anexos I, II, IV e V da Portaria 1131/93, de 4 de novembro que estabelece as exigências essenciais relativas à saúde e segurança aplicáveis aos equipamentos de proteção individual (EPI).

Portaria 695/97, de 19 de agosto

Altera a Portaria 1131/93, de 4 de novembro, que fixa os requisitos essenciais de segurança e saúde a que devem obedecer o fabrico e comercialização de equipamentos de proteção individual (EPI).

Decreto-Lei 374/98, de 24 de novembro

Altera, entre outros, o Decreto-Lei 128/93, de 22 de abril, relativo às prescrições mínimas de segurança a que devem obedecer o fabrico e comercialização de equipamentos de proteção individual.

Despacho 13 495/2005, de 20 de junho, II Série

Lista de normas harmonizadas no âmbito da Diretiva n.º 89/686/CEE, relativa a equipamentos de proteção individual (EPI).

Decreto-Lei 118/2019, de 21 de agosto

Assegura a execução na ordem jurídica interna das obrigações decorrentes do Regulamento (UE) 2016/425, do Parlamento Europeu e do Conselho, de 9 de março de 2016, relativo aos equipamentos de proteção individual e que revoga a Diretiva 89/686/CEE, do Conselho, visando garantir que a disponibilização no mercado de equipamentos de proteção individual obedece a regras harmonizadas para a conceção e o fabrico, assegurando, deste modo, a proteção da saúde e a segurança dos utilizadores e fixando as regras sobre a livre circulação de tais equipamentos na União Europeia

Revoga o Decreto-Lei 128/93, de 22 de abril, que estabelecia as exigências técnicas essenciais de segurança a observar pelos equipamentos de proteção individual (EPI) com vista a preservar a segurança dos seus utilizadores, transpondo para a ordem jurídica interna a Diretiva n.º 89/686/CEE, do Conselho, de 21 de dezembro.

11 EXPLOSIVOS

Decreto-Lei 265/94, de 25 de outubro

Transpõe para a ordem jurídica interna a Diretiva n.º 93/15/CEE, do Conselho, de 5 de abril, relativa à harmonização das legislações dos Estados membros respeitantes à colocação no mercado e ao controlo dos explosivos para utilização civil.

Decreto-Lei 265/2009, de 29 de setembro

Transpõe para a ordem jurídica interna a Diretiva n.º 2008/43/CE (EUR-Lex), da Comissão, de 4 de abril de 2008, relativa à harmonização das disposições respeitantes à colocação no mercado e ao controlo dos explosivos para utilização civil.

12 FORMAÇÃO PROFISSIONAL

Portaria 492/87, de 12 de junho

Homologa o protocolo que criou o Centro de Formação Profissional para o Sector da Construção Civil e Obras Públicas do Sul (CENFIC), outorgado entre o Instituto do Emprego e Formação Profissional e a Associação Nacional dos Empreiteiros de Obras Públicas (ANEOP), a Associação dos Industriais da Construção de Edifícios (AICE) e a Associação de Empresas de Construção e Obras Públicas do Sul (AECOPS).

Portaria 116/2015, de 27 de abril

Altera o protocolo do Centro de Formação Profissional para o Sector da Construção Civil e Obras Públicas do Sul (CENFIC), anexo à Portaria 492/87, de 12 de junho.

13 INSTITUTOS E ORGANISMOS

Decreto-Lei 362/98, de 18 de novembro
Aprova o Estatuto do Instituto Regulador de Águas e Resíduos, designado por IRAR

Decreto-Lei 211/2006, de 27 de outubro
Cria a ACT – Autoridade para as Condições do Trabalho.

Decreto Regulamentar 47/2012, de 31 de julho
Aprova a orgânica da Autoridade para as Condições do Trabalho.

Decreto-Lei 11/2014, de 22 de janeiro
Aprova a Lei Orgânica do Ministério da Economia. Prevê a integração do Instituto dos Mercados Públicos, do Imobiliário e da Construção, I.P. (IMPIC, I.P.) no Ministério da Economia. Revoga o Decreto-Lei 126-C/2011, de 29 de dezembro, alterado pelo Decreto-Lei 266/2012, de 28 de dezembro.

Decreto-Lei 80/2014, de 15 de maio
Altera (primeira alteração) ao Decreto-Lei 71/2012, de 21 de março, que aprova a orgânica do Instituto Português da Qualidade, I. P., transferindo para este organismo atribuições das direções regionais da economia nos domínios da metrologia e qualidade.

Decreto-Lei 232/2015, de 13 de outubro
Aprova a orgânica do Instituto dos Mercados Públicos, do Imobiliário e da Construção, I. P. Alarga as competências e procede à reestruturação e substituição do anteriormente existente Instituto da Construção e do Imobiliário, I. P. (InCI, I. P.).
Revoga o Decreto-Lei 158/2012, de 23 de julho.

14 MÁQUINAS E EQUIPAMENTOS

Decreto-Lei 331/93 de 25 de setembro
Prescrições mínimas de segurança e de saúde para a utilização pelos trabalhadores de equipamentos de trabalho. Transpõe para a ordem jurídica interna a Diretiva n.º 89/655/CEE, do Conselho, de 30 de novembro de 1989.

Decreto-Lei 378/93, de 5 de novembro

Estabelece o regime aplicável à conceção e fabrico de máquinas, visando a proteção da saúde e segurança dos utilizadores e de terceiros, transpondo para o direito interno as Diretivas n.ºs 89/392/CEE (EUR-Lex), do Conselho, de 14 de junho de 1989, e 91/368/CEE (EUR-Lex), do Conselho, de 20 de junho de 1991.

Decreto-Lei 214/95, de 18 de agosto

Estabelece as condições de utilização e de comercialização de máquinas usadas, com vista a eliminar os riscos para a saúde e segurança das pessoas, quando utilizadas de acordo com os fins a que se destinam. A utilização das máquinas usadas fica sujeita às prescrições mínimas de segurança e de saúde relativas à utilização de equipamentos de trabalho pelos trabalhadores, constantes do Decreto-Lei 331/93, de 25 de setembro.

Decreto-Lei 374/98, de 24 de novembro

Altera, entre outros, o Decreto-Lei 378/93, de 5 de novembro, relativo às prescrições mínimas de segurança a que devem obedecer o fabrico e comercialização de máquinas.

Decreto-Lei 320/2001, de 12 de dezembro

Regras a que deve obedecer a colocação no mercado e a entrada em serviço das máquinas e dos componentes de segurança colocados no mercado isoladamente (incluindo FOP e ROP). Transpõe as Diretivas 98/37/CE de 22/6 e 89/392/CEE de 14/7. Altera o Decreto-Lei 374/98, de 24 de novembro e o Decreto-Lei 139/95, de 14 de junho. Revoga o Decreto-Lei 378/93 de 5 de novembro, a Portaria 145/94 de 12 de março e a Portaria 280/96 de 22 de julho.

Decreto-Lei 50/2005, de 25 de fevereiro

Prescrições mínimas de segurança e saúde para a utilização pelos trabalhadores de equipamentos de trabalho. Transpõe para a ordem jurídica interna a Diretiva n.º 89/655/CEE, do Conselho, de 30 de novembro, alterada pela Diretiva n.º 95/63/CE, do Conselho, de 5 de dezembro, e pela Diretiva n.º 2001/45/CE, do Parlamento Europeu e do Conselho, de 27 de junho. Revoga o Decreto-Lei 82/99, de 16 de março, na redação que lhe foi dada pela Lei 113/99, de 3 de agosto.

Decreto-Lei 103/2008, de 24 de junho

Estabelece as regras relativas à colocação no mercado e entrada em serviço das máquinas e respetivos acessórios, transpondo para a ordem jurídica interna a Diretiva n.º 2006/42/CE (EUR-Lex), do Parlamento Europeu e do Conselho, de 17 de maio, relativa às máquinas e que altera a Diretiva n.º 95/16/CE (EUR-Lex), do Parlamento Europeu e do Conselho, de 29 de junho, relativa à aproximação das legislações dos Estados membros respeitantes aos ascensores.

15 PRESCRIÇÕES MÍNIMAS DE SEGURANÇA

Decreto-Lei 330/93, de 25 de setembro

Prescrições mínimas de segurança e saúde na movimentação manual de cargas. Transpõe a Diretiva n.º 90/269/CEE do Conselho, de 29 de maio.

Decreto-Lei 347/93, de 1 de outubro

Prescrições mínimas de segurança e de saúde para os locais de trabalho. Transpõe para o direito interno a Diretiva n.º 89/654/CEE, do Conselho, de 30 de novembro, que constitui a primeira diretiva especial, na aceção do n.º 1 do artigo 16º da Diretiva n.º 89/391/CEE, do Conselho, de 12 de junho.

NOTA: Não se aplica aos estaleiros da construção. Para tal veja-se a legislação decorrente da "Diretiva Estaleiros", a Diretiva n.º 92/57/CEE, do Conselho, de 24 de junho.

Portaria 987/93, de 6 de outubro

Estabelece as normas técnicas de execução do Decreto-Lei 347/93, de 1 de outubro, relativa às prescrições mínimas de segurança e de saúde nos locais de trabalho.

Decreto-Lei 390/93, de 20 de novembro

Prescrições mínimas de segurança e saúde relativas à proteção dos trabalhadores expostos a agentes cancerígenos. Transpõe para o direito interno a Diretiva n.º 90/394/CEE, do Conselho, de 28 de junho, que constitui a 6.ª Diretiva especial, na aceção do n.º 1 do artigo 16.º da Diretiva n.º 89/391/CEE, do Conselho, de 12 de junho.

Decreto-Lei 48/95 de 15 de março

Revê o Código Penal aprovado pelo Decreto-Lei 400/82, de 23 de setembro, e procede à sua republicação. Veja-se o Artigo 277.º

Portaria 101/96, de 3 de abril

Regulamenta as prescrições mínimas de segurança e de saúde nos locais e postos de trabalho dos estaleiros temporários ou móveis, de acordo com o previsto no Decreto-Lei 155/95, de 1 de julho que procedeu à transposição para o direito interno das disposições da Diretiva 92/57/CEE (EUR-Lex), do Conselho de 24 de junho.

Decreto-Lei 236/2003, de 30 de setembro

Prescrições mínimas destinadas a promover a melhoria da proteção da segurança e da saúde dos trabalhadores suscetíveis de exposição a riscos derivados de atmosferas explosivas no local de trabalho. Transpõe para a ordem jurídica nacional a Diretiva n.º 1999/92/CE (EUR-Lex), do Parlamento Europeu e do Conselho, de 16 de dezembro.

Decreto-Lei 46/2006, de 24 de fevereiro

Prescrições mínimas de segurança e saúde respeitantes à exposição dos trabalhadores aos riscos devidos a vibrações mecânicas, Diretiva n.º 2002/44/CE, do Parlamento Europeu e do Conselho, de 25 de junho.

Decreto-Lei 24/2012, de 6 de fevereiro

Prescrições mínimas em matéria de proteção dos trabalhadores contra os riscos para a segurança e a saúde devido à exposição a agentes químicos no trabalho e transpõe a Diretiva n.º 2009/161/UE, da Comissão, de 17 de dezembro de 2009. Revoga o Decreto-Lei 274/89, de 21 de agosto, alterado pela Lei 113/99, de 3 de agosto, o Decreto-Lei 275/91, de 7 de agosto, alterado pela Lei 113/99, de 3 de agosto, o Decreto-Lei 290/2001, de 16 de novembro, alterado pelo Decreto-Lei 305/2007, de 24 de agosto.

Lei 64/2017, de 7 de agosto

Estabelece as prescrições mínimas em matéria de proteção dos trabalhadores contra os riscos para a segurança e a saúde a que estão ou possam vir a estar sujeitos devido à exposição a campos eletromagnéticos durante o trabalho e transpõe a Diretiva 2013/35/EU do Parlamento Europeu e do Conselho, de 26 de junho de 2013

Declaração de Retificação 26/2017, de 27 de setembro

Declaração de retificação à Lei n.º 64/2017, de 7 de agosto, que «Estabelece as prescrições mínimas em matéria de proteção dos trabalhadores contra os riscos para a segurança e a saúde a que estão ou possam vir a estar sujeitos devido à exposição a campos eletromagnéticos durante o trabalho e transpõe a Diretiva 2013/35/EU do Parlamento Europeu e do Conselho, de 26 de junho de 2013»

Decreto-Lei 41/2018, de 11 de junho

Transpõe diversas diretivas de adaptação ao progresso técnico em matéria de combate a pragas e a doenças pecuárias, organismos prejudiciais aos vegetais e exame de plantas, transporte de mercadorias perigosas, proteção de trabalhadores expostos a agentes químicos, segurança na produção de explosivos e utilização de cádmio em LED.

Publica, no capítulo VI, uma quarta lista de valores-limite de exposição profissional indicativos, nos termos da Diretiva 98/24/CE do Conselho e que altera as Diretivas 91/322/CEE, 2000/39/CE e 2009/161/CE.

16 PRODUTOS, SUBSTÂNCIAS OU MATERIAIS PERIGOSOS

Decreto-Lei 10/2007, de 18 de janeiro

Limitação da colocação no mercado e da utilização de algumas substâncias e preparações perigosas. Transpõe para a ordem jurídica interna as Diretivas n.ºs 2005/59/CE (EUR-Lex), do Parlamento Europeu e do Conselho, de 26 de outubro, 2005/69/CE (EUR-Lex), do Parlamento Europeu e do Conselho, de 16 de novembro, 2005/84/CE (EUR-Lex), do Parlamento Europeu e do Conselho, de 14 de dezembro, e 2005/90/CE (EUR-Lex), do Parlamento Europeu e do Conselho, de 18 de janeiro de 2006, que alteram a Diretiva n.º 76/769/CEE (EUR-Lex), do Conselho, de 27 de julho. Altera o Decreto-Lei 264/98, de 19 de agosto, republicado pelo Decreto-Lei 446/99, de 3 de novembro, na redação que lhe foi conferida pelos Decretos-Leis n.ºs 256/2000, de 17 de outubro, 238/2002, de 5 de novembro, 141/2003, de 2 de julho, 208/2003, de 15 de setembro, 123/2004, de 24 de maio,

72/2005, de 18 de março, 73/2005, de 18 de março, 101/2005, de 23 de junho, e 222/2005, de 27 de dezembro.

Retificado pela Declaração de Retificação 19/2007 de 19 de maio.

Decreto-Lei 47/2011, de 31 de março

Altera a lista de substâncias ativas que podem ser incluídas em produtos biocidas, tendo em vista a proteção da saúde humana e animal e a salvaguarda do ambiente, transpõe as Diretivas n.ºs 2010/50/UE, de 10 de agosto, 2010/51/UE, de 11 de agosto, 2010/71/UE e 2010/72/UE, de 4 de novembro, e 2010/74/UE, de 9 de novembro, todas da Comissão, e altera (sétima alteração) o Decreto-Lei 121/2002, de 3 de maio.

Decreto-Lei 24/2012, de 6 de fevereiro

Prescrições mínimas em matéria de proteção dos trabalhadores contra os riscos para a segurança e a saúde devido à exposição a agentes químicos no trabalho e transpõe para a ordem interna a Diretiva n.º 2009/161/UE, da Comissão, de 17 de dezembro de 2009. Revoga o Decreto-Lei 274/89, de 21 de agosto, alterado pela Lei 113/99, de 3 de agosto, o Decreto-Lei 275/91, de 7 de agosto, alterado pela Lei 113/99, de 3 de agosto e o Decreto-Lei 290/2001, de 16 de novembro, alterado pelo Decreto-Lei 305/2007, de 24 de agosto.

Decreto-Lei 220/2012, de 10 de outubro

Assegura a execução na ordem jurídica interna das obrigações decorrentes do Regulamento (CE) n.º 1272/2008, do Parlamento Europeu e do Conselho, de 16 de dezembro, relativo à classificação, rotulagem e embalagem de substâncias e misturas, que altera e revoga as Diretivas n.ºs 67/548/CEE e 1999/45/CE e altera o Regulamento (CE) n.º 1907/2006.

Decreto-Lei 79/2013, de 11 de junho

Estabelece regras relativas à restrição da utilização de determinadas substâncias perigosas em equipamentos elétricos e eletrónicos (EEE), transpondo a Diretiva n.º 2011/65/UE, do Parlamento Europeu e do Conselho, de 8 de junho de 2011.

Foi alterado pelos Decretos-Leis 119/2014, de 6 de agosto e 30/2016, de 24 de junho.

Decreto-Lei 85/2013, de 26 de junho

Procede à décima primeira alteração ao Decreto-Lei 121/2002, de 3 de maio, transpondo as Diretivas n.ºs 2013/3/UE, 2013/4/UE e 2013/5/UE, da Comissão de 14 de fevereiro, 2013/6/UE, da Comissão de 20 de fevereiro, e 2013/7/UE, da Comissão de 21 de fevereiro, e alterando a lista de substâncias ativas que podem ser incluídas em produtos biocidas.

Decreto-Lei 155/2013, de 11 de novembro

Procede à segunda alteração ao Decreto-Lei 82/2003, de 23 de abril, transpondo parcialmente a Diretiva n.º 2013/21/UE do Conselho, de 13 de maio de 2013, no que respeita à adaptação da Diretiva n.º 1999/45/CE do Parlamento Europeu e do Conselho, de 31 de maio, relativa à aproximação das disposições legislativas, regulamentar es e administrativas dos Estados membros respeitantes à classificação, embalagem e rotulagem de preparações perigosas.

Decreto-Lei 9/2014, de 20 de janeiro

Procede à décima segunda alteração ao Decreto-Lei 121/2002, de 3 de maio, transpondo as Diretivas n.ºs 2013/27/UE, da Comissão, de 17 de maio, 2013/41/UE, da Comissão, de 18 de julho, e 2013/44/UE, da Comissão, de 30 de julho, e alterando a lista de substâncias ativas que podem ser incluídas em produtos biocidas.

Decreto-Lei 119/2014, de 6 de agosto

Procede à primeira alteração do Decreto-Lei n.º 79/2013, de 11 de junho, que estabelece regras relativas à restrição da utilização de determinadas substâncias perigosas em equipamentos elétricos e eletrónicos. Transpõe para a ordem jurídica interna o disposto nas Diretivas Delegadas n.ºs 2014/1/UE, 2014/2/UE, 2014/3/UE, 2014/4/UE, 2014/5/UE, 2014/6/UE, 2014/7/UE, 2014/8/UE, 2014/9/UE, 2014/10/UE, 2014/11/UE, 2014/12/UE, 2014/13/UE, 2014/14/UE, 2014/15/UE e 2014/16/UE, todas da Comissão, de 18 de outubro de 2013, assim como nas Diretivas Delegadas n.ºs 2014/69/UE, 2014/70/UE, 2014/71/UE, 2014/72/UE, 2014/73/UE, 2014/74/UE, 2014/75/UE e 2014/76/UE, todas da Comissão, de 13 de março de 2014.

Portaria 186/2014, de 16 de setembro

Aprova e publica em anexo os requisitos e condições de exercício da atividade de verificador do sistema de gestão de segurança para a prevenção de acidentes graves (SGSPAG), bem como as taxas a cobrar pelos atos praticados pela Agência Portuguesa do Ambiente, I.P. (APA, I.P.). Altera a Portaria 830/2007 de 1 de agosto.

Decreto-Lei 150/2015, de 5 de agosto

Estabelece o regime de prevenção de acidentes graves que envolvem substâncias perigosas e de limitação das suas consequências para a saúde humana e para o ambiente, transpondo a Diretiva n.º 2012/18/UE, do Parlamento Europeu e do Conselho, de 4 de julho de 2012, relativa ao controlo dos perigos associados a acidentes graves que envolvem substâncias perigosas.

Revoga o Decreto-Lei 254/2007, de 12 de julho alterado pelo Decreto-Lei 42/2014 de 18 de março de 2014. Revoga a Portaria 395/2002 de 15 de abril.

Decreto-Lei 30/2016 de 24 de junho

Procede à segunda alteração ao Decreto-Lei n.º 79/2013, de 11 de junho, que estabelece regras relativas à restrição da utilização de determinadas substâncias perigosas em equipamentos elétricos e eletrónicos (EEE) com o objetivo de contribuir para a proteção da saúde humana e do ambiente, incluindo a valorização e a eliminação, ecologicamente corretas, dos resíduos de EEE, e transpõe para a ordem jurídica interna a Diretiva Delegada (UE) 2015/573 da Comissão, de 30 de janeiro de 2015, a Diretiva Delegada (UE) 2015/574, da Comissão, de 30 de janeiro de 2015 e a Diretiva Delegada (UE) 2015/863 da Comissão, de 31 de março de 2015.

Decreto-Lei 61/2017, de 9 de junho

Estabelece o regime jurídico da utilização de substâncias perigosas em equipamentos elétricos e eletrónicos, transpondo as Diretivas Delegadas (UE) 2016/585, 2016/1028 e a 2016/1029.

Procede à terceira alteração ao Decreto-Lei 79/2013, de 11 de junho, alterado pelos Decretos-Leis 119/2014, de 6 de agosto e 30/2016, de 24 de junho.

Decreto-Lei 111-C/2017, de 31 de agosto

Estabelece as regras de segurança a que devem obedecer os aparelhos e sistemas de proteção destinados a ser utilizados em atmosferas potencialmente explosivas, transpondo a Diretiva n.º 2014/34/EU.

Decreto-lei 140/2017, de 10 de novembro

Assegura a execução na ordem jurídica interna das obrigações decorrentes do Regulamento (UE) n.º 528/2012, relativo à disponibilização no mercado e à utilização de produtos biocidas.

Revoga o Decreto-Lei 121/2002, de 3 de maio, bem como o Decreto-Lei 144/2004 de 15 de junho.

17 RADIAÇÕES IONIZANTES

Decreto-Lei 140/2005, de 17 de agosto

Estabelece os valores de dispensa de declaração do exercício de práticas que impliquem risco resultante das radiações ionizantes e, bem assim, os valores de dispensa de autorização prévia para o exercício das mesmas atividades, transpondo as correspondentes disposições da Diretiva n.º 96/29/EURATOM, do Conselho, de 13 de maio.

Decreto-Lei 222/2008, de 17 de novembro

Fixa as normas de segurança de base relativas à proteção sanitária da população e dos trabalhadores contra os perigos resultantes das radiações ionizantes. Transpõe, parcialmente, para o ordenamento jurídico interno a Diretiva n.º 96/29/EURATOM, do Conselho, de 13 de maio.

18 RESÍDUOS DA CONSTRUÇÃO E DEMOLIÇÃO

Decreto-Lei 3/2004, de 3 de janeiro

Estabelece o regime jurídico a que fica sujeito o licenciamento da instalação e da exploração dos centros integrados de recuperação, valorização e eliminação de resíduos perigosos (CIRVER).

Portaria 209/2004, de 3 de março

Lista Europeia de Resíduos, em conformidade com a Decisão n.º 2000/532/CE, da Comissão, de 3 de maio, alterada pelas Decisões n.ºs 2001/118/CE, da Comissão, de 16 de janeiro, 2001/119/CE, da Comissão, de 22 de janeiro, e 2001/573/CE, do Conselho, de 23 de julho. Caraterísticas de perigo atribuíveis aos resíduos, em conformidade com o anexo III da Diretiva. Operações de valorização e de eliminação de resíduos, em conformidade com a Decisão n.º 91/689/CEE, do Conselho, de 12 de dezembro n.º 96/350/CE, da Comissão, de 24 de maio.

Decreto-Lei 178/2006, de 5 de setembro

Estabelece o regime geral da gestão de resíduos, transpondo para a ordem jurídica interna a Diretiva n.º 2006/12/CE, do Parlamento Europeu e do Conselho, de 5 de abril, e a Diretiva n.º 91/689/CEE, do Conselho, de 12 de dezembro. Altera o Decreto-Lei 3/2004 de 3 de janeiro. Revoga o Decreto-Lei 239/97, de 9 de setembro, o Decreto-Lei 268/98, de 28 de agosto, a Portaria 611/2005, de 27 de julho a Portaria 612/2005, de 27 de julho e a Portaria 613/2005, de 27 de julho.

Decreto-Lei 46/2008, de 12 de março

Aprova o regime da gestão de resíduos da construção e demolição (RCD).

Portaria 417/2008, de 11 de junho

Aprova os modelos de guias de acompanhamento de resíduos para transporte de RCD.

Portaria 172/2009, de 17 de fevereiro

Aprova o Regulamento dos Centros Integrados de Recuperação, Valorização e Eliminação de Resíduos Perigosos (CIRVER).

Decreto-Lei 183/2009, de 10 de agosto

Estabelece o regime jurídico da deposição de resíduos em aterro, as características técnicas e os requisitos a observar na conceção, licenciamento, construção, exploração, encerramento e pós-encerramento de aterros, transpondo para a ordem jurídica interna a Diretiva n.º 1999/31/CE (EUR-Lex), do Conselho, de 26 de abril, relativa à deposição de resíduos em aterros, alterada pelo Regulamento (CE) n.º 1882/2003 (EUR-Lex), do Parlamento Europeu e do Conselho, de 29 de setembro, aplica a Decisão n.º 2003/33/C CE, de 19 de dezembro de 2002. Revoga o Decreto-Lei 152/2002, de 23 de maio.

Decreto-Lei 10/2010, de 4 de fevereiro

Estabelece o regime jurídico a que está sujeita a gestão de resíduos das explorações de depósitos minerais e de massas minerais, transpondo para a ordem jurídica interna a Diretiva n.º 2006/21/CE (EUR-Lex), do Parlamento Europeu e do Conselho, de 15 de março, relativa à gestão dos resíduos das indústrias extrativas.

Decreto-Lei 73/2011, de 17 de junho

Estabelece o regime geral aplicável à prevenção, produção e gestão de resíduos, transpondo para a ordem jurídica interna a Diretiva n.º 2008/98/CE, do Parlamento Europeu e do Conselho, de 19 de novembro. Altera o Decreto-Lei 178/2006 de 5 de setembro e procede à alteração de diversos regimes jurídicos na área dos resíduos. Revoga a Portaria 961/98, de 10 de novembro, a Portaria 611/2005, de 27 de julho, a Portaria 612/2005, de 27 de julho e a Portaria 613/2005, de 27 de julho.

Decreto-Lei 84/2011, de 20 de junho

Procede à simplificação dos regimes jurídicos da deposição de resíduos em aterro, da produção cartográfica e do licenciamento do exercício das atividades de pesquisa e captação de águas subterrâneas, conformando-os com o Decreto-Lei 92/2010, de 26 de julho, que transpôs para a ordem jurídica interna a Diretiva n.º 2006/123/CE, do Parlamento Europeu e do Conselho, de 12 de dezembro, relativa aos serviços no mercado interno.

Primeira alteração ao Decreto-Lei 183/2009 de 10 de agosto.

Decreto-Lei 31/2013, de 22 de fevereiro

Procede à primeira alteração ao Decreto-Lei 10/2010, de 4 de fevereiro, que estabelece o regime jurídico a que está sujeita a gestão de resíduos das explorações de depósitos minerais e de massas minerais.

Decreto-Lei 88/2013, de 9 de julho

Altera (segunda alteração) o Decreto-Lei 183/2009, de 10 de agosto, que estabelece o regime jurídico da deposição de resíduos em aterro, e transpõe para a ordem jurídica interna a Diretiva n.º 2011/97/UE, do Conselho, de 05 de dezembro de 2011, no que respeita a critérios específicos relativos à armazenagem de mercúrio metálico considerado resíduo.

Portaria 40/2014, de 17 de fevereiro

Estabelece as normas para a correta remoção dos materiais contendo amianto e para o acondicionamento, transporte e gestão dos respetivos resíduos de construção e demolição gerados, tendo em vista a proteção do ambiente e da saúde humana.

Decreto-Lei 75/2015, de 11 de maio

Aprova o Regime de Licenciamento Único de Ambiente (LUA), que visa a simplificação dos procedimentos dos regimes de licenciamento ambientais, regulando o procedimento de emissão do Título Único Ambiental (TUA).

Portaria 289/2015, de 17 de setembro

Aprova o Regulamento de Funcionamento do Sistema Integrado de Registo Eletrónico de Resíduos (SIRER), que estabelece os procedimentos de inscrição e registo bem como o regime de acesso e de utilização da plataforma. Revoga a Portaria 1408/2006, de 18 de dezembro.

Portaria 332-B/2015, de 5 de outubro

Estabelece o valor da taxa ambiental única, a sua cobrança, pagamento e afetação da respetiva receita, aplicável aos procedimentos ambientais previstos no regime de Licenciamento Único de Ambiente.

Portaria n.º 145/2017, de 26 de abril

Define as regras aplicáveis ao transporte rodoviário, ferroviário, fluvial, marítimo e aéreo de resíduos em território nacional e cria as guias eletrónicas de acompanhamento de resíduos (e-GAR).

Portaria 28/2019, de 18 de Janeiro

Altera a Portaria n.º 145/2017, de 26 de abril, que define as regras aplicáveis ao transporte rodoviário, ferroviário, fluvial, marítimo e aéreo de resíduos em território nacional e cria as guias eletrónicas de acompanhamento de resíduos (e-GAR), e a Portaria n.º 289/2015, de 17 de setembro, que aprova o Regulamento de Funcionamento do Sistema de Registo Eletrónico Integrado de Resíduos (SIRER).

19 TÚNEIS

Decreto-Lei 75/2006, de 27 de março

Estabelece os requisitos mínimos de segurança para os túneis da rede rodoviária transeuropeia e da rede rodoviária nacional e procede à transposição para a ordem jurídica nacional da Diretiva n.º 2004/54/CE (EUR-Lex), do Parlamento Europeu e do Conselho, de 29 de abril.

1 – NORMAS GERAIS				
Norma	N.º	Ano	Nome	Descrição
NP	1562	1978	Higiene e segurança no trabalho. Segurança na utilização de equipamentos mecânicos de transmissão de força motriz.	Higiene e segurança no trabalho. Segurança na utilização de equipamentos mecânicos de transmissão de força motriz.
NP	1563	1978	Higiene e segurança no trabalho. Higiene e segurança nas operações de pintura por projeção.	Higiene e segurança no trabalho. Higiene e segurança nas operações de pintura por projeção.
NP	1572	1978	Higiene e segurança nos estabelecimentos industriais. Instalações sanitárias, vestiários e refeitórios. Dimensionamento e disposições construtivas.	Higiene e segurança nos estabelecimentos industriais. Instalações sanitárias, vestiários e refeitórios. Dimensionamento e disposições construtivas.
NP	1796	2007 (edição 4)	Segurança e Saúde do Trabalho. Valores limite de exposição profissional a agentes químicos.	A presente norma destina-se a fixar os valores limite de exposição a agentes químicos existentes no ar dos locais de trabalho. A presente norma aplica-se a todos os locais de trabalho onde se verifique a exposição a agentes químicos
NP	1837	1986	Higiene e Segurança no trabalho. Higiene e segurança nas operações de metalização por projeção	Higiene e Segurança no trabalho. Higiene e segurança nas operações de metalização por projeção
NP	2036	1986	Higiene e segurança no trabalho. Ferramentas portáteis. Requisitos gerais de conceção e utilização.	Higiene e segurança no trabalho. Ferramentas portáteis. Requisitos gerais de conceção e utilização.
NP	2041	1968	Higiene e Segurança no Trabalho. Limites de exposição do sistema braço-mão às vibrações.	Higiene e Segurança no Trabalho. Limites de exposição do sistema braço-mão às vibrações.
NP	2198	1986	Higiene e segurança no trabalho. Ferramentas portáteis manuais. Requisitos de segurança.	Higiene e segurança no trabalho. Ferramentas portáteis manuais. Requisitos de segurança.
NP	2199	1986	Higiene e segurança no trabalho. Técnicas de colheitas de ar para análise de gases e vapores nos ambientes dos locais de trabalho.	Higiene e segurança no trabalho. Técnicas de colheitas de ar para análise de gases e vapores nos ambientes dos locais de trabalho.
NP	2266	1986	Higiene e Segurança no trabalho. Colheitas de ar para análise de partículas sólidas e líquidas nos locais de trabalho. Método por filtração.	Higiene e Segurança no trabalho. Colheitas de ar para análise de partículas sólidas e líquidas nos locais de trabalho. Método por filtração.

Gerais

2 – NORMAS DE EQUIPAMENTOS DE PROTEÇÃO INDIVIDUAL				
Norma	**N.º**	**Ano**	**Nome**	**Descrição**
CAPACETES NP EN	397	2012	Capacetes de proteção para a indústria	Especifica as exigências físicas e de desempenho e os métodos de teste e de marcação para capacetes de proteção para a indústria.
EN	13087-1	2002	Capacetes de proteção	Métodos de ensaio – Parte 1: Condições e condicionamento
EN	13087-2	2002	Capacetes de proteção	Métodos de ensaio – Parte 2: Absorção de choques
EN	13087-3	2002	Capacetes de proteção	Métodos de ensaio – Parte 3: Resistência à penetração
EN	13087-4	2002	Capacetes de proteção	Métodos de ensaio – Parte 4: Eficácia do sistema de retenção
EN	13087-5	2001	Capacetes de proteção	Métodos de ensaio – Parte 5: Resistência do sistema de retenção
EN	13087-6	2002	Capacetes de proteção	Métodos de ensaio – Parte 6: Campo visual
EN	13087-7	2002	Capacetes de proteção	Métodos de ensaio – Parte 7: Resistência à chama
EN	13087-8	2005	Capacetes de proteção	Métodos de ensaio – Parte 8: Propriedades elétricas
EN	13087-10	2001	Capacetes de proteção	Métodos de ensaio – Parte 10: Resistência ao calor radiante
CALÇADO EN	345-1		Calçado de segurança, de proteção e de trabalho para uso profissional	O calçado de segurança deve estar equipado com uma biqueira de segurança que protege contra os choques equivalentes a 200 joules (massa com cerca de 20 Kg) caindo de 1 metro e esmagamentos de 15kN (cerca de 1500Kg).
EN ISO	20349	2010	Calçado de proteção contra riscos térmicos e salpicos de metal fundido	"Norma de ""Equipamento de Proteção Individual – Calçado de proteção contra riscos térmicos e salpicos de metal fundido como encontrado em fundições e soldadura"". Expande a EN ISO 20345, que detalha os requisitos básicos para calçado de segurança que se destina ao uso em fundições, soldadura e indústrias similares."

				Equipamento de proteção	Métodos / Descrição
CALÇADO	EN ISO	13287	2008	Equipamento de proteção individual – Calçado	Métodos de ensaio para determinação da resistência ao escorregamento
	ISO	20344	2011	Equipamento de proteção individual – métodos de ensaio para calçado	Esta norma define as exigências gerais e os métodos de ensaios referentes aos calçados de segurança, aos calçados de proteção e aos calçados de trabalho para uso profissional. Esta norma só pode ser utilizada em conjunto com as normas EN ISO20345-1, EN ISO20346 e EN ISO20347, que especificam as exigências conforme os níveis de riscos específicos.
PROTEÇÃO AUDITIVA	NBR	16076	2012	Equipamento de proteção individual – Protetores auditivos – Medição de atenuação de ruído com métodos de orelha real	Especifica métodos de ensaio psicofísicos com pessoas para medir, analisar e reportar a atenuação sonora de protetores auditivos.
	NBR	16077	2012	Equipamento de proteção individual – Protetores auditivos – Método de cálculo do nível de pressão sonora na orelha protegida	Estabelece o método de cálculo do nível de pressão sonora na orelha protegida, quando são utilizados protetores auditivos em ambientes ruidosos.
	ISO	4869-1	1990	Acoustics -- Hearing protectors -- Part 1: Subjective method for the measurement of sound attenuation	Especifica um método para medir a atenuação do som no limiar de audição
	ISO	4869-2	1994	Acoustics -- Hearing protectors -- Part 2: Estimation of effective A-weighted sound pressure levels when hearing protectors are worn	Descreve três métodos (the octave-band, HML e SNR) para estimar os níveis de pressão sonora quando se usam protetores auditivos.
	ISO	4869-3	2007	Acoustics -- Hearing protectors -- Part 3: Measurement of insertion loss of ear-muff type protectors using an acoustic test fixture	Especifica um método para medir a perda por inserção devido a protetores auditivos tipo muff usando um dispositivo de ensaio acústico.
	ISO/TR	4869-4	1998	Acoustics -- Hearing protectors -- Part 4: Measurement of effective sound pressure levels for level-dependent sound-restoration ear-muffs	Especifica um método para medir os níveis efetivos de pressão sonora de protetores auditivos tipo muff destinados a restituição do som
	ISO/TS	4869-5	2006	Acoustics -- Hearing protectors -- Part 5: Method for estimation of noise reduction using fitting by inexperienced test subjects	Especifica um método para medir a redução de ruído de protetores auditivos passivos no limiar de audição.

PROTEÇÃO DAS VIAS RESPIRATÓRIAS	NP EN	132	2004	Aparelhos de proteção respiratória. Definição de termos e pictogramas.	A presente norma aplica-se a aparelhos de proteção respiratória com exceção dos aparelhos de mergulho. Esta Norma define termos e pictogramas habitualmente utilizados no âmbito da construção.
	NP EN	134	2004	Aparelhos de proteção respiratória. Nomenclatura de componentes	Esta norma especifica uma nomenclatura harmonizada dos componentes característicos dos aparelhos de proteção respiratória. A Norma não especifica quais os componentes e onde devem ser utilizados no aparelho.
	NP EN	135	2004	Aparelhos de proteção respiratória. Lista de termos equivalentes.	Esta Norma contém uma lista de termos que são habitualmente utilizados neste âmbito.
	NP EN	136	1999	Aparelhos de proteção respiratória. Máscaras completas. Características, ensaios, marcação.	A presente Norma especifica os requisitos mínimos das máscaras completas para aparelhos de proteção respiratória. Esta Norma não trata de máscaras completas destinadas a imersão. A Norma estabelece ensaios laboratoriais e ensaios práticos de desempenho, tendo em vista assegurar a conformidade com os requisitos.
	NP EN	138	1997	Aparelhos de proteção respiratória. Aparelhos de proteção respiratória de ar fresco com máscara completa, semi-máscara ou corpo do conjunto bucal. Requisitos, ensaios e marcação.	A presente Norma refere os requisitos mínimos dos aparelhos de proteção respiratória isolantes de ar fresco utilizados com máscaras completas, semi-máscaras e corpos de conjuntos bucais respeitantes aos aparelhos de proteção respiratória. São abrangidas duas classes de aparelhos, sendo a diferenciação função dos desempenhos mecânicos e não da proteção respiratória fornecida. Não são abrangidas por esta Norma os aparelhos destinados à evacuação, à imersão e os utilizados nas operações de proteção contra abrasivos.

PROTEÇÃO DAS VIAS RESPIRATÓRIAS	NP EN	139	1998	Aparelhos de proteção respiratória. Aparelhos de proteção respiratória de adução por ar comprimido com máscara completa, semi-máscara ou corpo do conjunto bucal. Requisitos, ensaios e marcação.	Aparelhos de proteção respiratória. Aparelhos de proteção respiratória de adução por ar comprimido com máscara completa, semi-máscara ou corpo do conjunto bucal. Requisitos, ensaios e marcação.
	NP EN	140	2000	"Aparelhos de proteção respiratória. Semi-máscara e máscaras de contacto. Características, ensaios, marcação;"	Esta Norma Europeia especifica os requisitos mínimos para semi-máscaras e quartos de máscara para uso como parte de aparelhos de proteção respiratória, com exceção para aparelhos de evacuação e aparelhos de mergulho. Estão incluídos ensaios de desempenho laboratoriais e práticos na avaliação do cumprimento dos requisitos .
	NP EN	144	2000	"Aparelhos de proteção respiratória. Válvulas para garrafas de gás. Parte 2: Peças de ligação de saída;"	Esta norma é aplicável para uma conexão de rosca usada para a união entre a válvula de uma garrafa de gás e um redutor de pressão para aparelhos de proteção respiratória, exceto para os de mergulho contendo ar respirável, oxigénio ou oxigénio/nitrogénio. A norma especifica as dimensões e tolerâncias para as uniões usadas nos aparelhos de proteção respiratória.
	NP EN	145	2000	"Aparelhos de proteção respiratória. Aparelhos autónomos de circuito fechado tipo oxigénio comprimido ou oxigénio-nitrogénio comprimido. Requisitos, ensaios, marcação;"	Especifica quais os requisitos mínimos para aparelhos de respiração autónoma em circuito fechado, oxigénio comprimido, oxigénio-nitrogénio comprimido, usados como aparelho de proteção da respiração, excetuando os aparelhos de salvação e mergulho. Ensaios laboratoriais e de funcionamento estão incluídos para avaliação da conformidade com os requisito.
	NP EN	149		Semi-máscaras filtrantes contra as partículas. Caraterísticas, ensaios e marcação	

PROTEÇÃO DAS VIAS RESPIRATÓRIAS	NP EN	269	1998	"Aparelhos de proteção respiratória. Aparelhos de proteção respiratória de ar fresco de ventilação assistida com capuz. Requisitos, ensaios, marcação;"	"Aparelhos de proteção respiratória. Aparelhos de proteção respiratória de ar fresco de ventilação assistida com capuz. Requisitos, ensaios, marcação;"
	NP EN	270	1998	"Aparelhos de proteção respiratória. Aparelhos de proteção respiratória de adução de ar comprimido com capuz. Requisitos, ensaios, marcação;"	"Aparelhos de proteção respiratória. Aparelhos de proteção respiratória de adução de ar comprimido com capuz. Requisitos, ensaios, marcação;"
	NP EN	271	1998	"Aparelhos de proteção respiratória. Aparelhos de proteção respiratória isolantes de adução de ar comprimido ou ar fresco de ventilação assistida com capuz, utilizados para as operações de projeção de abrasivos. Requisitos, ensaios, marcação;"	"Aparelhos de proteção respiratória. Aparelhos de proteção respiratória isolantes de adução de ar comprimido ou ar fresco de ventilação assistida com capuz, utilizados para as operações de projeção de abrasivos. Requisitos, ensaios, marcação;"
	NP EN	12021	2000	Aparelhos de proteção respiratória. Ar comprimido para aparelhos de proteção respiratória isolantes.	A presente Norma especifica os requisitos para a qualidade do ar comprimido de alimentação, utilizado nos seguintes tipos de equipamento: a) Aparelhos de proteção respiratória – Aparelhos de proteção respiratória isolantes autónomos de circuito aberto de ar comprimido e aparelhos de proteção respiratória de imersão autónomos, de circuito aberto de ar comprimido (escafandros autónomos). b) Aparelhos de proteção respiratória – Aparelhos de proteção respiratória isolantes com fornecimento de ar comprimido e aparelhos de proteção respiratória de imersão com fornecimento de ar comprimido. c) Aparelhos de proteção respiratória para evacuação – Aparelhos de proteção respiratória isolantes autónomos, de circuito aberto de ar comprimido com máscara completa ou conjunto bucal ou capuz. A presente Norma também se aplica

PROTEÇÃO DAS VIAS RESPIRATÓRIAS					
					ao ar sintético. É tido em conta a utilização de ar à pressão ambiente normal e a pressões superiores. As concentrações máximas admitidas de impurezas no ar comprimido são valores estabelecidos à pressão atmosférica normal. A presente Norma não se aplica ao ar comprimido utilizado para fins médicos, para aparelhos de proteção respiratória subaquática especialmente concebidos para utilização em água e outros fluidos quando a pressão hidrostática exceda 6 bar absolutos ou para aparelhos de proteção respiratória concebidos para utilização a altitudes elevadas.
	NP EN	12083	2000	Aparelhos de proteção respiratória. Filtros com tubos de respiração, (filtros exteriores à máscara) – Filtros de partículas, filtros de gás e filtros combinados. Requisitos, ensaios, marcação	Esta Norma Europeia diz respeito a filtros com tubos de respiração (filtros externos) para uso como componentes em aparelhos de proteção respiratória não assistidos, para serem usados pelo utilizador, com exceção de aparelhos para evacuação e peças faciais filtrantes. Ensaios laboratoriais e ensaios práticos de desempenho estão incluídos nesta Norma para avaliação da conformidade com os requisitos.
	NP EN	12941	2000	Aparelhos de proteção respiratória. Aparelhos filtrantes de ventilação, assistida incorporando um capacete ou capuz. Requisitos, ensaios, marcação.	A presente Norma refere os requisitos mínimos de aparelhos filtrantes de ventilação, incorporando capacete ou capuz com gás, partículas ou filtro(s) combinados para proteção respiratória. Não são abrangidos por esta Norma, aparelhos designados para uso em circunstância onde exista ou possa existir deficiência de oxigénio (concentração em oxigénio inferior a 17 % por volume).

PROTEÇÃO DAS VIAS RESPIRATÓRIAS				Também não cobre aparelhos de proteção respiratória destinados à evacuação. A Norma compreende ensaios de laboratório e ensaios práticos de desempenho, tendo em vista assegurar a conformidade com as especificações.
	NP EN	12942	2000	Aparelhos de proteção respiratória. Aparelhos filtrantes de ventilação assistida, incorporando máscaras completas, semi-máscaras ou máscaras de contacto. Requisitos, ensaios, marcação	Refere os requisitos mínimos para aparelhos de proteção respiratória de ventilação assistida utilizados com máscara completa, semi – máscara ou um quarto de máscara, com filtro(s) de gás, partículas ou combinados, usados como aparelhos de proteção respiratória. A Norma compreende ensaios de laboratório e ensaios práticos de desempenho, tendo em vista assegurar a conformidade com as especificações
PROTEÇÃO VISTA	NP	165	1997	Proteção individual dos olhos.	Vocabulário.
	NP	172	1997	Proteção individual dos olhos.	Filtros de proteção solar para uso industrial.
	NP EN	175	2000	Proteção individual.	Equipamentos de proteção dos olhos e da cara durante a soldadura e processos afins.
	EN	166	2001	Personal eye-protection.	Specifications.
	EN	169	2002	Personal eye-protection.	Filters for welding and related techniques. Transmittance requirements and recommended use.
	EN	170	2002	Personal eye-protection .	Ultraviolet filters. Transmittance requirements and recommended use.
	EN	171	2002	Personal eye-protection.	Infra-red filters. Transmittance requirements and recommended use.
	EN	207	1998/ A1:2002 (Ed. 2)	Proteção individual dos olhos.	Filtros e protetores oculares contra as radiações laser (óculos de proteção laser).
	EN	207	1998/ A1:2002 (Ed. 2)/ AC: 2004	Personal eye-protection.	Filters and eye-protectors against laser radiation (laser eye-protectors).

PROTEÇÃO VISTA	NP EN	207	2000 (Ed.1)	Proteção individual dos olhos.	Proteção individual dos olhos. Filtros e protetores oculares contra as radiações laser (óculos de proteção laser).
	EN	207	2009 (Ed. 3)	Personal eye-protection equipment.	Filters and eye-protectors against laser radiation (laser eye-protectors).
	EN	208	2009 (Ed. 3)	Óculos de proteção	Proteção individual dos olhos – Óculos de proteção para operações de regulação de laser e sistemas laser (óculos de proteção para operações de regulação de laser)
LUVAS	NP/EN	420	2005	Requisitos gerais para as luvas de proteção	Norma de referência dada como apropriada pela Nomas Europeias específicas relevantes sobre luvas de proteção. Revogou: EN 420/2003 Corresponde à norma: EN 420/2003 IDT
	NP/EN	407	2006	Luvas de proteção contra riscos térmicos (calor e/ou fogo)	Especifica requisitos, métodos de ensaio, informação a ser fornecida e marcação para luvas de proteção contra calor e/ou fogo. De aplicação a todas as luvas que protejam as mãos contra o calor e/ou chamas ou uma das seguintes formas: fogo, calor por contacto, calor convectivo, calor radiante, pequenos salpicos ou grandes quantidades de metal fundido. Revogou: EN 407:2004 Corresponde à norma: EN 407:2004 IDT
	NP/EN	388	2005	Luvas de proteção contra riscos mecânicos.	Especifica requisitos, métodos de ensaio, marcação e informação a fornecer, para luvas de proteção contra riscos mecânicos de abrasão, corte por lâmina, rasgo e perfuração. Revogou: NP/EN 388:1998 Corresponde à norma: EN 388:2003 IDT

LUVAS	NP/EN	421	2010	Luvas de proteção contra radiação ionizante e contaminação radioativa.	Luvas utilizadas para a proteção contra os riscos de radiação ionizante e contaminação por radioatividade. Especifica que este tipo de luvas devem conter alguma quantidade de chumbo para que a proteção contra a radiação seja eficaz e devem também ser impermeáveis para proteção o contacto direto com substâncias radioativas Revogou: EN 421:1994; NP EN 421:2001 Corresponde à norma:
	NP/EN	511	2008	Luvas de proteção contra o frio.	Especifica os requisitos e métodos de ensaio para luvas que protegem contra frio convectivo e condutivo abaixo dos -50 °C. Esta temperatura pode estar ligado às condições climáticas ou a atividade industrial. Níveis de desempenho decididos pelos requisitos especiais para cada classe de risco ou as áreas de aplicação especiais. Informa que os ensaios a produtos poderão apenas fornecer níveis de desempenho e não níveis de proteção. Revogou: EN 511:2006 Corresponde à norma: EN 511:2006 IDT"
	NP/EN	374-1	2005	Luvas de proteção contra produtos químicos e microrganismos. Parte 1: Terminologia e requisitos de desempenho.	Especifica os requisitos das luvas para proteger o utilizador contra produtos químicos e/ou microrganismos e define os termos a usar. Revogou: EN 374-1:2003 Corresponde à norma: EN 374-1:2003 IDT

LUVAS	NP/EN	374-2	2005	Luvas de proteção contra produtos químicos e microrganismos. Parte 2: Determinação da resistência à penetração.	Esta Norma especifica um método de ensaio para a resistência à penetração de luvas que protegem contra produtos químicos e/ou microrganismos. Revogou: ---------------- Corresponde à norma: EN 374-2:2003 IDT
	NP/EN	374-3	2005	Luvas de proteção contra produtos químicos e microorganismos. Parte 3: Determinação da resistência à permeação por produtos químicos.	Especifica a determinação da resistência dos materiais das luvas de proteção à permeação por produtos químicos não gasosos potencialmente perigosos sob condições de contacto contínuo. Revogou: EN 374-3:2003 Corresponde à norma: EN 374-3:2003 IDT
	NP/EN/ ISO	10819	2001	Vibração e choque mecânicos. Vibração mão-braço. Método para a medição e a avaliação da transmissibilidade da vibração das luvas na palma da mão (ISO 10819:1996).	Especifica 1 método para medição em laboratório, análise de dados e registo da transmissibilidade de vibração das luvas em termos de transmissão de vibração de um manípulo para a palma da mão, na gama de frequência de 31,5 Hz a 1250 Hz. Revogou: EN ISO 10819:1996 Corresponde à norma: EN ISO 10819:1996 IDT
	NP/EN	12477	2003	Luvas de proteção para soldadores.	Esta norma especifica requisitos e métodos de ensaio para luvas de proteção destinadas a ser usadas nos processos manuais de soldadura metálica, corte e técnicas associadas. Revogou: EN 12477:2001 Corresponde à norma: EN 12477:2001 IDT
CINTOS E ARNÊS	EN	341	2011	Equipamento de proteção individual contra quedas em altura, dispositivos de descida.	Equipamentos de descida
	EN	353-1	2002	Equipamento de proteção individual contra quedas em altura, bloco anti queda incluindo linha de ancoragem fixa	Anti quedas do tipo guiado incluindo cabo rígido de ancoragem

EN	353-2	2002	Equipamento de proteção individual contra quedas em altura, bloco anti queda incluindo linha de ancoragem flexível	Anti quedas do tipo guiado incluindo cabo flexível de ancoragem
EN	354	2002	Equipamento de proteção individual contra quedas em altura, passadeiras	Chicotes, cabos curtos.
EN	355	2002	Equipamento de proteção individual contra quedas em altura, absorvedores de energia	Destinada aos amortecedores de energia que fazem parte de um sistema anti queda. Os amortecedores devem garantir a paragem em segurança depois de uma queda.
EN	358	1999	Equipamento de proteção individual para posicionamento e prevenção contra quedas em altura, cintos para posicionamento e restrição e passadeiras de posicionamento	Dirigida aos equipamentos de posicionamento no trabalho, de modo a que o trabalhador execute a sua tarefa em total segurança e que não alcance nenhum ponto de onde possa cair
EN	360	2002	Equipamento de proteção individual contra quedas em altura, blocos retrácteis	Especifica o enrolador automático. Dispositivo que possui um sistema de travamento automático e um sistema de enrolamento automático
EN	361	2002	Equipamento de proteção individual contra quedas em altura, arneses completos	Arneses anti queda que podem ser constituídos por bandas, elementos de ajuste, fivelas e outros elementos, dispostos e ajustados ao corpo, de modo a que o trabalhador fique suspenso depois da queda
EN	362	2004	Equipamento de proteção individual contra quedas em altura, ligadores	Norma que específica os requisitos mínimos, os métodos de ensaio, as instruções de uso e a marcação dos conectores.
EN	363	2008	Equipamento de proteção individual contra quedas em altura, sistemas de proteção anti queda pessoal	Específica a composição de um sistema anti queda. Ponto de fixação, meio de conexão e arnês anti queda
EN	364	1992	Equipamento de proteção individual contra quedas em altura, métodos de teste	Descreve os métodos de teste dos materiais, componentes e sistemas associados a proteção anti quedas

CINTOS E ARNÊS

CINTOS E ARNÊS	EN	365	2004	Equipamento de proteção individual contra quedas em altura, requerimentos gerais para instruções de uso, manutenção, exames periódicos, reparações, marcações e embalagem.	Equipamento pessoal protetivo anti quedas em altura. Requisitos gerais de uso, manutenção, examinação, reparo, marcação e arrumação.
	EN	795	1996	Equipamento de proteção individual contra quedas em altura, dispositivos de ancoragem, requisitos e teste	Dispositivos de amarração, requisitos e ensaios
	EN	813	2008	Equipamento de proteção individual contra quedas em altura, arneses cadeira	Arneses para utilização específica quando a utilização dos arneses convencionais não é confortável para a execução dos trabalhos
	EN	1496	2004	Equipamento de proteção individual contra quedas em altura, cordas de montanha dinâmicas, requerimentos e métodos de teste.	Equipamento de alpinismo e de escalada, cordas dinâmicas. Requisitos de segurança e métodos de ensaio
	EN	1497	2007	Equipamento de proteção individual contra quedas em altura, arneses de resgate	Arneses de resgate procedimentos
	EN	1498	1997	Equipamento de proteção individual contra quedas em altura, lista de termos equivalentes	Lista de termos equivalentes
	EN	1891	1998	Equipamento de proteção individual contra quedas em altura, cordas kernmantel low stretch	Cordas entrançadas com baixo coeficiente de alongamento (kernmantel)
	EN	12841	2006	Equipamento de proteção individual contra quedas em altura, sistemas de proteção anti queda pessoal, sistemas de acesso por cordas, dispositivos de ajuste de cordas	Sistemas de acesso por corda, dispositivos de ajustamento da corda

VESTUÁRIO	EN	510	1993	Segurança de Vestuário	Esta Norma especifica as propriedades de vestuário de proteção que minimiza o risco de ficar entrelaçado ou agarrado pelas partes em movimento, quando o utilizador está a trabalhar em ou perto de máquinas ou equipamentos perigosos em movimento. Esta Norma não inclui vestuário de proteção contra danos causados por partes especiais de máquinas em movimento, para as quais existem normas específicas, por exemplo vestuário de proteção para utilizadores de motosserras.
	NP EN	510	1998	Segurança de Vestuário	Idem.
	EN	863	1995	Segurança de Vestuário	Esta Norma especifica um método de ensaio para medir a resistência à perfuração do vestuário de proteção ou dos materiais utilizados.
	NP EN	340	2005	Segurança de Vestuário	Esta Norma especifica as exigências gerais de ergonomia, de inocuidade, designação de tamanhos, envelhecimento, compatibilidade e marcação do vestuário de proteção, e a informação a ser fornecida pelo fabricante com o vestuário de proteção.
	EN ISO	11611	2007	Segurança de Vestuário	Esta Norma Europeia especifica o vestuário de proteção em processos de soldadura.

VESTUÁRIO	NP EN	471	2003+ A1:2008	Segurança de Vestuário	Esta Norma Europeia especifica requisitos para vestuário de proteção capaz de sinalizar visualmente a presença do utilizador, providenciando distinguir o utilizador em situações de perigo em quaisquer condições de luz diurna ou pela iluminação dos faróis de um veículo no escuro. São incluídos requisitos de desempenho para a cor e retro reflexão, bem como as áreas mínimas e a disposição dos materiais no vestuário de proteção.
	NP EN	343	2007	Segurança de Vestuário	Esta Norma Europeia especifica requisitos e métodos de ensaio aplicáveis a materiais e costuras do vestuário de proteção, contra a influência da precipitação (por exemplo, chuva e flocos de neve), nevoeiro e humidade da terra. É excluído desta norma o ensaio á prova de chuva de peças de vestuário finalizado, pois está a ser preparado um método de ensaio separado para esta propriedade.
	NP EN	342	2005	Segurança de Vestuário	Esta Norma especifica requisitos e métodos de ensaio para o desempenho de conjuntos de vestuário e peças de vestuário individuais, para proteção contra ambientes frios.
	NP EN	14058	2006	Segurança de Vestuário	Esta Norma especifica requisitos e métodos de ensaio para o desempenho de peças de vestuário individuais, para proteção contra o arrefecimento do corpo em ambientes frios.
	NP EN	531	1997	Segurança de Vestuário	Esta Norma especifica o vestuário de proteção para trabalhadores expostos ao calor.

VESTUÁRIO	NP EN	533	2000	Segurança de Vestuário	Esta Norma Europeia especifica os requisitos de desempenho para as propriedades de propagação de chama limitada de materiais e conjuntos de materiais usados em vestuário de proteção.
	NP EN ISO	11612	2009	Segurança de Vestuário	Esta Norma trata o vestuário para proteger contra o calor e a chama.
	NP EN ISO	14116	2009	Segurança de Vestuário	Esta Norma refere-se a proteção contra o calor e a chama. Materiais, conjuntos de materiais e vestuário com propagação de chama limitada.
	NP EN	943-1	2004	Segurança de Vestuário	Esta Norma especifica os requisitos mínimos, os métodos de ensaio, a marcação e a informação fornecida pelo fabricante para os seguintes tipos de fatos de proteção química, ventilados e não ventilados, de uso limitado e reutilizáveis, incluindo componentes tais como luvas e botas, que podem ser especificadas noutras normas.
	NP EN	943-2	2004	Segurança de Vestuário	Esta Norma especifica os requisitos mínimos para os fatos de proteção química destinados a usar por equipas de emergência (EE), incluindo partes componentes tais como luvas e botas, as quais podem ser especificadas noutras normas.
	NP EN	14605	2007	Segurança de Vestuário	Esta Norma refere-se a vestuário de proteção contra produtos químicos líquidos. Requisitos relativos ao vestuário cujos elementos de ligação são estanques a líquidos (Tipo 3) ou a pulverizações (Tipo 4), incluindo os artigos de vestuário que protegem somente certas partes do corpo (Tipos PB [3] e PB [4]).

	Norma	N.º	Ano	Nome	Descrição
VESTUÁRIO	NP EN ISO	13982-1	2007	Segurança de Vestuário	Esta Norma especifica os requisitos mínimos para vestuário de proteção contra produtos químicos resistente à penetração por partículas sólidas transportadas pelo ar. Estas peças de vestuário são vestuário de proteção para todo o corpo, isto é, cobrindo o tronco, braços e pernas.
	NP EN	14126	2006	Segurança de Vestuário	Esta Norma especifica requisitos e métodos de ensaio relativos a vestuário de proteção reutilizável e de uso limitado que proteja contra agentes infecciosos.
	NP EN ISO	13998	2006	Segurança de Vestuário	Esta Norma é aplicável a aventais, calças e coletes de proteção para uso com facas manuais, e com outras peças de vestuário que proporcionam proteção semelhante a partes do corpo em acidentes. Especifica requisitos para a conceção, resistência à penetração, resistência ao corte, tamanhos, características ergonómicas, inocuidade, permeabilidade à água, limpeza e desinfeção, marcação e informação fornecida pelo fabricante aos utilizadores de aventais, calças e coletes de proteção.
	NP EN	1149-5	2009	Segurança de Vestuário	Esta Norma especifica o vestuário de proteção sobre propriedades eletrostáticas. Requisitos de desempenho do material e de conceção.

3 – NORMAS DE EQUIPAMENTOS DE PROTEÇÃO COLETIVA

	Norma	N.º	Ano	Nome	Descrição
ESCAVAÇÕES	NP	1673	1980	Vibrações mecânicas. Avaliação da reação à excitação global do corpo por vibrações	Esta Norma define um critério de apreciação da exposição de seres humanos a vibrações, fixando limiares de incomodidade, de perda de eficiência por fadiga e o limite máximo de exposição. ISO 2631-1978.

ESCAVAÇÕES	NP	2041	1986	Limites da exposição do sistema braço/mão às vibrações	Esta Norma destina-se a fixar uma técnica de medição da exposição às vibrações transmitidas às mãos e estabelece limites a essa exposição visando a prevenção de perturbações vasomotoras.
	NP	2074	1983	Vibrações provocadas por explosões ou situações semelhantes	Esta Norma destina-se a fixar um critério de limitação dos parâmetros característicos das vibrações produzidas por explosões, cravação de estacas e outras operações. Aplica-se a vibrações provocadas em construções de habitação, indústria ou serviços.
	NP	2069	1983	Acústica. Ruído aéreo emitido pelas máquinas	Ruído aéreo emitido pelas máquinas de terraplanagem. Medição com o veículo parado.
	EN	13857	2008	Segurança de máquinas	Distâncias de segurança para impedir que os membros superiores alcancem zonas perigosas. Esta norma substitui a norma NP 294:1996
	EN	349	2008	Segurança de máquinas	Distâncias mínimas para evitar o esmagamento de partes do corpo humano. Esta norma substitui a norma NP349:1996
	EN	614-1	2009	Segurança de máquinas	Princípios de conceção ergonómica. Parte 1: Terminologia e princípios gerais. Referência completa: EN 614_1:2006+A1:2009 (Ed. 1)
	EN	614-2	2008	Segurança de máquinas	Princípios de conceção ergonómica. Parte 2: Interações entre a conceção de máquinas e as tarefas de trabalho. Referência completa:EN 614_2:2000+A1:2008 (Ed.1)
	NP EN	457	1997	Segurança de máquinas	Sinais auditivos de perigo. Requisitos, conceção e ensaios (ISO 7731: 1986 modificada)
	NP EN	842	1998	Segurança de máquinas	Sinais visuais de perigo. Requisitos gerais, conceção e ensaios
	NP EN	1037	1998	Segurança de máquinas	Prevenção a um arranque inesperado.

ESCAVAÇÕES	NP EN	547-1	1999	Segurança de máquinas. Medidas do Corpo Humano	Parte 1 – Princípios de determinação das dimensões requeridas pelas aberturas destinadas à passagem do corpo nas máquinas.
	NP EN	547-2	1999	Segurança de máquinas. Medidas do Corpo Humano	Parte 2 – Princípios para a determinação das dimensões exigidas para as aberturas de acesso.
	NP EN	547-3	1999	Segurança de máquinas. Medidas do Corpo Humano	Dados antropométricos.
	NP EN	981	2000	Segurança de máquinas	Sistema de sinais sonoros e visuais de perigo e de informação.
GUARDA-CORPOS	NBR	14718	2008	Guarda-corpos para edificação	Especifica as condições mínimas de resistência e segurança exigíveis para guarda-corpos de edificações para uso privativo ou coletivo.
ANDAIMES	EN	12810-1	2003	Andaimes de fachada de componentes pré-fabricados Parte 1 – Especificação dos produtos.	Esta Norma especifica as exigências comportamentais e as gerais para o projeto e a avaliação estruturais de sistemas de andaimes de fachada pré-fabricados. Os andaimes de fachada são válidos para o uso se conectados à fachada. Esta Norma não especifica requisitos para as viseiras de proteção nem fornece informações relativas à montagem/desmontagem, uso e manutenção.
	EN	12810-2	2003	Andaimes de fachada de componentes pré-fabricados Parte 2 -Métodos particulares de esquema estrutural.	Esta Norma aplica-se aos sistemas de andaime de fachada em conformidade com a EN 12810-1. Define as regras para a análise e projeto estruturais destes sistemas através de cálculos e testes, para além dos definidos em EN 12811-1, EN 12811-2, EN 12811-3 e EN 12810-1
	EN	12811-1	2003	Equipamento para trabalhos temporários de obra. Parte 1 – Andaimes. Requisitos de comportamento e esquema geral	Esta Norma estabelece as exigências de comportamento e dos métodos do projeto estrutural e geral para andaimes de trabalho e seu acesso independentemente dos materiais empregues na sua produção.

ANDAIMES	EN	12811-2	2003	Equipamento para trabalhos temporários de obra. Parte 2 – Informação sobre os materiais	Equipamento para trabalhos temporários de obra. Parte 2 – Informação sobre os materiais
	EN	12811-3	2003	Equipamento para trabalhos temporários de obra. Parte 3 – Ensaio de carga	Equipamento para trabalhos temporários de obra. Parte 3 – Ensaio de carga
	NBR	6494	1990	Segurança nos andaimes	Estabelece as condições exigíveis de segurança dos andaimes quanto à sua condição estrutural, bem como de segurança das pessoas que neles trabalham e transitam.
SINALIZAÇÃO	NP	608	1970	Sinalização de Segurança.	Símbolo de tensão elétrica perigosa.
	NP	609	1970	Sinalização de Segurança.	Sinais de tensão elétrica perigosa.
	NP	4215	1993	Sistemas de saneamento básico.	Sinalização de infraestruturas de subsolo.
	NP	4280	1995	Segurança contra incêndio.	Sinalização de dispositivos de combate a incêndio.
	NP EN	471	1996	Vestuário de sinalização.	Vestuário de sinalização de grande visibilidade.
	NP EN	471	1996 (1ª Edição/ errata) Maio: 1999	Vestuário de sinalização.	Vestuário de sinalização de grande visibilidade.
	NP EN	894-1	2000	Segurança de máquinas.	Requisitos ergonómicos para a conceção de dispositivos de sinalização e órgãos de controlo humano. Parte 1: Princípios gerais das interações humanas e dos dispositivos e órgãos de controlo.
	NP EN	894-2	2000	Segurança de máquinas.	Requisitos ergonómicos para a conceção de dispositivos de sinalização e órgãos de controlo humano. Parte 2: Dispositivos de sinalização.

BAILÉUS	NP/EN	795	1999	Proteção contra as quedas de altura. Dispositivos de amarração. Requisitos e ensaios.	Especifica os requisitos, os métodos de ensaio, o modo de emprego e a marcação dos dispositivos de amarração destinados exclusivamente a ser utilizados com os equipamentos de proteção individual contra as quedas de altura. A presente Norma não se aplica nem aos ganchos concebidos de acordo com a EN 517, nem às pontes de passagem segundo a EN 516, nem aos pontos de amarração fixos que fazem parte integrante da estrutura original. Corresponde à norma: EN 795:1996 IDT
	NP	1562	1978	Higiene e segurança no trabalho. Segurança na utilização de equipamentos mecânicos de transmissão de força motriz.	Higiene e segurança no trabalho. Segurança na utilização de equipamentos mecânicos de transmissão de força motriz.
	NP/EN	894	2000	Segurança de máquinas. Requisitos ergonómicos para a conceção de dispositivos de sinalização e órgãos de controlo. Parte 1: Princípios gerais das interações humanas e dos dispositivos de sinalização e órgãos de controlo.	Aplicável à conceção dos dispositivos de sinalização e órgãos de controlo das máquinas. Apresenta os princípios gerais das interações humanas com esses dispositivos de modo a minimizar os erros do operador e assegurar uma interação eficaz entre o operador e o equipamento. Revogou: EN 894-1:1997 Corresponde à norma: EN 894-1:1997 IDT
	NP/EN	1868	2000	Equipamento de proteção individual contra quedas em altura. Lista de termos equivalentes.	Aplicável aos equipamentos de proteção individual contra quedas em altura. Fornece uma lista de termos utilizados na definição dos equipamentos de proteção individual contra quedas em altura. Os termos são listados por ordem alfabética nas três línguas oficiais do CEN, Alemão, Inglês e Francês. Corresponde à norma: EN 1868:1997 IDT

	EN	1495	2009	Plataformas elevatórias. Plataformas de trabalho de elevação em colunas.	Especificações sobre plataformas de trabalho móveis, o fator de equipamentos de elevação, guinchos de mastro, guinchos de passageiros, design, perigos, equipamentos de segurança, carga, projeto estrutural, cálculos matemáticos, análise de tensões, cálculos, carga de vento, Estabilidade, sobrecarga, de segurança. Revogou: EN 1495:1997; NP EN 1495:2000 Corresponde à norma: ------- ----------
BAILÉUS	EN	365	2004	Equipamento de proteção individual para a prevenção de quedas em altura. Requisitos gerais de utilização, manutenção, exames periódicos, reparação, marcação e embalagem.	Faz uma abordagem sobre linhas de segurança, ancoragens de segurança, cintos de segurança, sistemas de retenção (de proteção), dispositivos de segurança, segurança do trabalho, queda (acidente), instruções de utilização, manutenção, inspeção, reparação, marcação dos equipamentos. Revogou: EN 365:1992 Corresponde à norma: ------- ----------
	NP	1748	1985	Aparelhos de elevação e movimentação. Aparelhos de elevação de série. Terminologia ilustrada. Lista de termos equivalentes.	Aparelhos de elevação e movimentação. Aparelhos de elevação de série. Terminologia ilustrada. Lista de termos equivalentes.
	EN	547-2	2008	Segurança de máquinas. Medidas do corpo humano. Parte 2: Princípios para a determinação das dimensões exigidas para as aberturas de acesso.	Especifica as dimensões das aberturas de acesso. Fornece as dimensões para os quais os valores indicados na EN 547-3 são aplicáveis. Os valores para os requisitos de espaço adicionais são dadas no anexo A. Revogou: EN 547-2:1996; NP EN 547-2:2000 Corresponde à norma: ------- ----------

BAILÉUS	NP	2110	1983	Cabos de aço para uso corrente. Lubrificantes. Exigências básicas.	Especifica as exigências básicas relativas a cabos de aço para uso corrente e lubrificantes Revogou: ---------------- Corresponde à norma: ------- ----------
	NP/EN	12385-9	2011	Cabos de aço. Segurança. Parte 9: Cabos portantes fechados para instalações destinadas ao transporte de pessoas.	Especifica os materiais adicionais, fabricação e testes de requisitos para bobina, cabos para instalações por cabo para transporte de pessoas. Revogou: ---------------- Corresponde à norma: EN 12385-9:2002 IDT
	NP/EN	12385-1	2011	Cabos de aço. Segurança. Parte 1: Requisitos gerais.	Especificações sobre cabos de aço, cordas, cabos de aço, fios, medidas de segurança, equipamentos de segurança Especifica testes mecânicos, testes de tração, ensaios de tipo. Revogou: ---------------- Corresponde à norma: EN 12385-1:2002+A1:2008 IDT
	NP/EN	818	2010	Corrente de elo curto para aparelhos de elevação. Segurança. Parte 1: Condições gerais de aceitação.	Revogou: ---------------- Corresponde à norma: EN 818-1:1996+A1:2008 IDT
	NP EN ISO	14122-2	2011	Segurança de máquinas. Meios de acesso permanente às máquinas. Parte 2: Plataformas de trabalho e passadiços (ISO 14122-2:2001).	Define os requisitos gerais de acesso seguro para máquinas e dá conselhos sobre a escolha correta de acesso Aplica-se a todas as máquinas (fixos e móveis), e para plataformas de trabalho que são parte de uma máquina. Revogou: ---------------- Corresponde à norma: EN ISO 14122-2:2001 IDT; EN ISO 14122-2:2001 /A 1:2010 IDT

BAILÉUS	EN	61310-1	2008	Segurança de máquinas – Indicação, marcação e atuação. Parte 1: Requisitos para os sinais visuais, acústicos e tácteis.	Aborda equipamentos de segurança, segurança no trabalho, equipamentos elétricos, dispositivos de sinalização, os dispositivos de advertência, sinais visuais, sinais acústicos, dispositivos táteis de alerta, sinais, Brilho (de cor), a intensidade de som, códigos, códigos de cores, cores de segurança, atuadores, gráfico e símbolos. Revogou: EN 61310-1:1995 Corresponde à norma: IEC 61310-1:2007 IDT
	EN	62061	2005	Segurança de máquinas – Segurança funcional dos sistemas de comando elétricos, eletrónicos e eletrónicos programáveis relacionadas com a segurança.	Fornece recomendações para o equipamento de controle de integração, design e validação de segurança relacionadas com a eletrónica da máquinas. Aplicável a sistemas de controle relacionadas com a segurança e controle de máquinas que não são portáteis. Revogou: --------------- Corresponde à norma: IEC 62061:2005 IDT
	EN	13557	2005	Aparelhos de elevação. Comandos e postos de controlo.	Especifica os requisitos de saúde e segurança de design para controles e postos de segurança instalados em todos os tipos de guindaste. Abrange os riscos específicos que podem ocorrer durante o uso de controles e estações de controle. Não abrange os riscos que poderiam ocorrer durante a construção, transporte, manutenção. Revogou: --------------- Corresponde à norma: ------- ---------

	NP/EN	12077-2	2011	Segurança dos aparelhos de elevação de carga suspensa. Requisitos relativos à saúde e segurança. Parte 2: Dispositivos limitadores e indicadores.	Especifica os requisitos gerais para os dispositivos limitadores e indicadores instalados em guindastes. Esta norma é aplicável aos guindastes que são fabricados após a data de aprovação pelo CEN desta norma. Revogou: NP EN 12077-2:2000 Corresponde à norma: EN 12077-2:1998+A1:2008 IDT
BAILÉUS	EN	60204-32	2008	Segurança de máquinas – Equipamento elétrico de máquinas. Parte 32: Requisitos para máquinas de elevação.	Aborda os requisitos para equipamentos elétricos, componentes eletrónicos, segurança elétrica, equipamentos de segurança, equipamentos de elevação, guinchos, guindastes, manuseio de materiais, equipamento de proteção elétrica, sistemas de controle, equipamentos de controle, condutores elétricos, cabos elétricos, motores elétricos e manuais. Revogou: EN 60204-32:1998 Corresponde à norma: IEC 60204-32:2008 IDT
	EN	13414-1	2005	Estropos de cabos de aço. Segurança. Parte 1: Estropos para aplicações gerais de elevação.	Especifica os requisitos de construção, de cálculo, de verificação, de certificação e marcação de estropos de cabos de aço para o serviço de elevação em geral. Abrange Fornece fatores de segurança(para cálculo/ verificações). Revogou: ---------------- Corresponde à norma: ------- ----------
	EN/NP	13411-1	2011	Terminais para cabos de aço. Segurança. Parte 1: Sapatilhos para estropos de cabo de aço.	Especifica/aborda acessórios terminais para cabos de aço. Revogou: NP EN 13411-1:2008 Corresponde à norma: EN 13411-1:2002+A1:2008 IDT

	EN	81-1	2009	Regras de segurança para o fabrico e instalação de ascensores. Parte 1: Ascensores elétricos.	Fornece instruções detalhadas para a instalação e manutenção dos ascensores elétricos (engrenagem, calhas, guias e dispositivos elétricos de segurança), bem como o funcionamento do dispositivo de travamento. Velocidade e carga nominal, fornece ainda uma forma detalhada para o cálculo da tensão de flexão de um elevador, dependente do seu peso de equilíbrio. Revogou: EN 81-1:1998; NP EN 81-1:2000 Corresponde à norma: ------- ----------
REDES	EN	1263-1	2002	redes de segurança, requerimentos de segurança e métodos de teste	tipo, designação, exigência e métodos de ensaio
	EN	1263-2	2002	redes de segurança, requisitos de segurança para limite de posicionamento	tipo, designação, exigência e métodos de ensaio
	DL	50 art 37	2005	prescrições mínimas de segurança e saúde para a utilização pelos trabalhadores de equipamentos de trabalho	medidas de proteção coletiva contra quedas
ENTIVAÇÃO	BS EN	13331-1	2002	Especificações de Produtos	Especificações de elementos utilizados em trabalhos de entivação
	DIN	4124	2012	Segurança	Define dimensões para a execução de escavações e trincheiras.
	EN	1065	1998	Especificações de Produtos	Define especificações para adereços destinados a uso em trabalhos de entivação
	EN	12812	2008	Segurança	Define os procedimentos de controlo de todas as atividades temporárias como abertura de valas, trincheiras, andaimes, painéis de cofragem, etc...
	EN	74-1	2005	Especificações de Produtos	Define acopladores, pinos, e placas de base para o escoramento de andaimes. Parte 1: Uniões para tubos – Requisitos e métodos de ensaio

	Norma	N.º	Ano	Nome	Descrição
ENTIVAÇÃO	EN	74-2	2008	Especificações de Produtos	Define acopladores, pinos, e placas de base para o escoramento de andaimes. Parte 2: acopladores especiais – Requisitos e métodos de ensaio
	EN	74-3	2007	Especificações de Produtos	Define acopladores, pinos, e placas de base para o escoramento de andaimes. Parte 3: placas de base lisos e alfinetes – Requisitos e métodos de ensaio
	EN	13374	2004	Segurança	Especifica os requisitos e métodos de teste para equipamentos de proteção de bordas temporários incluindo os das suas fixações

4 – NORMAS DE QUALIDADE, AMBIENTE E GESTÃO DE SEGURANÇA

	Norma	N.º	Ano	Nome	Descrição
Qualidade, Ambiente e Sistemas de Gestão de Segurança	ISO	45001	2018	Sistemas de gestão da segurança e saúde do trabalho	O grande foco da ISO 45001 é o contexto organizacional. A norma exige que a organização tenha em conta a expectativa dos seus stakeholders relativamente à gestão da saúde e da segurança ocupacional. A organização deve determinar quem são as pessoas relevantes para o seu SGSSO e estabelecer os requisitos pertinentes para as partes interessadas.
	NP EN ISO	9000	2005 (Ed. 2)	Sistemas de gestão da qualidade.	Fundamentos e vocabulário (ISO 9000:2005).
	NP EN ISO	9001	2008/AC :2010	Sistemas de gestão da qualidade.	Requisitos (ISO 9001:2008/ Cor 1:2009).
	NP EN ISO	9001	2008 (Ed. 3)	Sistemas de gestão da qualidade.	Requisitos (ISO 9001:2008).
	EN ISO	9001	2008 (Ed. 3)	Quality management systems.	Requirements (ISO 9001:2008).
	NP EN ISO	9004	2011	Gestão do sucesso sustentado de uma organização. Uma abordagem da gestão pela qualidade (ISO 9004:2009)	Gestão do sucesso sustentado de uma organização. Uma abordagem da gestão pela qualidade (ISO 9004:2009)
	EN ISO	19011	2011 (Ed. 2)	Guidelines.	Guidelines for auditing management systems (ISO 19011:2011).

Qualidade, Ambiente e Sistemas de Gestão de Segurança					
	NP EN ISO	19011	2012 (Ed. 2)	Linhas de orientação.	Linhas de orientação para auditorias a sistemas de gestão (ISO 19011:2011).
	NP EN ISO	14001	2004/ Emenda 1:2006 (Ed. 1)	Sistemas de gestão ambiental.	Requisitos e linhas de orientação para a sua utilização (ISO 14001:2004).
	NP EN ISO	14001	2004/AC Fev:2010	Sistemas de gestão ambiental.	Requisitos e linhas de orientação para a sua utilização (ISO 4001:2004/Cor 1:2009).
	NP EN ISO	14001	2004 (Ed. 2)	Sistemas de gestão ambiental.	Requisitos e linhas de orientação para a sua utilização (ISO 14001:2004).

www.ingramcontent.com/pod-product-compliance
Lightning Source LLC
Chambersburg PA
CBHW061239220326
41599CB00028B/5480